编委会

我们的大学

易佐永 题

大学生文化素质发展日志年编（2021）

顾问◎屈哨兵　魏明海　主编◎吴开俊　副主编◎黄志凯

暨南大学出版社

JINAN UNIVERSITY PRESS

中国·广州

图书在版编目（CIP）数据

我们的大学. 2021. 大学生文化素质发展日志年编 / 吴开俊主编；黄志凯副主编. —广州：暨南大学出版社，2022.12
ISBN 978 - 7 - 5668 - 3509 - 3

Ⅰ. ①我… Ⅱ. ①吴…②黄… Ⅲ. ①大学生—学生生活—广州—2021
Ⅳ. ①G645.5

中国版本图书馆 CIP 数据核字（2022）第 234897 号

我们的大学：大学生文化素质发展日志年编（2021）
WOMEN DE DAXUE：DAXUESHENG WENHUA SUZHI FAZHAN RIZHI
NIAN BIAN（2021）
主编：吴开俊　副主编：黄志凯

出 版 人：张晋升
策　　划：黄圣英
责任编辑：雷晓琪
责任校对：刘舜怡　陈慧妍　黄子聪　黄亦秋
责任印制：周一丹　郑玉婷

出版发行：暨南大学出版社（511443）
电　　话：总编室（8620）37332601
　　　　　营销部（8620）37332680　37332681　37332682　37332683
传　　真：（8620）37332660（办公室）　37332684（营销部）
网　　址：http：//www.jnupress.com
排　　版：广州市天河星辰文化发展部照排中心
印　　刷：广东信源文化科技有限公司
开　　本：787mm×960mm　1/16
印　　张：23.75
字　　数：426 千
版　　次：2022 年 12 月第 1 版
印　　次：2022 年 12 月第 1 次
定　　价：98.00 元

前　言

2009 年我们开始编写《我们的大学——大学生文化素质发展日志年编》，试图将我校在大学生素质教育理念引导下，大学生素质教育教学和实践育人、环境育人发生的故事以及追求、塑造大学精神的实践点滴记录下来，成为今后谈论大学各种言说行为的一个样本，讲好我们广大学子的大学故事。目前已经推出十二本日志年编，受到学校师生的广泛好评，这套丛书也成为检视我校人才培养目标达成的有效样本。

2021 年是中国共产党成立 100 周年，也是两个百年奋斗目标的历史交汇点、开启全面建设社会主义现代化国家新征程之年。在这一历史性时刻，学校全体师生也迈上了创建中国特色社会主义一流创新型大学的新征程。未来属于青年，希望给予青年。广大学子在追逐梦想的征途中，有革故鼎新的惊喜，有满满获得的欣慰。根据"德才兼备、家国情怀、视野开阔，爱体育、懂艺术，能力发展性强"广大特色学生核心素质发展指标，学校对学生在过去一学年中的表现加以评定，并在学年礼上对先进集体和个人予以表彰，为全体学生成长发展留下印记，以此引导和激励全体学生追求卓越、全面发展。2021 年，学年礼表彰先进个人 9 746 人，先进集体 563 个，最大限度地点燃大学生们学习成长奋斗的激情，得到了广大师生的高度认可，引发了积极的社会反响。这一年，广大学子人才底色凸显，他们在第七届中国国际"互联网＋"全国总决赛中获得 2 金 6 银 1 铜的好成绩；在第三届中国大学生阳光游泳比赛上获得 2 银 1 铜的佳绩；新闻与传播学院的学子们在广东省校园摄影大赛、第六届中国数据新闻大赛等比赛上大放异彩；电子与通信工程学院的三名研究生以第一作者身份在国际顶级学术期刊发表（录用）了多篇学术论文；马克思主义学院西尔扎提·阿不都热苏里同学在 2021 年中国大学生拳击锦标赛中获得 75 公斤级别男子甲组冠军等，"学生达人"不断涌现。广大学子人心向学，学校持续开展"优良学风班集体""文明宿舍"创建和评选活动以及"最受学生欢迎教师""十佳学生"评选等活动，涌现出了一批以"优良学风标兵班"为标志的先进集体和以"十佳学生"为代表的先进个人，人心向学的氛围越来越浓厚……这一切，广大学子在经历着，见证着。

我们大学的故事在不断发生，我们大学的记录在不断延续，变化的是时间、人物，不变的是编写者的初衷和文化素质教育的目标。日志素材来自各学院及相关部门，在此深表谢意。

由于篇幅有限，我们只能收录部分日志，仍有许多精彩的日志未能采撷其中，难免有遗珠之憾。

编　者

2022 年 10 月 22 日

目　录

二月

三月

四月

大学生文化素质发展日志年编（2021）

五月

大学生文化素质发展日志年编（2021）

六月

七月

我们的大学

大学生文化素质发展日志年编(2021)

十月

十二月

学生风采：十佳学生

优良学风标兵班

国家奖学金获奖学生名录

学年礼

附录

我们的大学

January 一月

1月1日　马克思主义学院举办元旦晚会

又是一季冬风吹，又是一夕话新春。2020年我们相遇于此，心怀感恩；2021年1月1日，马克思主义学院举办元旦晚会，携手同行，共赴春日之约。

击鼓传花游戏将新年祝福融于道具之中，用双手传递友情，以游戏拉开序幕；导生带来

参加晚会学生合影

歌曲《小星星》，怀抱爱与温暖；小提琴伴奏《如果有来生》，用歌声描绘草原生活，在音符中感受温暖世界，表达新年的祝愿；古筝独奏《战台风》，疫情虽未过去，我们依旧能以战台风的毅力，直面挑战，勇敢抗击；合唱《最初的梦想》，以音乐诉说"星光不问赶路人，时光不负有心人"，愿最初的梦想都能实现；诗朗诵《等待春天》，期盼疫情结束，感恩抗疫先锋；舞蹈《掀起你的盖头来》，让我们感受到来自新疆的热情。晚会上既有表演，也有游戏，给同学们带来了一阵又一阵的欢笑。晚会在大合唱《感恩的心》中落下帷幕。

新年的钟声已经敲响，时光的车轮留下了深深的印迹，2021年如约而至，愿我们走在新的旅程上，怀着希望去努力，静待美好到来。

（马克思主义学院　刘贵珍）

1月4日　新闻与传播学院学生作品扶贫纪录片《走进》获广州市第十一届党员教育电视片观摩交流活动三等奖

2021年1月4日，广州市第十一届党员教育电视片观摩交流活动由中共广州市委组织部组织顺利开展。其中，广州大学新闻与传播学院代表学校报送的扶贫纪录片《走进》顺利入围，斩获三等奖。

《走进》采用实地调查、出镜报道和数据可视化等多元形式，向公众讲述了梅州湖中村扶贫工作队与湖中村村民一起奋斗，努力脱贫致富的故事，前期拍摄和后期制作共花费近30天时间。

这是新闻与传播学院学生作品首次在全市党员教育电视片观摩交流活动中获奖，

新闻与传播学院扶贫纪录片《走进》获奖荣誉证书

为广州大学争得荣誉，充分展示了学院学生的风采。

（新闻与传播学院　何夏怡）

1月7日　公共管理学院行政管理194班作品荣获2020年广东高校"活力在基层"主题团日竞赛"十佳"项目

2021年1月7日，由共青团广东省委员会举办的2020年广东高校"活力在基层"主题团日竞赛活动圆满落下帷幕。经学校、学院推荐，省级遴选，广州大学获评"千入围"项目14个，"百优"项目3个，"十佳"项目1个。其中，公共管理学院2019级行政管理专业4班团支部作品《一箫一剑平

"灯塔工程"活动现场

生意，疫情之下战青春》，在上千篇参赛作品中脱颖而出，成为广州大学唯一同时获评"千入围"项目、"百优"项目以及"十佳"项目的作品。该作品作为广东省高校优秀团支部建设案例之一在"灯塔工程"广东青年大学生思想引领建设成果展示交流活动上展示，公共管理学院何雯洁同学作为学生代表参加了此次活动。

大学生文化素质发展日志年编（2021）

在新冠肺炎疫情防控常态化的背景下，行政管理194班团支部积极响应学校号召，分三个阶段，开展以"一箫一剑平生意，疫情之下战青春"为主题的"活力在基层"团日活动：第一阶段为"共克时艰，中国加油"主题团日活动，观看《极度恐慌：致命的病毒》；第二阶段为"绽放战疫青春·坚定制度自信"主题团日活动，学习习近平总书记有关疫情防控的重要讲话；第三阶段为"携手抗'疫'显担当，居家防'疫'心健康"主题团课。

行政管理194班团支部必将作为"灯塔之光"引领团员听党话、跟党走，在学习中增强本领，为点亮南粤青少年的"灯塔"之光注入源源不断的力量。

（公共管理学院　新媒体中心）

1月8日　新闻与传播学院学子获全国港澳台大学生中华文化知识大赛三等奖

2020年12月27日下午，由教育部委托复旦大学举办的全国港澳台大学生中华文化知识大赛圆满落幕。我校由新闻与传播学院的播音181班孙国山、播音201班陈碧霞和人文学院汉语193班许小榕组成的代表队，在决赛上与北京大学、西南大学、中央戏剧学院等20所高校展开较量，最终凭借朗诵作品《岭南》脱颖而出，一举斩获总决赛三等奖，这充分展现新闻与传播学院学生的青春风采。

代表队以独特新颖的艺术

新闻与传播学院孙国山、陈碧霞，人文学院许小榕参赛朗诵作品

形式、从容大方的举止姿态、真挚动人的情感和饱含热情的朗诵，将原创作品《岭南》演绎出岭南文化的特色风采，同时也体现了我校港澳台侨学生对民族文化深刻的认同感和归属感。代表队表示，3名队员从小便生长在岭南这片土地上，对岭南有着深厚感情。岭南美丽的风景、深厚的历史文化底蕴、革命先

烈们的故事早已成为他们成长道路上启迪人生、培育民族情怀的方向指引。

在此次比赛中，广大学子充分展现出自信的姿态、丰富的文化学识、广阔的边界视野和"德才兼备、家国情怀"的青年理念，体现了时代青年的正能量。

（新闻与传播学院 蔡依然 汪旭文）

1月9日 公共管理学院2020级学生军训动员大会在桂花岗顺利举行

2021年1月9日上午，广州大学本科2020级学生军训动员大会分别在大学城和桂花岗两个校区举行。

公共管理学院朱孝天同学代表全体桂花岗参训学生作"听从指挥、尊敬教官和师长、团结同学、积极训练、做好疫情防护"的主题发言。朱孝天同学谈道："同学们经历了抗疫的磨砺和高考的拼搏后迎来了大学的新起点，而如今我们正迎来一场充满挑战但意义非凡的冬训，它将给予我们磨砺意志、自律守正、争先创优的训练机会，激励我们在未来新一轮千军万马的竞争中脱颖而出。"他在发言中表达了对军人的崇高敬意，表示将以军人的要求严格规范自己，以军人的情怀、军人的姿态践行青春的誓言、体验生命的精彩，以昂扬的斗志、坚定的信心，展现少年意气、青年力量。

公共管理学院朱孝天同学作代表发言

军训开营前一天，公共管理学院在桂花岗校区学术报告厅举行了2020级学生军训动员大会。学院党委副书记何瑞豪向即将参加军训的同学们提出了四点要求：一要磨炼意志，培养吃苦耐劳精神；二要协同训练，培养团队精神；三要严格要求，增强组织纪律性；四要认真学习军训理论，增强国防意识。此外，因天气严寒，何书记多次强调要注意防寒防冻，做好保暖措施。

从最简单的稍息、立正、跨立到更难的齐步走，同学们在训练过程中认真听从教官指挥，克服严寒，磨炼意志。学院领导、老师和导生们纷纷走到同学们的队伍当中，关心大家的身体情况，叮嘱同学们注意保暖，若身体感到不适一定要及时报告，并赞扬同学们的顽强毅力。同学们表示，在老师和师兄师姐们的温暖关怀和鼓励下，自己变得更加坚韧勇敢，更有信心坚持训练。

（公共管理学院　新媒体中心）

1月9日　管理学院2020级学生军训动员大会

2021年1月9日至22日，广州大学2020级新生军训顺利进行。其间，管理学院2020级全体新生刻苦认真地训练，即便天气寒冷，也能迎着寒风迈出整齐划一的步伐，充分展现了管理学院学生的青春风采。

管理学院2020级新生军歌比赛剪影

1月9日上午9：00，广州大学桂花岗校区2020级学生军训动员大会于运动场隆重举行，2020级学生冬训就此拉开序幕。管理学院党委书记李增祥、副书记陈媛以及辅导员老师们与管理学院2020级900多名学生一起出席了此次动员大会。同学们怀着坚定的毅力和无限的热情，迎接即将到来的军训。此时此刻，北国正千里冰封，万里雪飘。在寒潮面前，南方的寒冷程度并不亚于北方，俗话说："逆境使人成长。"在这寒冷的季节，广大管院学子的意志在军训中更加坚强。为了让学生能够在每日紧张的训练中放松一下，广州大学管理学院在桂花岗运动场举办了一场军歌比赛。赤子之心埋于胸膛，万千呼声振于唇边，在各连队的合唱中，歌颂党与祖国的歌曲响彻校园！

光阴似箭，日月如梭，在1月22日上午8：30，这场声势浩大的冬季军训终于迎来了尾声。广大学子踏着有力的步伐，排列着整齐有序的队伍，每个人都昂首挺胸、精神饱满，以昂扬的姿态迎接2020级学生军训汇报表演暨总结表彰大会。阅兵式结束后，各方队开始了分列式、擒敌拳表演，管理学院的

300 多名同学通过举牌表演庆祝建党 100 周年和广州大学合并组建 20 周年。最后，管理学院荣获军训先进学院称号。本次冬季新生军训在一片热烈掌声之中落下帷幕。

管理学院 2020 级新生参加冬季军训　　管理学院 2020 级新生冬训闭幕式红白板表演

（管理学院　新媒宣传中心）

1 月 9 日　计算机科学与网络工程学院赴敬老院开展"送温暖、献爱心"志愿服务活动

为积极践行"奉献、友爱、互助、进步"的志愿精神，进一步继承和发扬关爱老人的光荣传统和服务社会的青年精神，展示当代青年大学生的精神风貌，1 月 9 日，计算机科学与网络工程学院红十字会实践部的同学深入广州市新造镇敬老院开展"送温暖、献爱心"志愿服务活动。

刚到敬老院，志愿者们就自觉拿起工具打扫卫生，发扬不怕脏、不怕累的奉献精神，清洁桌椅、收拾房间。同时，志愿者们给老人们送上水果和慰问品，与老人们交流聊天，询问他们的生活起居情况，倾听老人的心声，为他们排解忧愁，让老人们感受到亲人般的关怀和温暖，大家有说有笑，气氛和谐，暖意融融。除此之外，大学生志愿者还为老人们带去了文艺节目表演。

"老吾老以及人之老"，我们不仅要关爱自己的父母，更要把这种关爱传递给更多的人。本次志愿服务活动是学院团委贯彻"学党史、强信念、跟党走"和"我为群众办实事"思想的真实写照，同学们用实际行动做到"学史力行"，走进老人，关爱老人，弘扬了中华民族孝亲敬老的传统美德。

这次志愿服务活动，不仅让老人们感受到社会大家庭的关心与温暖，也增

大学生文化素质发展日志年编（2021）

强了志愿者们的社会责任感，志愿者们纷纷表示，今后继续将开展关心帮助老人的活动，将爱心服务延伸到社会的每一处角落。

（计算机科学与网络工程学院　学工办）

学生们参加志愿活动合影

学生们与敬老院老人合影

1月11日　体育学院足球创新班实习总结

教师是太阳底下最光辉的职业，是人类灵魂的工程师！体育教师是学生身心健康的促进者，是使学生学会体育知识技能，养成体育锻炼健康生活习惯的主导者！

学期伊始，体育学院足球创新班23名同学分别前往顺德容山中学、亚运城小学、广铁一中、南沙一中、广大附中、华师附中等学校实习。通过实习，同学们践行导师的良言，收获"三尺讲台"的初体验。与队友并肩同行，与学生交心谈话，这些宝贵的经历都在同学们的学习生涯中，留下了浓墨重彩的一笔。

足球创新班实习总结现场

这次实习，使同学们深刻认识到教师的职责与使命，更加热爱教育事业。站在教师的岗位上，热爱和责任不能只停留在口头，要将口号付诸行动。一名优秀的教师不仅要有专业的技能，还要有一颗关爱学生的心。

这次实习，使同学们深刻认识到"纸上得来终觉浅，绝知此事要躬行"。身为教师，面对学生提出的问题要能做出合理的解答，需要对自己的专业领域非常熟悉，所以在实习过程中，同学们真正体会到了理论与实践结合的重要性。

路漫漫其修远兮，吾将上下而求索。转眼间我们的大学生活已接近尾声，但毕业对我们来说不是终点，而是新的起点！我们将带上四年的学习成果，离开老师的怀抱，离开我们的母校，踏上属于自己的职业道路。我们知道这一切并没有想象中容易，但我们毫不畏惧，相信在我们执着的追求下，定能到达梦的远方。实习促我们成长，特别感谢创新班的每一位老师，给我们提供了如此多的学习机会，让我们在实践中不断革新自己，为未来的职业道路做好更加沉稳的铺垫！

（体育学院　陈楚苗）

1月13日　电子与通信工程学院研究生以第一作者身份在国际顶级学术期刊发表（录用）多篇学术论文

1月13日，电子与通信工程学院研究生以第一作者身份在国际顶级学术期刊连续发表（录用）高水平学术论文。2017级研究生聂玉龙同学、2018级研究生胡叠丽同学和2018级研究生龙钰斯同学分别以第一作者身份，在国际

顶级学术期刊 *IEEE Transactions on Information Forensics and Security* 和 *IEEE Internet of Things Journal* 发表研究长文。

  IEEE Transactions on Information Forensics and Security 是信息安全领域国际顶级学术期刊，期刊影响因子为 6.013，属于中科院 JCR 一区 TOP 期刊，也是中国计算机学会（CCF）推荐的 A 类期刊。*IEEE Internet of Things Journal* 是物联网领域国际顶级学术期刊，该刊专注于物联网系统架构、物联网通信和网络协议、物联网服务与应用等领域，期刊影响因子为 9.515，属于中科院 JCR 一区 TOP 期刊。

（电子与通信工程学院 学工办）

1 月 13 日 生命科学学院召开生物技术 2017 级毕业实习暨校企协同育人实验班总结交流会

  1 月 13 日，生命科学学院在学院会议室召开了生物技术 2017 级毕业实习暨校企协同育人实验班总结交流会。

  经历了 3～6 个月的实习和学习，同学们展示了实习期间的课题内容、实习过程、毕业论文进展和成长感悟。会上，同学们进行了实习分享，认为在三个月的实习工作和校企协同育人班的实践中掌握了新技术、新方法；学会了团队合作，养成了严谨科学的实验态度。在分享实习经验的同时，同学们对实习点和实习基地指导老师提出了宝贵的建议，老师们都一一记下，表示在今后的实践工作中继续改进。

  三个多小时的交流回顾了过去半年的实习经历，同学们都认为在校企协同育人实验班里快速成长，收获颇丰，有同学基于毕业实习过程中实验和积累的知识撰写了论文并投稿，部分同学也将作为共同作者发表 SCI 论文。在交流会即将结束时，舒琥教授寄语："在新的一年里，愿同学们找准方向，抓紧时间，怀揣希望和热情走向人生新征程。"

（生命科学学院 学工办）

1 月 14 日 公共管理学院"十佳学生"钟金娴为 2020 级新生分享学习成长经历

  1 月 14 日晚，公共管理学院 2017 级社会工作专业钟金娴同学向 2020 级新生作成长经历分享，本次分享会在桂花岗校区图书馆三楼学术报告厅举行。会议由新生辅导员陈亚楠主持，学院党委副书记何瑞豪、兼职辅导员马锐、叶绮丽、谢言茜老师以及全体 2020 级新生出席了本次会议。

钟金娴同学分享经验

钟金娴同学在校期间，被授予广州大学"十佳学生"荣誉称号，获广东省"挑战杯"省赛一等奖、全国大学生英语竞赛一等奖、国家奖学金等 20 余项荣誉。

钟金娴同学详细地分享了自己从大一到大四的心态转变，强调重新认识自己的重要性。她指出，学生不能只停留于自己主观层面的认知，要学会善于利用学校的资源去完善提高自己，利用好学校的优质平台帮助自己成长。同时，钟金娴分享了自己在学生工作和社会实践方面的经验，并对同学们提出的问题进行解答。她告诉同学们：在没有达成目标而失落时，要"学会拥抱自己的情绪"；在生活偏离预想的轨道时，要及时调整预期目标并寻求帮助；在时间管理方面，要平衡好时间分配，学会根据实际情况及时做出调整和反思；在感觉孤独时，通过调整心态，告诉自己"做自己想做的事，alone 但不 lonely"。

最后，何书记在总结中提出"神通广大"四个字作为对同学们未来的期望："神"是明确未来和坚持做自己，"通"是传承和能力贯通，"广"是思路广、眼界广，"大"是大格局、大魄力。

在热烈的掌声中，此次大会圆满结束。希望 2020 级的同学在接下来的日子里，能够跳出舒适圈，积极投入实践，树立大局观，学会分享合作，真正成为一名"神通广大"的公管人。

（公共管理学院　新媒体中心）

1月14日　美术与设计学院朝花·青苗画家作品展圆满落幕

1月14日，由广州大学美术与设计学院、广州国家青苗培育计划课题组主办的朝花·青苗画家作品展在广州大学图书馆落幕。美术与设计学院院长贺景卫向本次展览的三位创作者吴毓纯、徐泓鑫、夏铠熙表示祝贺，肯定了三位同学的优秀作品，希望借此展览鼓励学院学子积极投入艺术创作、努力提升艺术修养。

展览展出吴毓纯、徐泓鑫、夏铠熙三位青年艺术家近期创作的五十余幅作品，

吴毓纯、徐泓鑫、夏铠熙三位青年艺术家（从左至右）在画展开幕式上发言

涵盖国画、水彩、综合材料绘画三个版块的作品。通过梳理吴毓纯、徐泓鑫、夏铠熙三位青年艺术家的专业学习和艺术创作历程，思考广州大学美术与设计学院研究生阶段人才培养问题，以及考察在广州国家青苗画家培育计划的双重作用下的协同育人成效。三位"青苗计划"青年艺术家向举办本次展览的学院领导以及老师致以衷心感谢，同时也表示这次展览的成功举办激发了他们的创作热情，他们会继续用优秀的美术作品凝聚人心，传递真情，给美术界带来青春活力和养分。

（美术与设计学院　学工办）

1月20日　外国语学院开展"讲红色故事，传红色基因"主题实践大赛

2021年寒假，外国语学院围绕"庆祝建党100周年·践行核心价值观"这一主题，依托第十七届"挑战杯"全国大学生课外学术科技作品竞赛红色

专项活动，开展"讲红色故事，传红色基因"——社会实践案例"红色记忆"主题实践大赛。

大赛鼓励各支部团员通过重走红色足迹、追溯红色记忆、访谈红色人物、挖掘红色故事、感悟红色文化等多种社会实践形式来接受红色教育，按照"一报告一视频为一作品"的要求，总结实践成果，传递红色文化。

38份实践成果依托团日活动、宣讲会、交流会、座谈会、选拔赛、成果展览等契机，拓宽广大青年接受红色教育的形式和渠道。其中，作品《望道百年，真理至甜》获广州大学第十七届"挑战杯"全国大学生课外学术科技作品竞赛红色专项校级三等奖。

（外国语学院　廖沛玲）

1月22日　机械与电气工程学院"自适应光伏驱动干深—时域智能控制精准灌溉关键技术"列入国家绿色技术推广目录

1月22日，机械与电气工程学院绿色加工及智能灌溉装备研究中心刘晓初、梁忠伟教授创新团队申报的"自适应光伏驱动干深—时域智能控制精准灌溉关键技术"，经过广东省推荐及国家竞争性评审等环节，正式列入由国家发展改革委、科技部、工业和信息化部、自然资源部四部委联合组织编制的《绿色技术推广目录（2020年）》，在国家发改委网站正式发布。

作为国内在光伏驱动智能灌溉领域的权威科研机构和产学研创新研究群体，团队成员刘长红、萧金瑞、王锐坤、李萍、戴杰涛、江帆、向建化、陶建华等在时—空—水灌溉理论、干深—时域灌溉控制、水肥一体化精准调控、光伏驱动智能精准灌溉、微生物吸氮增肥灌溉模式及灌溉成套装备绿色设计和制造等领域取得多项重大原创性成果，发明和开发了"基于干深—时域的自适应光伏驱动智能精准灌溉器""同步作业水自适应光伏驱动抽水及水处理系统""基于自适应光伏驱动物联网控制的耐磨防爆管道高压烟雾喷系统"等成套技术和设备产品，突破了高效节水、高精准、高综合效益、高度智能的"四高"关键共性瓶颈，实现了高效高质量绿色精准灌溉，取得了显著的经济社会效益，并荣获国家农业科技奖、全国发明展览会金奖、广东省农业技术推广一等奖等，为我国绿色农业及装备发展做出突出贡献并产生重要影响。

据了解，这是广州大学科研成果首次入选国家绿色技术推广目录，这对学校高水平大学建设、提高学校在智慧农业及其装备领域学术影响力方面起到显著的促进作用。该成果纳入国家级绿色技术推广体系，对助力"乡村振兴""一带一路"及"粤港澳大湾区"发展战略实施，确保国家粮食安全及农业安全，以及发展国家生态经济建设都有极其重大的意义和深远的影响。

（机械与电气工程学院）

1月22日　建筑与城市规划学院开展线上年级家校视频联系会

为进一步形成家校合力，加强学院与家长的沟通，做好假期学生居家疫情防控工作，反映学生在校的学习与心理情况等问题，对家长开展相应的心理教育方法与技巧的培训，建筑与城市规划学院于寒假期间召开了4场年级家校联系视频会议，组织各年级的家长线上参与。

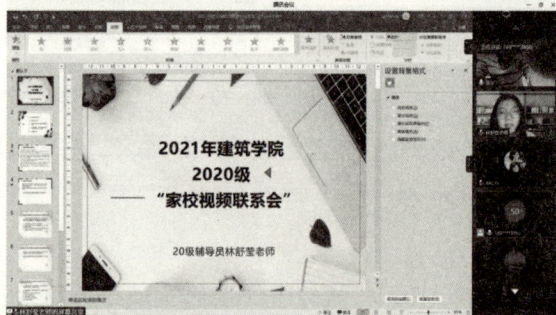

年级辅导员进行线上视频会议

1月22日晚，建筑与城市规划学院辅导员江颖桥老师组织开展了2019级"家校视频联系会"，1月29日晚，辅导员林舒莹老师组织开展了2020级"家校视频联系会"，2月2日晚，辅导员苏展勇老师组织展开了2017、2018级两场"家校视频联系会"，各年级家长都积极配合，准时上线参加会议。

本次的寒假家校视频联系会由辅导员主讲，主要就以下五个方面与学生家长进行交流：①学校疫情防控要求解读；②学生假期安全注意事项；③我院学生学习情况；④我院学生心理情况以及给家长的建议；⑤家校联系制度介绍。

在会议的提问环节，家长们积极提问，老师们都予以详细解答。会后家长反响热烈，表示通过会议充分了解防控管理内容及学生学习情况，假期会配合学校工作，加强对孩子的关注。同时，家长们也表示开展家长会很有必要，家长会是家长了解学生在校情况的渠道，参与家长会有助于家长提升与同学们良好沟通的技巧。

（建筑与城市规划学院　学工办）

1月23日　电子与通信工程学院在2020级学生军训中取得佳绩

广州大学电子与通信工程学院2020级学生军训于1月16—22日进行，这是广州大学合并组建20年来第一次冬训。在新冠肺炎疫情的影响下，电子与通信工程学院

电子与通信工程学院军训师生合影

参加2020级冬训的302名新生克服困难，迎难而上，经过14天的艰苦训练，取得了可喜的成绩。

在2020级新生军训汇报演出暨颁奖仪式上，电子与通信工程学院获得2020级学生"军训先进学院"荣誉称号，3名老师获评军训先进工作者，3名导生获评军训优秀导生，共有30名学生获得军训积极分子的荣誉称号。

（电子与通信工程学院　学工办）

1月27日　管理学院开展"千千工程"系列活动

管理学院于1月27日至2月20日组织院属115个团支部与对接党员老师开展"喜迎建党100周年"主题活动，以党建带团建、团建促班建，深入开展党史学习教育，引导和教育团员青年健康成长，努力成才，听党话、跟党走，激发基层团组织活力。

活动紧扣学习主题，通过学理论、读红色经典、走红色基地、研讨互动等丰富多样的形式开展。

工商205班许洲源同学表示，对接党员老师的精彩发言使同学们对集体团结与集体荣誉感更加重视，大家将继续努力做好学生的职责与本分，不断增强知识储备，对自己负责，为社会做贡献。

会计203班解燕菁表示，在"千千工程"会议的学习中，观看并聆听同学们实地考察红色遗址的经历和分享的红色故事，能促使大家更好地领悟红色

文化的深层含义，加深同学们对社会主义的认识，更加坚定为国家、为人民做奉献的决心。

（管理学院　学工办）

1月30日　穗黔高校合作开展寒假主题社会实践"云调研"活动

1月30日到2月8日，公共管理学院开展乡村振兴寒假主题社会实践"云调研"活动。本次社会实践活动特邀公共管理学院政府管理系谢治菊教授指导，由学院团委书记林曼曼、贵州民族大学副教授李科生带队，通过线上调研访谈的方式，与贵州惠水县、瓮安县40余名易地扶贫搬迁户、社工

公共管理学院谢治菊教授讲授现场

人员、社工组织负责人、社区干部等进行了深度访谈与集体座谈，探讨乡村振兴背景下易地扶贫搬迁后续工作与社会工作介入乡村振兴的有效途径。

1月30日晚，谢治菊教授在线上开展对调研注意事项的培训。2月2日上午，当地组织、工作人员和两地师生一起参与了线上座谈会。同日下午，谢教授主持采访了扶贫户韦海凤，与50余名师生一起完成了线上访谈。2月5日晚，谢教授组织团队召开座谈会，并进行分析总结与规划。

本次实践活动有45名本科生、硕士生积极参与，共完成了34组人员的访谈，整理出访谈资料40多万字。此次活动对帮助学生树立远大志向、练就过硬本领、磨炼顽强意志具有重要意义，对青年学生以实际行动到西部、到基层、到农村去就业创业有积极推动作用，为乡村振兴储备青年人才、将激昂青春融入中国梦想提供了渠道和平台。

（公共管理学院　新媒体中心）

我们的大学

February　二月

2月1日　花开于大山间——李家锋同学前往贵州山区支教

　　1月12日至2月1日，体育学院李家锋同学前往贵州山区进行的支教活动。通过此次实习活动，李家锋同学充分感受到：只有真正参与到支教活动过程中去，才能发现孩子的每一点反馈都能带来感动。学生清晨早早到校却不打扰正在休息的老师，偷偷放在窗台的大束野花，写在纸条上的悄悄话……每个学生都有其闪光点，本次支教的过程不仅是一个向学生传授知识的过程，也是一个向学生学习的过程。

　　"一个人的价值，在于他为这个社会奉献了多少"，这句话李家峰在上大学前并不能够真正理解。此次支教让他明白，自身价值其实就是做好力所能及的点点滴滴。为山区的孩子带来一些外界的信息、知识和快乐，既能够体现自身价值，也能帮助山区学生。

　　支教是"三支一扶"政策之一。在大学期间支教，既可以在这个过程中得到历练，展现自己所学所能，交到一群志同道合的好友，经历更多人和事；也是可以帮助偏远山区孩子，作为广大学生的我们应该为相对落后的地区贡献自己一分力量，待春天来临时，让花盛放于漫山遍野。

（体育学院　李家锋）

2月3日　建筑学院面向梅州五华学生开展寒假云支教活动

　　为发扬当代大学生志愿奉献、友爱、互助、进步的服务精神，建筑与城市规划学院在番禺区团委的支持下，对接了梅州五华的乡镇初中学校，在寒假为梅州五华的贫困初中生提供为期一个月的作业辅导答疑和特色拓展课。

　　本次支教采取线上方式，其中云支教集中周共5天，每天一共有两节大课，分别在上午的9：00—11：00，下午的15：00—17：00。每节大课都会有10分

线上主题班会课

钟的休息时间。在所有课程正式开始之前，老师们进行了严谨的备课，除了为同学们讲解知识、归纳总结之外，还有课外拓展活动。同学们对课程有极大的兴趣，积极开麦回答老师的问题，与老师进行友好互动。与此同时老师们也温柔细心地讲解，师生形成了热闹而有秩序的课堂。其余时间老师也在线上为同学们实时答疑，提供学业帮助。

在此过程中，同学们收获到的不仅是知识的拓展，还有思想上的转变。同学们表示这次云支教活动让他们认识了很多有趣的老师，这次课程也使假期生活更加丰富、学习更加高效。他们改变学习方式和态度，从中成长和进步，内心十分感谢支教的老师带来的珍贵体验。

（建筑与城市规划学院　青年志愿者协会）

2月5日　美术与设计学院创新创业团队成果亮相广州塔"春·醒"醒狮精品展

2月5日，美术与设计学院院长贺景卫教授指导的研究生创业团队"广咩文化创意研究所"醒狮系列文创作品于广州市委宣传部指导、广州市文化广电旅游局主办的"春·醒"醒狮精品展亮相。

本次活动于2月5日在广州塔一层岭南之窗开幕。活动备受《广州日报》、广电传媒集团、《南方日报》等多家媒体关注，现场领导以及媒体均对美术与设计学院团队的文创产品给予高度的肯定与支持。

团队负责人潘卓彤同学为现场领导以及媒体介绍团队文创产品

在贺景卫教授的指导下，团队以设计赋能"非遗"，以创新形式助力广府"非遗"走进现代民生，秉承"将传统民艺重返现代民生"的宗旨，致力于研究、保护以及开发以广府文化为核心的文化创意产品，向世界讲述广府文化。

（美术与设计学院　学工办）

2月13日 经济与统计学院学生会举办经典百书阅读活动

2月13日，经济与统计学院学生会学习部举办了名为"阅读经典百书，品百味人生"的经典百书阅读活动。活动通过引导、鼓励和推动学生进行经典百书阅读，提高学生的人文素养，发挥经典传承历史文化和开拓国际视野的作用，为学生打好"德才兼备，家国情怀"的人生底色。

活动在四个年级同步举行，共收到数十份作品。同学们发挥自己的特长和个性，通过书法、续写、绘画等创新形式，将自己对经典书目的理解展现出来。在活动中，同学们不仅丰富与充实了课余生活，增强了对百本古今中外经典名著的理解，还用生动活泼、别具一格的方式展现了当代大学生的青春活力，逐步形成了自身的文化积淀和世界知识谱系。

在本次活动中，学生参与的热情高、呼声大，也给予活动充分的肯定评价。学生普遍反映本次活动效果佳，并期待有更多类似的活动可以参加。经济与统计学院学生会将秉持以学生为本的服务宗旨，力争办同学们需要的、喜欢的并能有所受益的活动。

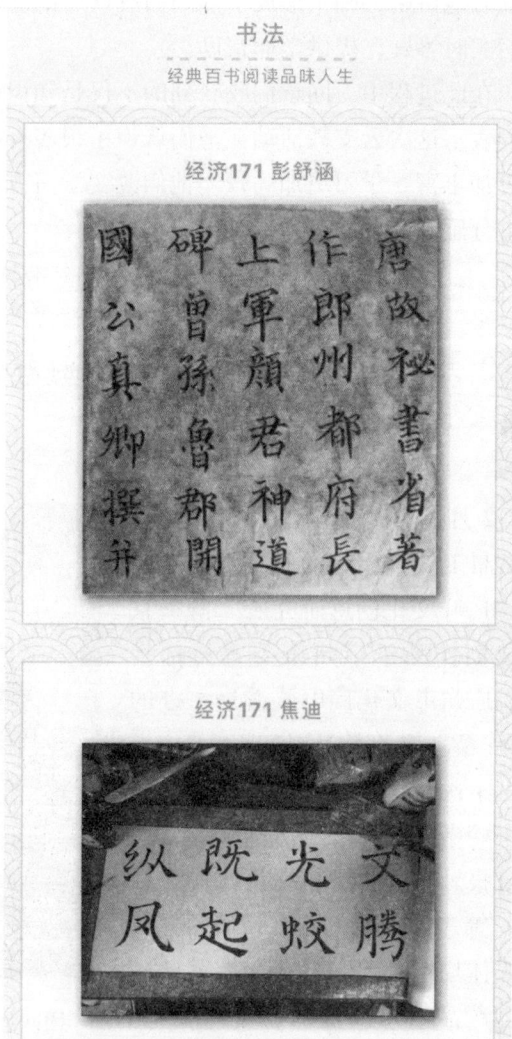

书法
经典百书阅读品味人生

经济171 彭舒涵

国公真卿撰并 碑曾孙鲁郡开 上军颜君神道 作郎州都府长 唐故秘书省著

经济171 焦迪

纵既光文 凤起蛟腾

学生参与经典百书阅读活动的书法作品

（经济与统计学院　学生会学习部）

大学生文化素质发展日志年编（2021）

2月13日　数学与信息科学学院学生会户外踏青活动

"水是眼波横，山是眉峰聚；若问行人去那边，眉眼盈盈处。"若问数院组织部同学去哪边，山清水秀之大夫山也。

2月13日，天气明朗，春风和煦，组织部同学在结束了一个学期的忙碌后，终于能够有空闲，一同踏上寻青之旅。在大夫山南门一人租一辆自行车，聚在一团，顿有骑行

2020届数院组织部于大夫山森林公园全体合影

比赛之趣，沿途树叶萧萧、波平浪静，既有上山观景之风趣，又有看湖静心之怡然，《始得西山宴游记》中"悠悠乎与颢气俱，而莫得其涯；洋洋乎与造物者游，而不知其所穷"不外乎其也。另有儿童笑声不绝于耳，朋友、情侣、家庭成员相依而行，只觉得不只寻春，反倒寻"人之春色"了。骑行过后，"干饭王"们纷纷按捺不住自己"干饭"的欲望，只想找家能吃饱的地儿慰问自己咕咕叫的肚子，于是全体同学的主战场从山里转向了大夫山北门的烧烤场。肉食、海鲜、素菜应有尽有；烧烤、炒菜、凉拌各有千秋；男生、女生大快朵颐。三小时后，众人依依不舍地离开了这个地方，一颗飞扬的心早已漫步在春风路上。

聚是一团火，散是满天星。一年的相处很快已经过去，从刚刚认识时的青涩害羞，到后来在一张桌子上谈笑风生，我们的感情不断升温，彼此的交流也更加深刻，组织部的每一位同学都有各自的特色，都为组织贡献了自己的一份力量，只可惜欢乐的时光总是很短暂，与其在分别时痛哭，不如让思念成为一道温暖的阳光，在忧郁的时候拿出来温暖自己，生活也会变得更美好吧！

（数学与信息科学学院　万瑞兴）

2月16日　美术与设计学院青年志愿者正在行动

2021年春节期间，美术与设计学院两位青年志愿者坚守在志愿岗位上，参与了"新春暖万家探访活动"，活动与社区义工资源结合，给社区的长者送去了新年慰问品以及社会各界热心人士的捐赠慰问品，并为部分孤寡、独居、困难长者送去温暖与慰问，继承弘扬中华民族

两位志愿者与社区义工及小朋友合影

的优秀传统文化和尊老敬老的优良传统。

活动还举办了联欢会及充满年味的冬令营，共设置6个游戏摊位，通过在游戏中加入民俗文化元素来吸引亲子参与活动，既让参与者在活动中体验到不同地区的习俗文化，又促进了参与者之间的互动交流。在这次活动里，志愿者们不仅体会到了别样的文化氛围，更突破自我、收获勇气，在活动参与过程中拉近了邻里间的距离，展现了美术与设计学院学生们敬老爱幼的优秀品格。

（美术与设计学院　学工办）

2月21日　探访许士杰故居，传承红色文化

新闻与传播学院为大力鼓舞学生参加第十七届"挑战杯"全国大学生课外学术科技作品竞赛，举办了红色专项活动。学院充分发挥学生党支部和班级团支部的战斗堡垒作用，广泛组织学生利用寒假喜看家乡新貌、寻访红

队员廖勉钰参观许士杰故居并采访当地书记

色足迹、接受红色教育，引导学生以实际行动践行社会主义核心价值观。

其中，许士杰故居探访小组于2月21日前往潮州进行实地调研采访。在潮州，队员们前往了许士杰故居和南美村，寻找许老先生曾留下的足迹，追忆其为革命奉献的峥嵘岁月。"竹韵椰风传正气，公仆清名播芬芳"，作品《竹韵椰风——人民公仆许士杰》表达了要用青年的力量传承红色精神与文化，获得了学校挑战杯红色专项一等奖。

（新闻与传播学院　廖勉钰）

2月24日　新传师生作品集《画疫有声》上线

2月24日，为向大众更好地传播科学防疫知识，新闻与传播学院师生团队发挥专业所长，制作了《画疫有声——抗"疫"主题科学传播公益作品集》宣传册。在张爱凤老师的带领下，李佩玉、杨子曦、王玉洁三位同学组成了"科学传播轻骑兵"创作团队，对作品进行多渠道投放展示，向公众普及科学知识，传播科学精神。

班级同学们在课间翻阅宣传册

宣传册围绕"科学知识""科学人物""科学精神"三个主题进行设计和创作，以平面广告、公益音频广告、传染病主题电影影评三种易理解、易传播的形式，对科学防疫知识进行详细生动的阐释，引导公众反思人与自然的关系反思。

团队从申请挑战杯项目"面向公众的'防疫'科学传播——系列公益广告融合媒体产品的创作与推广"到创作作品，最后制作成册分发，历时近一年。在这些平面图画、音频广播、影评文案中，有歌颂，有反思，有畅想，这号召我们每一个人承担起弘扬科学精神、传播科学知识的责任。

该宣传册目前已于医院、机场、学校等场所发放，效果良好。宣传册图文并茂，读者扫描二维码还能收听音频，多种呈现形式让小册子立刻"活"起来。在团队创作过程中，同学们也意识到科学传播需要适应媒介环境的变化和发展，传播产品结合融媒体传播，能够充分利用新媒体传播技术的优势，实现科学传播效益最大化。

（新闻与传播学院　王玉洁　李佩玉　杨子曦）

2月27日　公共管理学院2021年春季学期开学工作有序进行

2月27日至2月28日，公共管理学院学生返校报到。学院高度重视此项工作，严格落实校园安全和疫情防控工作，多方保障学生安全返校，确保新学期顺利开启。

返校报到前，学生需提出申请，报备个人健康状况、打卡情况和当前驻地是否为疫情中高风险地

公共管理学院开学疫情防控和安全教育第一课

区。符合返校条件的学生经过行李及手部消毒、更换口罩、体温测量、身份核验、查验健康码和返校码、信息填报和领取返校报到证等环节后进入校园。报到现场秩序井然，各项防控工作和开学工作有条不紊。

2月27日下午，学院党委书记刘向晖、副书记万朝春及辅导员走访学生宿舍，看望返校学生，了解学生在家情况及身体状况，叮嘱同学们做好宿舍卫生和疫情防控，适应好返校后的学习生活，积极应对接下来的课程学习。

3月2日下午，学院组织全院本科生和研究生以线下和线上相结合的方式，开展2021春季学期"开学疫情防控和安全教育第一课"教育学习活动。

开学第一周，学院组建教学巡查小组开展巡课听课活动，院长、党委书记带队，重点关注新学期教学秩序、教师到岗、学生出勤及防疫卫生安全等情况。

为进一步做好疫情防控工作，3月1—3日，学院分别召开学生党员、各

年级干部等多场专项会议，勉励他们继续提升防护意识，强化思想教育，在学生中发挥先锋模范作用。会上，学生党员积极发言，交流学习和管理经验。

（公共管理学院　新媒体中心）

2月28日　体育学院举办2017届研究生梁少金服务西部事迹宣讲会

梁少金，女，广东广州人，体育学院2017届硕士研究生。2014年4月加入中国共产党，2017年8月参加工作，现为西藏洞嘎镇人民政府四级主任科员。2020年1—4月，在洞嘎镇聂村驻村，担任驻村工作队队长职务，2021年4月至今，在洞嘎镇人民政府经济发展和社会事务办公室工作，主要负责应急管理、商务等相关工作。

她有坚定的理想信念，志愿服务西部；有适应角色转变的能力，主动担当的作为；她积极助力脱贫攻坚，推动乡村振兴产业发展。她是我们广州大学学生学习的好榜样，是新一代青年人学习的好榜样。

回顾三年多的工作经历，她无悔自己当初的选择，作为一名基层党员干部，扎根在基层，这让她更加懂得了人生的价值和意义，让自己的青春在雪域高原上焕发绚丽光彩。在今后的工作中，她将不忘初心、砥砺前行，牢固树立全心全意为人民服务的宗旨意识，扎实努力做好各项工作，在平凡的岗位上兢兢业业，恪尽职守，为基层工作奉献自己的力量！

（体育学院　孟伟婷）

梁少金同学

我们的大学

March 三月

3月 生命科学学院开展"学百年党史、育世纪新人"专题党课教育

为深入学习习近平总书记在党史学习教育动员大会上的重要讲话精神，3月，生命科学学院党委书记陈筠，机关党委专职副书记、组织部副部长林雪松，以及学院党委下属7个党支部书记，分别为学院党员和部分师生开展了以"学百年党史、育世纪新人"为主题的党课。

在党史学习教育第一课上，学院党委书记陈筠抛出"为什么学""学哪些内容""怎样学"三个问题，引导生科191班学生从历史中不断汲取智慧和力量，感悟历史精神的信仰之力，做到知史爱党、知史爱国。林雪松副部长为生科204班同学讲党史，他指出，新时代青年在学习党史的同时要实事求是、不断进取，走好自己的长征路。此外，七名党支部书记通过讲党史，明确党史学习是党的政治生活中的一件大事，要深刻领会党的十八大以来党和国家事业取得历史性成就、深化为人民服务的宗旨以及学习党应对风险挑战的精神。

2021年是中国共产党成立100周年。在这样一个重大时刻，党中央决定在全党开展党史学习教育，就是为了让青少年从党的百年伟大奋斗历程中汲取继续前进的智慧和力量。此次专题党课的开讲，引导同学们学习党的百年历史，发扬革命精神，让同学们加深对党史、新中国史、改革开放史、社会主义发展史的了解，深刻感悟到党的历史是宝贵的财富，只有学好党史才能悟思想、办实事、开新局。

（生命科学学院 学工办）

3月2日 马克思主义学院第十七届"挑战杯"竞赛项目汇报评审会顺利举行

3月2日下午，第十七届"挑战杯"竞赛项目汇报评审会在文新楼106教室举行。会议由黄禧祯教授主持，赵中源教授、罗明星教授、冉杰教授、左康华副教授、吴阳松副教授、学院党委副书记梅淑宁、学院团委书记马娟，以及160余名同学共同参加此次汇报会。

为参加此次汇报会，各项目组做了充分准备，并在指导老师的指导下不断改进和完善研究报告。五组汇报者依次上台汇报，展示团队的研究历程和研究成果，展现认真扎实的研究态度。

在汇报的过程中，评委老师针对各项目研究报告中的不足之处提出意见和建议，为参赛同学们后续的项目研究提供了很好的改进方向。同时，评委老师在现场对第十七届"挑战杯"竞赛红色专项进行了评议，最终推选出进入校赛的项目。

"挑战杯"竞赛项目汇报评审会现场

汇报结束后，赵中源教授对马院第十七届"挑战杯"汇报评审会进行总结点评。他强调，学习是学生的第一任务，学院将一如既往、不遗余力地支持同学们进行学术探讨和学术研究。他表扬了同学们积极认真的研究态度，并指出许多研究仍然处于基础阶段，需要提升和改进。他告诉同学们，要理性对待比赛结果，重视过程，提升对研究性学习的感知能力，在研究性学习中提升自我。

参赛小组的同学向我们展现了马院学子刻苦求学的态度和心系家国的担当。让我们真真切切地感受到、体验到学术研究的不易，更能在此过程中收获学术研究的乐趣。积极有为，静待花开！

（马克思主义学院　唐鲜妹　蔡树德）

3月至5月　管理学院经典百书系列活动

3月21日，正值新学期伊始，管理学院开展第三期经典阅读线上打卡活动。通过每天阅读并进行阅读录音上传打卡的方式，鼓励同学们在开学初养成良好的阅读习惯，积极进入学习状态。活动丰富了同学们的精神世界，增加了同学们的知识储备。

3月27日，为进一步激发同学们对阅读的兴趣，营造院内良好的读书氛围，第一期无手机读书阅读活动在广州大学大学城校区展开。在手机关机并由专人保管的前提下，参与的同学可自带书籍，在学院规定的时间内连续阅读即可完成挑战。这有助于同学们渐渐适应校内规律的生活以及养成应有的学习习惯。在阅读"马拉松"活动当日，参与挑战的31位同学经过4小时的阅读，均挑战成功。比赛结束后，同学们表示受益匪浅，培养持续阅读的好习惯，也能够将心智聚焦至深度阅读上来。

4月24日，学院开展了第二期无手机读书阅读活动，第二期参与活动的人数共75人，阅读总时长达18 000分钟。在阅读期间，同学们也做了细致的读书笔记，经过4小时的深度阅读，同学们都收获颇丰，他们收获的不仅仅是阅读书籍的点点感悟，更是内心的舒适与平静。

5月9日，第八届三院联合书法大赛决赛在广州大学大学城校区正式举行。比赛分为硬笔和软笔两个部分，选手们根据三组关键字（五四青年、青年担当和大学生精神）进行限时50分钟的现场创作。伴随着古筝乐曲，选手们纷纷提笔书写，专心致志地勾勒着每一笔、每一划，这充分展现了同学们作为一个青年应有的精神。

（管理学院　新媒宣传中心）

第一期无手机读书阅读活动

第二期无手机读书阅读活动

第八届三院联合书法大赛活动现场

3月5日　美术与设计学院组织学生进行爱国卫生志愿服务活动

3月5日，美术与设计学院团委在广州大学文逸楼开展爱国卫生运动志愿服务活动。积极贯彻落实习近平新时代中国特色社会主义思想，传承雷锋精神，深化青年志愿精神。

美术与设计学院青年志愿者们积极参与爱国卫生志

美术与设计学院爱国志愿卫生服务活动现场

愿服务活动，以班级为单位，组织清洁工作。在清洁工作中，同学们不怕脏不怕累，认真劳动，扫地、擦洗、整理，想尽各种办法，使用各种工具，进行了一次彻彻底底的清扫。每一个环节同学们都一丝不苟。此次爱国卫生志愿服务活动，同学们以实际行动诠释雷锋精神，展现了美术与设计学院青年志愿者们团结奋进、积极工作的良好精神面貌，发扬了奉献、友爱、互助、进步的志愿精神，展现了当代青年志愿者奉献自我、服务群众的时代风采。

（美术与设计学院　学工办）

3月5日　物理与材料科学学院举行2021届毕业生就业动员大会

为了进一步推进2021届毕业生就业工作，3月5日上午，物理与材料科学学院在文新楼113室举行2021届毕业生就业动员大会。学院党委书记曾学毛、院长王洪光、党委副书记黄顺婷、光电系主任张武，毕业班班主任、辅导员以及2021届全体毕业生参加了本次大会。

曾学毛书记鼓励同学们在认清严峻就业形势的同时调整好就业心态，对自身专业知识、综合素质充满信心，提前做好就业准备，抓住就业的机会。

王洪光院长借鉴学科研究的方法，为同学们分析了在就业择业方面的几种方法，并鼓励同学们积极做好就业准备，打磨求职技巧，充分利用好学校和学院的平台资源，积极就业。

黄顺婷副书记介绍了学院 2021 届毕业生就业现状，并分析了 2021 年大学生就业形势，鼓励同学们在思想上全方位重视，在行动上全方位出击，在层次上全方位考虑，在职位上全方位锁定。

随后，毕业班辅导员

毕业生认真聆听就业动员大会

黄毓婵老师和叶忧老师介绍了本学期的整体工作安排，并详细讲解了签约、就业派遣具体流程、报到证以及就业协议的作用等具体事项。

此次就业动员大会为同学们指明了正确就业方向，让同学们对未来的职业选择有了更加充分的认识，对就业政策有了更深刻的理解。同学们纷纷表示将以更加积极的心态面对严峻的就业形势，摆正心态，积极就业，迎接崭新的未来。

（物理与材料科学学院　学工办）

3月9日　电子与通信工程学院学生党员"读原著、学经典、做表率"系列读书活动暨"知行读书会"之党员读经典专题活动

3月9日，电子与通信工程学院邀请广州大学马克思主义学院邵小文副教授（广东哲学学会监事、广东社会主义社会辩证法研究会理事、广州市哲学学会副秘书长，2015 年入选"第四届广州市宣传思想文化战线优秀人才培养对象"，2016 年入选广州市青年文化英才）为学生党员进行经典名著导读。学院党委副书记谢玲、学生第一党支部书记欧阳曦、党建办理事会会长詹格亮参与活动。

首先，欧阳曦老师对《毛泽东选集》这套丛书的地位和内容进行了简要的介绍。付伟森、杨宇涵等四位学生党员同志分享他们在寒假期间阅读《毛

泽东选集》的心得体会。接下来，邵老师在四位学生党员的分享的基础上，进一步为在场党员进行详细解读。邵老师先讲述了毛泽东同志的生平，谈到要把一本书读得深入，必须了解作者的个人经历。在老师还介绍了《毛泽东选集》的历史和版本，谈到《毛泽东选集》的写作阶段分为新中国成立前

"知行读书会"之党员读经典活动现场

后，提到在阅读时应运用相应的历史视角来体会经典。

最后，邵老师对学生党员怎么读《毛泽东选集》，重点读哪些章节做了详细的分析和指导，如反对本本主义、改造我们的学习等。希望大家在学习的过程中要联系党的革命历史事件、联系马克思主义基本原理、联系生活、联系实际去读书。通过邵老师的导读，在场党员掌握了阅读经典名著的方法和途径，获益良多。

（电子与通信工程学院　学工办）

3月9日　地理科学与遥感学院师生赴自驾地理工作室交流访问

3月9日，地理科学与遥感学院师生一行受中国自驾地理文旅平台的热情邀请，前往自驾地理工作室与其创始人进行交流。自驾地理工作室是地理科学与遥感学院的"三创"实践基地，接下来学院也将联合工作室开展

地理科学与遥感学院师生与自驾地理工作室交流

"中国自驾地理'岭南杯'手绘地图"大赛。辅导员罗增幸老师带领 7 名热衷于旅行地理知识的同学来到自驾地理工作室开展了一次地理知识火花的碰撞。

同学们在工作室看到了充满着"地理与自驾气息"的咖啡馆，铺满"路书"的桌子，墙上挂满了"自驾地理"的照片和各个地方的牛皮纸手绘地图。自驾地理创始人老迈狼先生不但为同学们展示了他们团队所创作的手绘地图，而且以近期项目"玉树自驾"为例，给同学们解释地理与自驾结合的意义和手绘地图呈现的多样性，同时给大家介绍了描绘一幅地图的方法。最后，老迈狼先生还解答了同学们提出的关于自驾地理工作室"岭南杯"手绘地图大赛的相关问题。

地理学子希望能够通过"走出去"的形式，更好地发挥自身专业优势，结合地理学科的智慧与自驾旅行的魅力，更好地传播地理文化。2020 年 9 月，中国自驾地理成为广州大学地理科学与遥感学院的"三创"实践基地，期待不久的将来，在地理学科与自驾旅行的碰撞中能迸发出更多精彩的火花。

（地理科学与遥感学院　王海峰　周紫薇）

3 月 9 日 "乡村振兴创新创业实践"第二讲在文新楼开讲

3 月 9 日晚，广州大学教务处与公共管理学院联合打造的实践类公共选修课"乡村振兴创新创业实践"第二讲"乡村振兴创新创业的广大担当"在线下与线上同步开展，其中线下课堂于广州大学文新楼 324 室举行，线上课堂依托腾讯会议平台进行现场直播。本次课堂由广州大学公共管理学院教授

同学们认真倾听李彩阳书记分享驻村帮扶经验

谢治菊主持和点评，学生助理范飞协助，由广州大学派驻梅州市中兰村第一书记李彩阳主讲。

课堂伊始，广州大学公共管理学院谢治菊教授对主讲人李彩阳书记的基本情况及驻村帮扶成绩进行介绍。

课堂中，李彩阳书记以梅州市中兰村的特色农产品发展和产业体系为案例，解剖式讲解、分析农村产业发展情况及其给青年学生提供的创新创业契机，以及此契机中广大人的责任与担当。此外，李书记带来中兰村柚子深加工农产品给同学们品尝，让同学们真切感受到农村产业发展的喜悦。

课堂最后，围绕"如果可以回乡创业，你想做什么"这个话题，同学们结合专业实际与当地需求，纷纷发表了自己的看法，李老师对这些看法一一进行了点评与指导。

通过这次课堂，同学们思考了如何抓住乡村振兴大好机会创新创业，报效祖国，振兴乡村，服务社会，成就自己。同时，同学们也认识到，要想成为一名有担当有能力的优秀青年，可以在乡村产业振兴的前端、中端和后端创新创业、有所作为。课后，全体同学与两位老师进行了合影。

（公共管理学院　新媒体中心）

3 月 10 日　机械与电气工程学院机械党支部深入学习习近平总书记看望医药卫生界教育界委员并参加联组会的重要讲话精神

3 月 6 日上午，中共中央总书记、国家主席、中央军委主席习近平看望了参加全国政协十三届四次会议的医药卫生界、教育界委员，并参加联组会，听取意见和建议。习近平总书记强调，要把保障人民健康放在优先发展的战略位置，着力构建优质均衡的基本公共教育服务体系。

机械与电气工程学院学生党支部开展专题学习会

机械与电气工程学院于 3 月 10 日组织全院学生，以班会、党员大会等形式开展了"习近平总书记看望医药卫生界教育界委员并参加联组会的重要讲话精神"的主题学习活动。

其中机械系学生党支部开展了专题学习活动，学院党委书记李卓勇在学习会上指出，习近平主席的讲话给我们教育发展提供了明确的方向。相信教育的发展及改革必将给广大的师生带来极大的裨益，希望同学们能在新时代的发展浪潮中抓住机遇，勇攀高峰。

学生党员谢堂表示，自己将积极向党中央靠拢，学习党中央重要精神，并积极向各位同学宣传习主席的重要讲话。作为党员、作为学生必将乘着国家、教育发展的浪头，更好地发展自我、完善自我，努力成为具有创新意识和实践能力的高素质人才。

（机械与电气工程学院　学生党支部）

3 月 11 日　学党史，悟思想，办实事，开新局——生命科学学院圆满举办线上 2017 级考研复试、调剂交流分享会

学党史，悟思想，办实事，开新局。3 月 11 日，为助力考研学子上岸，以优异成绩向建党 100 周年献礼，生命科学学院举行以"研途有你"为主题的考研复试、调剂指导线

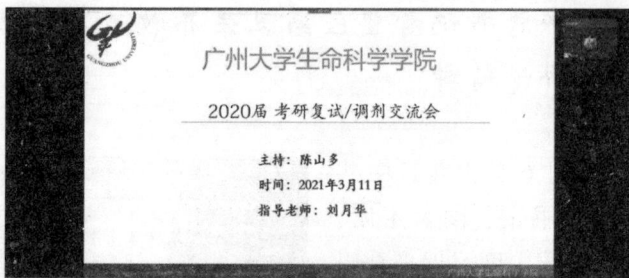

广州大学生命科学学院

2020 届 考研复试/调剂交流会

主持：陈山多
时间：2021年3月11日
指导老师：刘月华

考研学生参加线上交流会

上交流会。学院党委副书记刘晓亮大力支持会议，特地邀请 18 名来自各大高校的优秀研究生校友为 2017 级考研学子分享考研复试经验以及调剂方法。校友们用心、用情、用意为我院学子指导，彰显出生命科学学子"生生日新，薪火相传"的精神。本次会议由生科院研三学生陈山多主持，2017 级和 2018 级学生积极参加。

伊始，受邀嘉宾——解答考研学子们提出的复试疑问。谢慧娴、廖志威、欧阳国昌、邱洁瑜、闫帅、杨少华、涂嘉豪、李芬等同学，广州大学的研究生谭杰峰、王依钒和曾嘉敏同学从不同方面分享了自己的考研经验；各位校友的

经验分享结束后，会议的主持人陈山多也对分享的内容做进一步的补充。在自由提问环节中，同学们与在场分享经验的师兄师姐们积极互动，及时提出疑问以及表达自己的想法。

最后，刘月华老师对到来的嘉宾和筹备本次大会的陈山多同学表示感谢，同时，她希望同学们珍惜交流的机会，要充分利用学院校友资源，多问、多思考、多实践，为自己的研途增光添彩。此次交流分享会议，为2017级学生研途指明了前进的方向，增强了学生的信心。

（生命科学学院　学工办）

3月12日　公共管理学院学生在第十七届"挑战杯"校赛作品初审中表现优异

3月12日，广州大学组织开展第十七届"挑战杯"作品竞赛项目结题评审与校赛初审工作，经各项目申报、学院推荐和学校评委会审核，拟定287个立项项目结题，142个项目拟获校赛三等奖，109个项目拟入围校赛终审决赛。

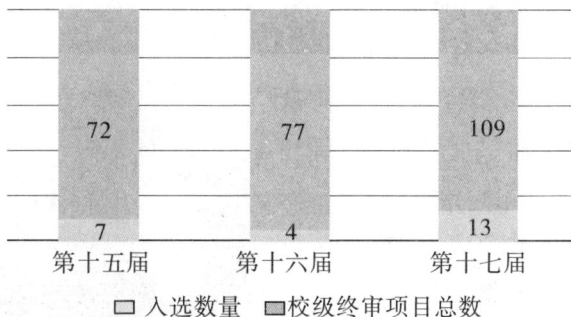

公共管理学院往年入选项目数量对比

其中，广州大学公共管理学院申报的35个校级项目全部结项，共有13项作品进入校赛终审决赛，数量位居全校第一；18项作品荣获校赛三等奖，获奖项目数量亦居全校榜首。

对比往年数据，在第十七届"挑战杯"校赛初审中，公共管理学院进入校赛终审的项目数量是上一届的三倍，有明显进步。

2020年2月，在广州大学团委和公共管理学院党委的指导下，学院团委开始筹备开展第十七届"挑战杯"作品竞赛申报及动员工作。4月，学院成立学生课外学术科技作品专家评审小组，对59个申报项目进行院级评审。5月，经校级专家评审，公共管理学院呈送的《"互联网＋"视域下人口流动中的重大突发公共卫生事件防控问题及其对策研究》等35个项目获校级作品立项，立项数量居全校榜首。

2021年2月，学院组织专家进行评审，为各项目指出不足和提出建议，同时，依据院内专家建议，决定推荐《特色小镇建设中农民生活秩序的重建——以广州从化西和特色小镇为例》等3个院级项目参加校赛初审。3月，各项目如期提交38项结题材料，秉持了重视并积极开展学术研究的优良传统。最终有13项作品进入校赛终审环节。据了解，进入校赛终审环节的项目拟将获得第十七届"挑战杯"竞赛校赛特等奖、一等奖或二等奖，并将有机会角逐广东省第十七届"挑战杯"学术竞赛奖项。

（公共管理学院　新媒体中心）

3月12日　体育学院举行2021年春季入伍学生欢送会

3月12日，体育学院在体训楼104室举行2021年春季入伍学生欢送会。体育学院党委书记何蕴华、副书记冯荣光、辅导员任佳妮、退伍学生代表及全体入伍新兵参加了欢送会。

会上，任老师通报了2021年体育学院征兵工作情况。2021年，同学们积极响应、踊跃报名应征。

体育学院2021春季入伍学生欢送会

在校属地报名应征同学13人，其中应届毕业生3人。经过初检、复检、政治考核，体育学院共有4名同学经兵役机关批准应征入伍。应征报名人数和双检合格人数均居学校前列，充分体现了体育学院同学们高涨的参军热情。

何蕴华书记对同学们应征入伍表示热烈祝贺，希望同学们能积极融入部队，刻苦训练，加强学习，扎实练好本领，充分发扬军人的精神本色，争取早日成为一名优秀士兵。

（体育学院　梁伟锦）

3月12日 外国语学院"愿景班团"建设获广州市优秀基层团建创新案例

3月12日，共青团广州市委员会办公室公布2020年度优秀基层团建创新案例，外国语学院基层团建案例《愿景理论视角下高校活力基层班团支部建设创新模式——以广州大学外国语学院"愿景班团"建设为例》光荣入选，成为广州市15个优秀基层团建创新案例之一。

愿景班团建设是以基层班团支部为单位，在汇集个人生涯规划的

班团支部正在展示本班团愿景

基础上，找准支部成员共同的成长目标，结合理想信念教育和广州大学人才培养目标，提出各具特色又包含支部核心价值观、支部组织建设与特色文化建设目标、建设措施与行动计划、过程管理方案等主要内容的班团愿景。二级学院团委、年级辅导员、"千千工程"对接党员教师、班主任、班团干部和支部成员各司其职，共同建设愿景明确、极具特色、富有活力的班团支部。

5月，第八届班团愿景大赛决赛在桂花岗校区举行，党委副书记许多恬及2020级班主任、辅导员出席了比赛。以基层班团支部为单位，在汇集个人生涯规划和集体酝酿的基础上，2020级各班团支部制定了考研班团、志愿服务班团、文体艺术班团、乐学班团等多样化的班团愿景。

（外国语学院　廖沛玲）

3月15日 电子与通信工程学院举办第一期"师生午餐会"

3月15日中午，电子与通信工程学院第一期师生午餐会在电子信息实验楼606室举办。莅临本次活动的领导、老师分别有学院党委书记陈泽龙，院长唐冬，党委副书记谢玲，物联网系梁海燕、揭海、黎芳、承江红老师，电信系李俊老师等。与会学生代表共20余人。

本次午餐会的主题是"考研"。首先，各位同学畅所欲言，提出与考研有关的问题，会场气氛火热。各位领导、老师就同学们提出的关于保研情况、考研时间安排、专硕学硕区别、考研与就业平衡等问题进行了详细的解答。最后，陈泽龙书记指出研究生的就业率和薪资

午餐会上师生现场交流

都远超过本科生，研究生优势很大，考研也是给未来打通了一条路。李俊老师建议同学们在外语学习上早做准备，可以在经济条件允许的条件下适当参加考研冲刺班。唐冬院长希望同学们能尽早确定考研的目标并为此坚持不懈，并就考本校研究生的优势、考研方向、是否需要调剂等问题做出了建设性的建议。同时鼓励大家要有信心，每位同学的考研机会都是很大的，学院也将就学生考研做出一系列的奖励措施和后勤保障。

电子与通信工程学院"师生午餐会"致力于打造增进学院老师和同学之间交流的平台，增强师生之间的沟通与了解，增加师生之间的良性互动，解决各方面问题，积极推动学院管理工作的改革和优化。

（电子与通信工程学院　学工办）

3月16日　学党史，悟思想，办实事，开新局：生命科学学院生物制药学生党支部组织生活

3月16日下午，生命科学学院生物制药学生党支部于学院 B17 五室一站和线上举行了以"学党史，悟思想，办实事，开新局"为主题的组织生活。本次会议由生物制药学生党支部书记刘月华同志主持，并邀请了党委副书记刘晓亮参会。会议线下参会人员共18人，其中教师党员2人，学生党员16人（含5名预备党员），线上参会党员共1人。

本次会议共分为五个部分。

第一部分：支部书记刘月华同志分享习近平总书记在 2021 年 2 月 20 日出

席党史学习教育动员大会时的重要讲话，强调中国共产党历来重视党史学习教育，而当今正值庆祝中国共产党百年华诞的重大时刻，在"两个一百年"奋斗目标历史交汇的关键节点，全党集中开展党史学习教育正当其时且十分必要。刘书记强调，历史

"学党史，悟思想，办实事，开新局"党支部组织生活

充分证明，江山就是人民，人民就是江山，我们要坚持一切为了人民、一切依靠人民，始终把人民放在心中最高位置。

第二部分：主讲人邓雨和焦加艺同志梳理了党史的时间脉络和强调了学习党史的重要性。二人详细地介绍了新民主主义革命时期中国共产党的创立及早年的革命活动，回顾了新民主主义时期一大批优秀共产党人的艰苦奋斗历程，指出正是这些先驱敢为人先、敢于反抗，才有了我们如今美好的生活。同时邓雨同志强调，历史是最好的教科书，中国革命历史是最好的营养剂，学习党史是加强党的思想理论建设的重要任务，也是继承党的成功经验和优良传统的需要，我们要以身作则，传承优良作风，从历史中汲取智慧和力量。

第三部分：吴蕾和李浩铃两位同志针对上述主题分享，结合个人的所见所闻所思，发表个人感想和心得体会。

第四部分：支部书记刘月华同志就党员同志的分享进行点评，提出我们党员同志要做到学史明理、学史增信、学史崇德、学史力行，发扬敢为人先的精神。

第五部分：党委副书记刘晓亮对本次的组织生活进行总结，肯定了此次组织生活紧密结合了从中央到地方再到学校关于党史学习的政策，指出学习和了解党史可以让我们更全面、深刻、系统地了解党组织和党发展的艰辛历程，并强调"学党史，悟思想"十分重要，但更重要的是要落实"办实事，开新局"。每位学生党员都要争当榜样、争做表率，学会影响和带动身边的同学，在学习党史的过程中让自己坚定信念，让党成为自己终生的信仰！

（生命科学学院　五室一站　生物制药党支部）

3月16日 化学化工学院开展"学雷锋，做志愿，爱卫我行"爱国卫生运动

3月16日下午两点三十分，兰苑4栋五室一站响应学校号召，以即将到来的爱国卫生运动为契机，以"创建文明、卫生、整洁、美丽的校园"为指导思想，组织本楼栋学生对宿舍内部，志愿者对走廊、草坪和五室一站等公共场所，开展了一次"学雷锋，做志愿，爱卫我行"的深度清洁活动。

学生在兰苑4栋进行打扫清洁工作

爱国卫生运动有着特殊的历史背景，延续至今已成为宣传卫生科学知识、树立良好卫生习惯的重要形式。从最初的"除四害，讲卫生，消灭疾病，振奋精神，移风易俗，改造国家"，到如今的"防疫有我，爱卫同行"，爱国卫生运动对公众良好生活习惯的形成发挥了极大的正向引导作用。

经过大家一个半小时的辛勤劳动，兰苑4栋恢复了让人心情愉悦的洁净。通过本次楼栋大扫除活动，同学们体会到了无私奉献的快乐，激起了大家向雷锋同志学习的热情，更对全国爱国卫生运动有了更多的了解，明白了文明卫生应从自身做起，养成了良好的卫生习惯，为净化、美化校园贡献了一分力。

（化学化工学院 学工办）

3月16日 "乡村振兴·青年担当"之《乡村振兴创新创业实践》课程

3月16日晚上，"乡村振兴·青年担当"系列活动之《乡村振兴创新创业实践》课程第3讲、广州大学博学讲坛暨公共管理学院回归学堂第12讲之"乡村振兴与青年担当"在广州大学大学城校区文新楼123教室举行，讲座在企业微信App同步线上开展，共有450人参与。本次讲座特邀碧桂园集团助理总裁、集团扶贫办常务副主任、国强公益基金会副理事长兼秘书长罗劲荣先生担任主讲老师。讲座由广州大学公共管理学院博士生导师谢治菊教授主持，广州大学公共管理学院党委书记刘向晖、党委副书记万朝春、碧桂园乡村振兴学院院长龙毕文作为嘉宾出席此次活动。

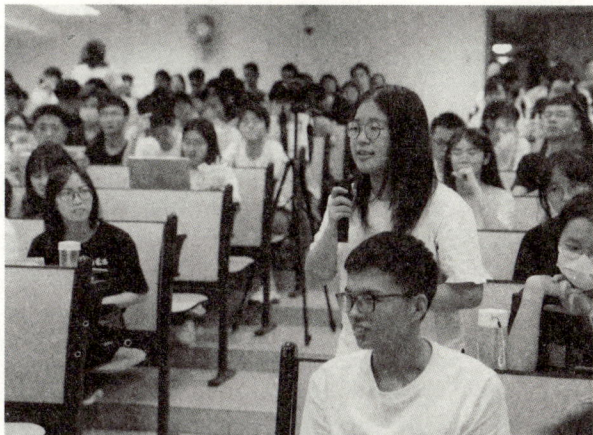

学生向罗劲荣先生提问

罗劲荣先生以"乡村振兴与青年担当"为主题，介绍了国家精准扶贫乡村振兴历程、碧桂园乡村振兴领域的探索以及人才振兴的持续探索三个部分的内容，以"坚持、创新、感恩"为关键词，引领同学们学习乡村产业振兴和创新创业的相关知识，深化青年学生对乡村振兴与创新创业关系的认识。

在讲述碧桂园乡村振兴领域探索时，罗劲荣先生展示了碧桂园集团帮扶范围和扶贫工作重点项目，介绍了碧桂园"4＋X"的扶贫模式以及"3个3"扶贫工作重点，以"基础设施＋产业＋人"阐释碧桂园乡村振兴探索的理念。

在讲座尾声，谢治菊教授做出点评以及分享"感动、感性、感恩"三点感受，告诉同学们要心怀感恩，积极投入扶贫实践，实现自我价值，为乡村振兴提供助力，为国家战略尽己所能！

（公共管理学院　新媒体中心）

3月16日　马克思主义学院学生党支部召开党史学习教育组织生活会

3月16日下午，马克思主义学院学生党支部以"学党史、悟思想、办实事、开新局　以优异成绩迎接建党一百周年"为主题，于行政东后座612室召开了新学期首次组织生活会，传达学习习近平总书记在党史学习教育动员大会上的重要讲话精神和党中央《关于在全党开展党史学习教育的通知》精神。支部书记宋学来老师和全体学生党员出席会议，会议由支部副书记谭敏同志主持。

谭副书记首先公布了组织生活会的学习内容和流程。随后，陈漫玲、刘盈盈、李婷、黄琴等7名同志就党史学习教育分享自己的认识和体会。

李婷同志认为，作为思政专业的学生，更应该学好中国共产党百年历史，传

学生党员认真参与组织生活会

承、发扬好党的成功经验，拥有更加坚定的信念与理想。黄琴同志表示，新时代我们要大力发扬红色传统、传承红色基因，始终保持革命者的大无畏奋斗精神，不忘初心、牢记使命。

最后，党支部书记宋学来老师对各位党员提出了未来的新期望与新要求，希望各位学生党员为支部建设和党日活动出谋划策，丰富支部的学习形式与内容；自觉加强党史学习，践行党的宗旨；加强自我教育意识，推进党史及政治理论学习常态化。

通过本次组织生活会，党员同志们明确了在百年未有之大变局下，党史学习教育的重要意义，同时深刻把握其重点内容，未来将积极投身到中华民族伟大复兴的建设中。这对于坚定理想信念，加强党性修养，进一步激发爱党爱国热情，弘扬优良作风，具有重要的现实意义。

（马克思主义学院　党支部）

3月18日　生命科学学院开展2021届毕业生就业动员大会

为解决毕业生求职方面的困惑，帮助2021届毕业生顺利毕业与就业，广州大学生命科学学院于3月18日下午在文新楼711室召开2021届毕业生就业动员大会。出席本次大会的人员有学院党委副书记刘晓亮、年级辅导员刘月华

老师、教务员高香花老师、校友马汉年师兄，以及研究生、本科生全体毕业生。

大会伊始，年级辅导员刘月华老师简述了大会的主要议程，并为毕业生们送上美好祝愿。紧接着，学生代表吴曼玲向老师们提出就业过程中可能存在的疑惑，如档案去向、择业期的政策以及实习期可能面临的法律问题等。了解毕业生当前的困惑后，各领导老师有针对性地进行指导和提出实用的建议。随后，本科毕业生代表林国冠分享就业经验。他用幽默风趣、生动形象的言语讲述了自己的经历与收获，将自己的经验总结为三点：第一，认清自己，怀抱自信；第二，放眼未来，不过于计较眼前得失；第三，结识贵人，善听前辈建议。而针对教师行业，研究生代表何裕丽分享成功应聘教师岗位的经验，她提出三点建议：一是多关注招聘信息，二是与志同道合的同学结伴，三是多积累面试和笔试的经验。

此次毕业生动员大会的召开意义重大，为毕业生进一步明确就业方向、认清就业形势、转变就业态度提供了良好的思想动员，有助于同学们在今后的就业道路上越走越宽。

（生命科学学院　学工办）

3月19日　地理科学与遥感学院开展"经典百书"专栏活动

3月19日，地理科学与遥感学院响应广州大学大力开展"经典百书"阅读活动的要求，引导大学生养成爱读书、读好书的习惯，营造格调高雅的校园文化氛围，特开设"经典百书"专栏，呼吁同学们积极参与到阅读活动中。活动贯彻落实习近平总书记关于青少年教育的系列重要指示及响应广州大学致力于培养"德才兼备、家国情怀、视野开阔，爱体育、懂艺术，能力发展性强"的高素质创新人才的目标。目前，活动形式多样化，活动要求具体化，推广卓有成效，学院学生参与度达到100%。

回顾往昔，学院举办"经典百书"朗诵比赛，以体味中华经典百书内涵为核心，以朗诵为主要形式，采用伴奏伴舞的形式，提升同学们的审美能力、引导经典阅读的多元应用。书签设计大赛围绕"经典百书"开展，经典百书与书签设计的有机结合，将讲述地理故事与阅读经典百书完美融入一张书签中。"读经典百书，讲地理故事"系列活动之"阅经典百书，寻人生之锚"读书分享会由罗增幸老师主持，他在会上结合自身经历指出读书的重要性，同学们在会上分享了自己的读书心得。

学院第一届"读经典百书，讲地理故事"经典百书阅读推广成果展示大会在青年活动中心正式开幕。出席本次大会的有学院党委副书记白鹤云飞老师、马凌老师、罗增幸老师。此次活动展现了我院地理学子的卓越风采，将近期活动的优秀作品通过分享、表演的形式呈现出来。

（地理科学与遥感学院　许榆琳）

地理科学与遥感学院学生参加经典百书阅读推广成果展示大会

3月19日　建筑与城市规划学院举办"建职人生，筑梦未来"系列就业讲座

毕业季将至，为了帮助同学们了解不同职业的发展方向，做好个人职业生涯规划，建筑与城市规划学院特开展"建职人生，筑梦未来"系列讲座活动。从3月19日至5月14日，学院总共举办四场专题讲座活动。

四场讲座分别围绕考研、保研、考公、专业就业等内容展开，并邀请学院的优秀毕业生和校友进行面对面的交流分享，吸引了大批院内同学前来参与。其中，3月19日晚上在理科北楼305室举办的第一场讲座，邀请了6位考公成功"上岸"的建院校友杜嘉乐、郑昊彬、张杰、朱健飞、邝文勇、程朝杰进行公务员、选调生备考经验分享交流。校友们详细介绍了公考的各类题型和分享准备过程、笔试和面试的经验，让同学们收获颇丰。

4 月 13 日晚，学院也开展了毕业生就业现状分享会，分享会由苏展勇老师主持。特邀优秀校友钟步青、周伟源、方圳彬来

学生认真倾听师兄师姐们分享经验

到现场进行交流分享，帮助同学们更深入了解我院建筑学、城乡规划、风景园林专业的就业情况和专业前景。

学院分别于 5 月 7 日和 5 月 14 日晚在理科北楼 306 室召开了关于考研和保研分享会。分享会邀请优秀校友王丽娟、吕妍、徐小镇、郑柳浪，罗康，刘子洋来到现场进行交流分享，讲述他们的考研、保研之路，给目前有升学计划的同学提供帮助和借鉴经验，也帮助迷茫的同学找到努力的方向。这两场分享会让同学们更深入了解考研、保研的情况，为自己的升学做出更全面的规划。

聆听四场讲座之后，建院学子们对未来的人生规划有了更清晰的认识，也有了更明确的目标。希望大家能够及时地找到合适的方向并坚定不移地走下去，为自己的人生创造更多高光时刻。

（建筑与城市规划学院　新媒体中心）

3 月 20 日　化学化工学院第十六期党课第三讲——缅怀革命烈士，传承红色精神

2021 年是建党 100 周年。为了缅怀革命烈士、传承红色精神，提高入党积极分子们的党性觉悟和爱国主义情怀，化学化工学院学生党支部于 3 月 20 日，组织第十六期入党积极分子们前往红色景点广州起义烈士陵园及越秀公园进行参观学习，缅怀革命烈士。

上午，全体人员在广州起义烈士陵园集合。入党积极分子们先后参观了"血祭轩辕亭""中苏人民血谊亭"和"中朝人民血谊亭"。随后，大家来到

广州公社烈士之墓和叶剑英元帅墓，叶剑英元帅的伟大形象深深刻在我们每个人的心里。接着，大家来到广州起义纪念碑处。该纪念碑坐落在正门大道北端，主体为三块巨石，巨石中间是起义者坚定的手臂，起义者紧握着一支系着红飘带的步枪。化学204班林润潼说："看到它就想起毛主席那句著名论

化学化工学院第十六期入党积极分子分享党课心得感受

断：枪杆子里出政权！正是数万革命先烈的鲜血换来今天的中国这平凡而又沉重的'和平'，因此我们更加要珍惜来之不易的幸福生活，赓续爱国爱党的红色基因，做党忠实的信仰者！"

下午，大家一同前往越秀公园，公园景色宜人，保存了各种历史文物和遗迹。此次参观学习，不仅给我们带来了视觉上的震撼，也唤起了我们对历史的记忆。化学193班吕诗婷分享感受："走访红色景点是一个社会实践活动，我们作为身强力壮的年轻人，就应该多走动，看看祖国的大好河山，了解为建设祖国努力奋进的人和事迹。这不仅仅是对先烈的缅怀，更是一条途径，让我们能够更好地理解历史和牢记老一辈革命者为我们国家所做的一切。"

（化学化工学院　学生党支部）

3月20日　计算机科学与网络工程学院林志伟同学参加第15届ACM程序设计竞赛活动获奖

3月20日，广州大学举办了第15届ACM程序设计竞赛活动，计算机科学与网络工程学院林志伟同学以三等奖的好成绩为广州大学争得荣誉，这充分展现了计算机科学与网络工程学院学生的青春风采。

ACM程序设计竞赛是很多大学生都会参加的一个考验大学生编程能力的全球性大赛，通过这个比赛学生可以学到很多东西。比赛参加人数众多，想脱颖而出十分艰难，这要求我们积极、刻苦地学习相关知识，锻炼自身的编程能

力，要在计算机专业学习上做到快人一步。虽然在这个过程中会遇到许多困难，甚至令人想放弃，但这也是一种锻炼，能够坚持和努力的人，终将取得好成绩。

（计算机科学与网络工程学院　林志伟）

排名	奖项	姓名	学院	专业
31	三等奖	宋建颖	物理与材料科学学院	光电201
32	三等奖	林炳荣	计算机科学与网络工程学院	计科193
33	三等奖	王则刚	计算机科学与网络工程学院	智能201
34	三等奖	廖锦滔	计算机科学与网络工程学院	计科193
35	三等奖	邓枭	计算机科学与网络工程学院	软件203
36	三等奖	陈佳锋	计算机科学与网络工程学院	计科204
37	三等奖	陈颖智	建筑与城市规划学院	城规202
38	三等奖	张梓锐	计算机科学与网络工程学院	软件194
39	三等奖	庄鹏鑫	计算机科学与网络工程学院	软件202
40	三等奖	林志伟	计算机科学与网络工程学院	软件203
41	三等奖	赖俊平	电子与通信工程学院	电信191
42	三等奖	黄爱新	数学与信息科学学院	数学202
43	三等奖	李九辉	计算机科学与网络工程学院	计科193
44	三等奖	李东晓	计算机科学与网络工程学院	计科203
45	三等奖	陈栋林	计算机科学与网络工程学院	软件203
46	三等奖	王育锋	计算机科学与网络工程学院	计科191
47	三等奖	郭育宏	计算机科学与网络工程学院	软件203
48	三等奖	贺文翔	数学与信息科学学院	数学191
49	三等奖	黄晓波	计算机科学与网络工程学院	软件181
50	三等奖	杨楚鹏	计算机科学与网络工程学院	网络203
51	三等奖	汪迪	土木工程学院	土木类201
52	三等奖	唐振辉	计算机科学与网络工程学院	计科204
53	三等奖	吴朝亮	计算机科学与网络工程学院	软件201
54	三等奖	林希栋	计算机科学与网络工程学院	网络203
55	三等奖	洪泓锴	计算机科学与网络工程学院	计科204
56	三等奖	陈文杰	数学与信息科学学院	信计181
57	三等奖	黄学全	计算机科学与网络工程学院	软件203
58	三等奖	郑力铭	数学与信息科学学院	信计191
59	三等奖	吴昊原	计算机科学与网络工程学院	智能201
60	三等奖	祝乾添	数学与信息科学学院	信计191

2021 广州大学第十五届 ACM 程序设计竞赛获奖名单

3 月 21 日　体育学院团委举行"点亮心灯，与爱同行"志愿服务活动

3 月 21 日上午，广州大学体育学院团委学生会实践部在广州大学正门的江边开展了以"点亮心灯，与爱同行——走进星儿世界"为主题的关爱特殊儿童的志愿服务活动。

活动中，志愿者带着小朋友们开展篮球、足球、跳绳等体育活动，给小朋友们带来了一场不一样的户外运动。同学们充分发挥体育专业的优势，让小朋友们在锻炼身体的同时，能够放松身心，更多地与人接触和交流。部分党员同志还准备了武术表演，小朋友们也纷纷送上了自己精心准备的小礼物。活动

中，孩子们的活泼、坚强与勇敢深深地打动了每一位志愿者。

参加活动的志愿者表示：活动之前我们只是听过有关特殊儿童的信息，但从未跟他们有过接触。在生活中大家把这些孩子们叫作"星星的孩子"，

"点亮心灯，与爱同行"志愿者合影

他们犹如天上的星星，一人一世界，独自闪烁。不盲，却视而不见；不聋，却充耳不闻；能说话，却很难与你交流；有行动，却总是与你的愿望相违。感谢这次志愿活动给了我们一次直接接触这群孩子的机会，让我们亲身感受到了特殊儿童的世界。

因为爱，所以我们在努力，因为爱的传递，所以构成了爱的世界。这群"星星的孩子"在自己的世界里依然光芒闪耀，我们能够做的，就是给予这些孩子更多的关心、爱护以及耐心的陪伴，让每个孩子们都感受到人间的温暖和快乐，让他们感受到爱和世界的美好。

（体育学院　陈家昕）

3月21日　回顾当初，展望未来——音乐舞蹈学院学生干部大会

3月21日下午三点，音乐舞蹈学院于文新楼206室成功召开学生干部大会。大会分为两个环节：讲解学院的管理制度以及党史学习动员。

第一环节由学院党委周云副书记向同学们介绍学院组织架构，就院长和副院长职责进行说明，并且向同学们介绍学院"三办"职责。三办，即学工办、教研办、综合办。他介绍了三办老师的职责，并向参加会议的学生干部强调：学生干部要有服务意识、角色意识、目标意识、沟通意识、底线意识。学生干部要有责任担当，带领班级变得更好。最后向同学们介绍了疫情防控、宿舍管理、请假、交通安全等规章制度。

第二环节由学院党委李颂东书记主讲，对同学们进行党史学习的动员，并就为什么学、学哪些内容、怎么学三个部分进行讲解。作为音乐专业的同学，

我们可以通过走访红色文化基地、阅读党史类书籍、演唱红色歌曲等方式进行学习。让我们从自己擅长的方向出发，了解党的历史，铭记党为了建设我们如今美好生活所经历的故事。

至此，本次音乐舞蹈学院学生干部大会圆满结束。学生干部们在深入了解学院组织架构及职责后能够更好地配合学院的各项工作。同时，在建党 100 周年这一重要节点，学生干部更要认真学党史，牢记初心使命，坚定信念信仰，为建设社会主义现代化强国贡献自己的力量。

李颂东书记讲解党史学习

（音乐舞蹈学院　张梓敏）

3 月 23 日　生命科学学院举办"精准座谈，培优拔尖"参观活动

3 月 23 日，生命科学学院 2018 级"拔尖创新班"21 名学生前往桂花岗校区实验室进行参观交流，精准基因编辑工程中心主任唐珂教授、分子遗传与进化创新研究中心副主任孔凡江教授以及芦思佳教授与同学们展开交流并为他们解答疑惑。

在教授们的热情带领下，同学们参观了团队实验室，并详细了解实验仪器设备的用途和注意事项。随后全体成员在生化楼 5 楼会议室进行了座谈交流。唐珂教授和芦思佳教授分别对两个中心的基本情况、科研团队成员及研究方向、团队的最新研究成果进行详细的介绍，让学生对两个科研团队有了全面、直观的认识。

创新班成员刘璐、李浩铃、李茂榕、林泳仪、李雯等同学在了解两个团队的研究成果后提问，孔凡江教授和唐珂教授一一做出详细解答。同学们纷纷表示增长了见识、扩大了眼界。

最后孔凡江教授做了总结讲话，他欢迎大家报考桂花岗两个科研团队的硕士研究生，希望以此作为起点，激励更多的同学多认识广州大学的进步、了解生命科学学院的发展，坚信"选择广大的现在，拥有广大的未来"。

（生命科学学院　李浩铃）

3月24日　人文学院"桃李年华"女生节活动开幕

　　3月24日，清风徐来，朵朵红棉盛开，窈窕淑女，漫步于校道花间，人文学院"桃李年华"女生节活动正式开幕。在桂花岗校区活动现场，女生踊跃报名参加活动，甚至不少男生也被吸引前来参与。许愿摊位前，女生写下心愿，便利贴上寄托着女生的美好祝福。丰富多彩的活动，吸引着同学流连于红棉树下："口红猜色号"，女生的"拿手好戏"；

人文学院"桃李年华"女生节全体工作人员合照

"正字反写"，尽显人文淑女们的智慧；"是或不是"，口不对心我最"劲"。每项活动都有为女生准备的实用小礼品，当然还有激动人心的抽奖时刻。快乐的时间飞快流逝，天色渐暗，游园会落下帷幕。让我们一起期待着明年红棉时节，再游于红棉树下。

（人文学院　新闻中心）

3月27日　第九届羽毛球团体锦标赛暨新生杯院际团体锦标赛圆满结束

　　3月27日，广州大学羽毛球协会举办的广州大学第九届羽毛球团体锦标赛暨新生杯院际团体锦标赛顺利闭幕，法学院羽毛球队荣获团体第三名。

　　羽毛球队员吴欣潼同学分享参赛心得："比赛开始前，在队长带领下，我们每周都定期组织训练，如进行体能、技能训练等。每次训练都会腰酸背痛、大汗淋漓，但我们都坚持下来了。周复一周，我们队员之间的默契以及各个队员的实力都得到了很大的提升。我想，这是我们能够取得第三名成绩的关键因素。球场下，我们根据不同的竞争对手调整不同的战术安排与配置；球场上，我们发挥失误时回头总是能得到队友们的鼓励。赢球时总是能听到场边的欢呼，尽管有失利的时候，下场也能得到队友们的安慰。这些鼓励与安慰使我们能够很快地调整状态，发挥出应有的水平。我想，比赛中'战友'们之间的相互鼓励和支持，是我们取得第三名成绩的重要因素。感谢学院为我们团队训练和参赛提供的支持与指导，让我们能够专心训练，奋力拼搏，取得优良成绩！"队员

法学院羽毛球队获奖奖杯

们纷纷表示，十分有幸能够代表法学院羽毛球队参加广州大学第九届羽毛球团体锦标赛，今后将继续努力，再创佳绩！

（法学院　吴欣潼）

3月28日　建筑与城市规划学院举办第二届学院十佳歌手比赛

3月28日晚上，建筑与城市规划学院迎来了第二届"帆为音动，以音启航"十佳歌手决赛。

经过初赛的比拼，最终有十名同学进入总决赛。总决赛流程是每个选手分别上台进行歌曲表演，随后评委点评打分，在所有选手表演结束后，由在场评委和大众评委进行投票，最终选出前三名。台下观众十分投入，安静地欣赏每个选手登台演唱的"高光时刻"。最让人印象深刻的是张志显选手干净动听的声音、许艺嘉选手富有冲击力和节奏感的嗓音，而最后登台的周洛选手用他充沛的感情、磁性的声音打动了现场每一位观众。每位选手的歌声都让观众惊喜、尖叫不已，掌声连连。经过激烈的角逐，在分数统计后宣布这次比赛的冠亚季军分别是建筑181班的周洛同学、建筑202班的张志显同学，以及园林191班的许艺嘉同学，希望同学们都能够将歌声在广大校园中唱响，也期待三位选手在校赛中的精彩表现。

（建筑与城市规划学院　新媒体中心）

3月28日　计算机科学与网络工程学院黄颖瑜同学参加第三届"传智杯"全国大学生IT技能大赛获奖

3月28日，全国高等院校计算机基础教育研究会举办了第三届"传智杯"全国大学生IT技能大赛，计算机科学与网络工程学院黄颖瑜同学，以二等奖的好成绩为广州大学争得荣誉，她的获奖充分展现了计算机科学与网络工程学院学生的青春风采。

计算机科学与网络工程学院黄颖瑜同学获奖证书

黄颖瑜学生分享获奖心得：

"2021年，经过一个学期高强度的持续学习，我对C＋＋基础知识和初步进阶内容已经有了较为全面的学习和探究，所以我决定参加若干程序设计竞赛巩固和检验自己这段时间的学习成果。通过网络，我得知由全国高等院校计算机基础教育研究会主办的'传智杯'大赛，抱着一种学习的心态，我提交了报名信息，期待着这场比赛对我在这几个月所学所想的检验。此次比赛聚集了全国很多热衷于程序设计比赛的大学生，决赛的竞争程度比初赛更加剧烈，题目难度和梯度也变得更加竞赛化。在比赛结束时，我不禁感叹设计算法时，要有缜密的逻辑和扎实的代码功底，心中也更加清晰地认识到自己在专业基础知识学习上还有很大的进步空间。"

（计算机科学与网络工程学院　黄颖瑜）

3月28日　经济与统计学院开展"'苑'知你心"心理健康教育活动

新冠肺炎疫情席卷全球，疫情期间学生的心理健康问题引起了大家的关注。为了解大一新生的学习、生活状态以及心理健康情况，经济与统计学院心苑于3月组织开展了"'苑'知你心"心理健康教育活动。通过校园走访，搭建沟通桥梁，帮助学生更好地适应大学生活。

3月28日，心苑的学生干部围绕"追忆童年，逐梦当下"的主题，在广州大学桂花岗校区的宿舍楼、校道、课室等场所随机对来往同学进行访问。心苑的学生干部用提问的方式引发同学们的思考，用微笑拉近与同学们的距离，让同学们打开内心去回忆、去倾诉。漫步在安静的桂花岗校道上，一个个迎面而来的同学仿佛遇到了知音，对着镜头敞开心扉，诉说自己的故事，与大家分享童年的酸甜苦辣，时而讲得兴起，时而讲得低沉，从表情和言语中表露出童年经历对他们的深刻影响，抒发对未来学习生活的无限憧憬。

本次走访活动收集了同学们对童年的回忆以及对未来的展望，心苑的学生干部在对采访内容进行整理后，于 4 月 30 日在"经统心苑"微信公众号平台上发布推送了文章《我们喜欢现在的自己，我们怀念过去的自己》。借助本次活动，同学们更加关注自身的成长与变化，积极调整自身状态和人生目标，以梦为马、逐梦当下。

（经济与统计学院　心苑）

心苑学生在校园进行走访

3 月 30 日　音乐舞蹈学院成功举办"梦续长生"专场展演

由广州大学公共艺术教育中心主办，音乐舞蹈学院学生会和蜗牛剧社承办的"梦续长生"专场展演于 3 月 30 日 19：00 在演艺中心 111 室开幕。

"人言落日是天涯，望极天涯不见家。已恨碧山相阻隔，碧山还被暮云遮。"两位主持人的开场白瞬间让我们穿越到了那个冰冷的长生殿中，去见证唐玄宗和杨玉环的爱情。

本次活动共由三个环节组成。第一个环节由游涛、王泓博，张锴泽三位同学为观众演绎《长生殿》片段。此次选取的片段为：杨玉环被唐玄宗赐死在马嵬坡中的故事，以及唐玄宗和杨玉环终在天宫相会。

第二个环节则是由叶慧怡同学和许榕同学为我们分享她们的观后感，她们的分享引发了大家对政治与爱情、江山与美人的取舍问题的深思。

第三个环节则是游涛同学带观众一起深入了解《长生殿》，他向大家介绍了中国戏曲的五大剧种，当讲到广府之宝粤剧时，观众都沉浸在其中，李颂东书记甚至还登台献曲一首，让大家一饱耳福！最后，游涛同学邀请老师们上台参与互动，精彩的表演让同学们纷纷表示没有看够。

"梦续长生"专场展演不仅让大家感受到了戏曲的美，也拉近了师生之间的距离。希望大家在往后的生活中多关注戏曲文化，发扬音乐人的传承精神，尽我们所能传承戏曲文化！

（音乐舞蹈学院　谭凇琦　周积舜）

"梦续长生"专场展演活动合影

3月30日　环境科学与工程学院学生党员参加"红色之旅"策划大赛

3月30日下午，环境学院在文新楼323室举办"红色之旅忆党史，笃行湾区悟思想"——学生党史学习教育动员大会暨"红色之旅"策划大赛。环境科学与工程学院党委书记利盛炜老师、副书记李慧老师、本科生党支部书记吴海威老师、辅导员冯雪玲老师出席了本次大会。

2021年正值中国共产党百年华诞，2月20日党史学习教育动员大会在京召开。为响应党中央的学习号召，贯彻落实党史学习教育工作的重要部署，结合实际情况，学院举办了此次红色之旅策划比赛。比赛基于大湾区地理区位进行红色路线设计，要求参赛队伍结合红色路线，开展党史学习与讲述。该活动得到了党内同志以及入党积极分子的热烈反响，前期共收到27份作品，共计115人参与。经过一轮角逐，最终10个小组的方案冲进决赛。

入选决赛的10个小组分别上台通过PPT展示并讲解自己小组的策划方案。"红色之旅"足迹遍布了广州、佛山、中山、珠海等城市，方案覆盖面广且考虑全面。现场的党员和入党积极分子们也跟随着讲解者的脚步，重温了一段段壮烈且充满斗志的历史。

本次活动，加强了党员对党史的了解，增强了党支部的凝聚力、感染力和活力，党员们感悟革命先辈的奋斗精神，传承发展党的优良作风，学党史，悟思想，办实事，开新局！

（环境科学与工程学院　赖安盈）

参加策划比赛的师生党员合影

我们的大学

4 月 1 日　莫莹盈同学在天池大数据竞赛 CVPR2021 安全 AI 挑战者计划第六期：防御模型的白盒对抗攻击中获奖

4 月 1 日，阿里安全联合清华大学举办了天池大数据竞赛 CVPR2021 安全 AI 挑战者计划第六期：防御模型的白盒对抗攻击。计算机科学与网络工程学院莫莹盈同学所在的队伍以第 19 名的好成绩为广州大学争得荣誉，充分展现了计算机科学与网络工程学院学生的青春风采。

莫莹盈同学分享了她的获奖心得：

"学业精于勤奋，行动成于思考。在学习上我凭着对知识的渴望和追求，一向严于律己，刻苦钻研，目标明确，在掌握学业课程的基础上，广泛涉猎计算机专业的相关知识，争当一名符合新时代要求的复合型大学生。

莫莹盈等同学获奖证书

格物致知，学以致用。我积极参加各类学科竞赛，坚持把知识投入到实践，不断提升个人综合能力。其中让我收获颇多的是这次阿里安全联合清华大学举办的防御模型的白盒对抗攻击比赛。备赛期间，我与其他队员一起探索，广泛涉猎该领域最新的模型或技术，在高难度的真实环境中提升技术，致力于培养自己成为真正有实战能力的安全基建人才。庆幸最后我们在 1 681 支队伍里脱颖而出，取得了全国第 19 名（TOP 1%）的好成绩。

不断进取、永不止步是我的座右铭。在这个万众创新的时代，面对更新迭代的专业技术，我勇于应对挑战。等风来，不如追风。"

（计算机科学与网络工程学院　莫莹盈）

4月5日 "聚焦脱贫光影，筑梦时代前行"摄影比赛评选结果公示

党的十八大以来，以习近平同志为核心的党中央团结带领全党全国各族人民，把脱贫攻坚摆在治国理政突出位置，组织实施了人类历史上规模最大、力度最强的脱贫攻坚战。2020年农村贫困人口全部脱贫目标如期实现。

4月5日，广州大学美术与设计学院秉承国家脱贫攻坚工作

温龙涛同学摄影获奖照片

精神，举办了以"聚焦脱贫光影，筑梦时代前行"为主题的摄影比赛。本活动旨在通过摄影作品来促进学生切身感受家乡的脱贫变化，感恩伟大祖国。自1月23日摄影比赛作品征集启动，共收到全校245位学生的投稿，共计619张作品。其中，美术与设计学院20级温龙涛、19级王丽、19级研究生林妙璇三位同学表现优异，获得专业组一等奖。通过本次活动，学生们深刻感受到了家乡脱贫的变化，并通过作品表达了对祖国的感恩与赞美。

（美术与设计学院　学工办）

4月6日 新闻与传播学院学子在2020广东省校园摄影大赛大放异彩

4月6日，广东省教育厅办公室公布了2020年广东省校园摄影大赛获奖名单。新闻与传播学院的涂诗睿、陈浩羽、陈慧纯、黄春霖四位同学喜获佳绩。媒体201班黄春霖同学的作品《名为专业，实为热爱》获大赛优秀奖。

黄春霖同学分享获奖感想：

黄春霖作品：《名为专业，实为热爱》

"我拍摄了不同专业的学生展示专业素养的照片。他们在舞台上展现了自己的专业技能，这需要背后大量的练习。而让他们坚持完成这些练习的并不只是'这是我的专业'，更是隐于专业下的热爱。我会以手中的相机为自己开拓更丰富多彩的世界。我在创作过程中想到了自己选择网络与新媒体专业的初心，所以决定更加努力而坚定地了解自我，了解我所热爱的专业。"

（新闻与传播学院　黄春霖）

4月6日　物理与材料科学学院举行第一期"未来科学家"沙龙

4月6日下午，物理与材料科学学院"未来科学家"沙龙第一期"漫谈我国航空发展与我们的使命"在理学实验楼七楼沙龙角成功举行。首期沙龙主持人樊军辉教授、学院党委书记曾学毛、天文系党支部书记袁聿海、师生党员、天文系全体研究生，以及一些天文爱好者参加了本次沙龙。

"未来科学家"沙龙现场

樊军辉教授通过带领同学们重温习近平总书记关于科技人才的重要论述，引导同学们思考两个问题：一是我们对于国家航空航天发展能做出什么贡献；二是我们与航空发展的关系是什么。樊教授结合自身的科研经验，梳理天文学科的发展脉络，指出我国在天文学上已经取得很大的进步，但和国外相比仍有不少的差距，很多关键技术掌握在外国手里，限制了发展，我们要把美国"卡脖子"的清单变成科研的任务清单。

在开放讨论环节中，同学们展开积极提问，樊教授一一进行了解答和指导。

此次"未来科学家"沙龙充分激发参会学生的情趣、谈兴和灵感，引导学生探讨如何提升学术研究能力，将自己的人生追求与国家的发展有机结合，为实现中华民族伟大复兴做出自己的贡献。

（物理与材料科学学院　学工办）

4月8日　新闻与传播学院开展"红色电影中的党史"主题展映活动

4月8日，新闻与传播学院在学生公寓竹苑4栋五室一站开展庆祝中国共产党成立100周年优秀影片展映活动，引导师生从光影中接受红色教育，传承红色精神。

在观影和分享的过程中，同学们感触颇深。网媒193班莫格格观影后说道："电影《党的女儿尹灵芝》让我深深感悟到信仰的力量。信仰，是一个人任何时候都不能丢的最宝贵的精神力量，人要有信仰，才会有希望、有力量。"媒体193班贺晶观看电影《长征》后分享："影片中，让我最难忘的是红军。红军和敌人打仗时，他们不怕苦，不怕累，坚持不懈地向前挺进，一直向前挺进了两万五千里。"

"我们现在的幸福生活来之不易。我们不但要铭记他们，更要铭记他们的英雄主义精神。"网媒183班谢春晓同学观看电影《大火种》后深有感触，"如今的我们生活在和平幸福的年代，这一切得益于革命先辈的艰苦奋斗，我们今天也要努力奋斗，为实现中华民族伟大复兴的中国梦贡献一份自己的力量！

（新闻与传播学院　邹演枚）

4月10日　"同一片天空，同一个家园"——野生动物保护宣传活动

为了让同学们了解野生动物保护相关的知识，增强同学们对野生动物和环境的保护意识，4月10日上午，生命科学学院青年志愿者协会、广州大学爱护动物协会及广州大学DIY手工艺协会携手举办野生动物保护宣传活动。志愿者们通过发放保护野生动物宣传手册和野生动物保护倡议书，积极地向同学们讲解、宣传《野生动物保护法》以及相关的科普知识。许多同学积极响应，并在倡议书上签名。

除了《野生动物保护法》的科普学习，本次活动还开展了一系列有关小

我们的大学

大学生文化素质发展日志年编（2021）

动物的趣味游戏。让同学们在了解《野生动物保护法》的同时，能以更放松的方式"亲近"小动物们。

同学们在 DIY 手工艺协会成员的帮助下，用橡皮泥捏出一个个生动可爱的小动物泥塑。在捏泥塑的同时，同学们纷纷发表自己对保护野生动物的看法，并表示自己通过此次

学生参与野生动物保护宣传活动游戏

活动了解到许多有用的保护野生动物的知识，今后也会将这些知识运用到实际当中，做野生动物的坚定保护者。

（生命科学学院　李妍妍　黄云开）

4月11日　公共管理学院举办党史知识竞赛

为迎接中国共产党建党 100 周年，深入学习贯彻习近平总书记在党史学习教育动员大会上的重要讲话精神，通过学党史帮助大学生系统地构建党史知识体系，以及为广州大学学党史知识竞赛选拔院代表人才，4月11日下午两点，广州大学公共管理学院学生党建办开展了"学党史博学笃行，悟思想与时俱进"党史知识竞赛。

学生在比赛中发抒发自己对党史的认识与了解

在比赛中，选手们自信从容，根据抽到的题目发表观点，条理清晰，表达

了自己对党在历史长河中发生的一些事件的个人见解。每一位选手都不甘示弱，争分夺秒，展示出对党史的充分了解，充分表达了自己的爱党之情、爱国之情。

最终，丘海霞、谢紫茵、莫仪玲、黄佩佩、李晓龙五位同学在此次比赛中脱颖而出，将代表公共管理学院参加校党史知识竞赛。

赛后，丘海霞同学谈到，此次党史知识竞赛既是对同学们学习贯彻习近平总书记在党史学习教育动员大会上的重要讲话精神的一次检阅，也是对我们激昂奋进青春精神的展示。希望通过这次竞赛能够营造"学党史，悟思想，办实事，开新局"的良好学习氛围，激励大学生热爱祖国，积极进取，坚定不移为实现伟大中国梦的共同理想而奋斗！

（公共管理学院　彭佳琪）

4月15日　李中杰同学于第三届"传智杯"全国大学生 IT 技能大赛总决赛获奖

4月15日，全国高等院校计算机基础教育研究会举办了第三届"传智杯"全国大学生 IT 技能大赛总决赛，数学与信息科学学院李中杰同学以一等奖的好成绩为广州大学争得荣誉，这充分展现了数学与信息科学学院学生的青春风采。

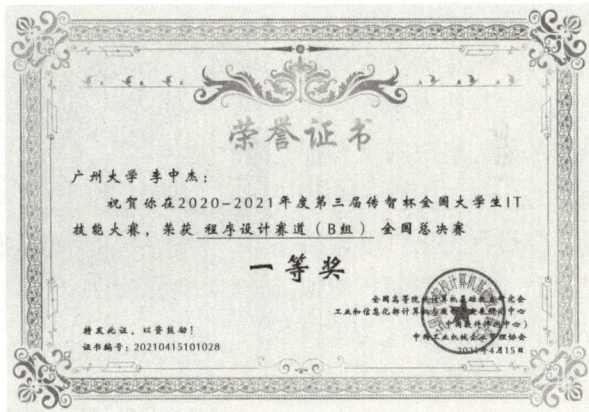

李中杰同学获奖证书

李中杰同学分享获奖心得：

"在大一的寒假，我自学了 C 语言，并开始在一些 OJ（online judge）网站上做题。在大一的下学期，我参加了广州大学的程序设计校赛并获得了二等奖，从而有幸加入 ACM 校队。在这里我认识了很多厉害的队友，也对 ACM 竞赛有了更多了解，我才明白自己的所知所识少之又少。

有时候面对一道难题想方设法，却依旧是 Wrong Answer 或是 Time Limit

Exceeded，可正是对 ACM 的热爱让我坚持了下来，不断学习，提高自己。

终得梅花扑鼻香，我在第二届全国大学生算法编程挑战赛和第三届"传智杯"全国大学生 IT 技能大赛中荣获一等奖。

感谢老师和队友们的支持和帮助，这个奖项对我来说是一种极大的鼓励，是我长久以来努力的见证。未来我会继续努力，以今日之我超越昨日之我，以明日之我挑战今日之我。'种下梧桐树，引得凤凰来。你若盛开，蝴蝶自来！你若精彩，天自安排！'

诸君共勉！"

（数学与信息科学学院　李中杰）

4月15日　追寻革命足迹，永葆初心使命——美术与设计学院红色轻骑兵到达第三站

美术与设计学院师生响应习近平总书记关于开展党史学习教育的号召，依托与广东革命历史博物馆共建红色艺术创作人才培养基地，组织师生参加由中共广州市委宣传部指导、广州市文化广电旅游局主办、广东革命历史博物馆承办的"红色文化轻骑兵之追寻革命足迹"系列活动。

"红色文化轻骑兵追寻革命足迹"花都站参观合影

学子们在学院刘金球书记和罗洁副院长的带领下，于4月2日到达花都站、4月8日抵达龙门站，跟随"红色文化轻骑兵"参观了花都红四师成立史迹和花县农会旧址，龙门红四师行营旧址"龙门县工商业联合会会址"及红四师休整地旧址"白芒坑松龄围""红军井"等革命遗迹。4月15日，师生们来到第三站——河源紫金苏区。与革命史迹的零距离接触，加深了美术与设计学院师生对革命历史的了解，师生在活动中传承红色基因，发扬优良革命传统。在史迹参观现场，美术与设计学院师生认真倾听，收获颇多。通过活动，

学生们纷纷立志：作为新时代的青年，我们要铭记和发扬先烈们坚贞不屈的革命精神，不畏困难，强化责任意识和担当精神，自觉担负起中华民族伟大复兴的历史使命，要做红色基因传人，进一步传承和弘扬革命传统精神。活动展现了学生们勇于创新、砥砺前行的精神面貌。

（美术与设计学院　学工办）

4月17日　化学化工学院开展"缅怀革命先烈，发扬爱国精神"主题党日活动

为扎实推进党史学习教育，回顾党的光辉历史，激发党员同志坚定理想信念，树立正确历史观，传承红色基因，弘扬革命精神，4月17日，在化学化工学院行政党支部带领下，化学化工学院本科生党支部的化工系本科生党支部与化学系本科生党支部，前往从化区邓澄心烈士墓开展主题为"缅

化学化工学院学生党员、行政教师党员与从化区村支部党员合影留念

怀革命先烈，发扬爱国精神"的主题党日活动。

学生党员同志们整齐列队来到邓澄心烈士墓前，全体肃立，向烈士敬献了亲手制作的花圈，党员们向革命烈士默哀致敬，表达对英雄的崇敬缅怀之情。随后，化学系本科生党支部段梦蝶同志带领大家回顾了邓澄心烈士短暂而光辉的一生，在场同志的思绪被带回邓澄心烈士为党的事业奋斗献身的峥嵘岁月，党员们都被革命先辈前赴后继、视死如归的精神深深触动。学生党员同志们还以戏剧形式再现了番禺区革命烈士陈复的英雄事迹，现场回荡着全体党员同志的朗朗诵读声，慷慨激昂，鼓舞人心。随后，学生党员同志们在学院党委书记周海兵同志的带领下，在烈士纪念碑前庄严地举起右拳，重温入党誓词，回顾入党宣誓时的庄严承诺，深刻表达对革命先烈的敬意和追思以及为党的事业奋斗终身的决心和愿望。

一位烈士，就是一座不朽的丰碑；一位英雄，就是一面旗帜。今天的生活是革命先烈用血和汗换来的，拥有新时代的学生和党员双重身份的大学生党员，在今后的学习和工作中要坚定继承和发扬革命先烈精神，以实际行动为祖国建设奉献力量。

（化学化工学院　本科生党支部）

4月17日　美术与设计学院组织"海珠志爱餐"独居长者探访活动

4月17日　美术与设计学院组织了"海珠志爱餐"独居长者探访活动。美术与设计学院青年志愿者根据"志爱探访公益包"指引前往长者家中，送上爱心大厨志愿服务队为独居长者亲手制作的爱心午餐。

志愿者同学陪长者用完爱心餐后，为长者表演节目、打扫卫生，陪长者聊天，拉近与长者的距离，让独居长者感受到社会关爱，丰富了长者们晚年生活。长者们非常热情地与青年志愿者分享自己以前的有趣经历，志愿者也很乐意跟长者分享校园生活。通过"海珠志爱餐"独居长者探访活动，同学们给长者送去了温暖，弘扬了为老同志做好事、解难事的社会正能量。展现了学子们尊老爱幼，积极团结的精神面貌，体现了学子们自我奉献，服务社会的良好精神。

（美术与设计学院　学工办）

"海珠志爱餐"独居长者探访活动现场合影

4月17日　教育学院开展少数民族预科班党史学习教育

4月17日下午，为庆祝中国共产党百年华诞，引导少数民族预科班同学深入了解党的百年发展历程，深刻领会党的伟大精神，深度体验红色文化，传承红色基因，教育学院组织少数民族预科班全体同学开展"访党迹、学党史、感党恩、跟党走"主题学习活动。

少数民族预科班同学在广州起义烈士陵园合影留念

少数民族预科班同学们在学校少数民族办老师、学院辅导员的带领下，先后走访广州农民运动讲习所旧址、广州起义烈士陵园、广州执信中学文物建筑等红色基地。活动中，学院本科生第二党支部的学生党员主动担当讲解员，现场用生动的语言讲述了毛泽东同志在这里举办第六届农民运动讲习所的背景、发展及深远影响，广州起义全过程以及烈士们的生前往事等党史内容，引导同学们在党史故事中深刻体味先烈们无私无畏的革命精神以及家国天下的动人情怀。

预科班同学踊跃参加了现场的党史知识竞赛和党史故事分享活动，气氛热烈。全体团员在烈士陵园重温了入团誓词，一句句激昂洪亮的宣誓，一声声嘹亮昂扬的发言，激励着大家坚定共产主义信念，不忘初心、不负使命，勤奋学习，增长本领，服务人民。

（教育学院　学工办）

4月17日　经济与统计学院举办第四十七期财富论坛讲座

4月17日下午，经济与统计学院在讲学厅举办了第四十七期财富论坛讲座，主题为"依法为绳，理性消费"。本次财富论坛邀请广州大学法学院的陈

我们的大学

大学生文化素质发展日志年编（2021）

秋云副教授为同学们讲解关于大学生超前消费的问题，旨在加强大学生金融安全教育，帮助学生树立维护自身合法权益的意识。线下会场由黎志良、马纯莹同学主持，讲座同时在钉钉平台进行同步直播。

讲座中，陈秋云副教授以蚂蚁集团被约谈罚款和银保监会发布关于进一步规范大学生

财富论坛上学生积极提问

互联网消费贷款的通知为背景，讲述了大学生互联网消费贷款中存在的一些问题，并通过具体案例进一步剖析问题。同学们踊跃向陈秋云副教授请教，现场交流气氛热烈。

通过本次主题讲座，学生了解了更多与消费有关的法律知识，逐步树立了正确的金钱观、消费观、法律观，也学会更加理性地看待大学生超前消费的问题。

（经济与统计学院　团委学术科技部）

4 月 19 日　土木工程学院成功举办"青春同心·永跟党走"红歌合唱大赛

4 月 19 日，为庆祝中国共产党成立 100 周年，传承红色基因，进一步引导学校青年学生坚定文化自信，土木工程学院团委学生会举办了"青春同心·永跟党走"红歌合唱大赛。

2020 级研究生和 2018、2019、2020 级本科生共 47 个团支部参加比赛。各团支

土木工程学院团支部合唱照片

部的合唱精彩纷呈，同学们的歌声整齐洪亮，他们不仅唱出了气势，更加唱出了学院共青团员昂扬向上的精神面貌。经过层层筛选，最终共有 13 部作品脱颖而出。如今青年学生们再次唱起的红歌，不仅歌颂了革命先辈们的奋斗历程，也提醒同学们，即使生活在和平年代，也不能忘记先辈们的牺牲，要铭记历史，带着对革命先烈的敬仰和缅怀之情，一起为民族复兴贡献出自己的力量。

（土木工程学院　李梓填）

4 月 20 日　生命科学学院学生党支部开展走进红色教育基地活动

4 月 20 日下午，为引导广大党员重温百年记忆，学习百年历史，感悟百年历程，传承红色精神，生命科学学院学生党支部组织参观了红色教育基地——杨匏安旧居陈列馆。在展馆中，大家瞻仰了革命先烈图片和珍贵的历史资料，结合详细的讲解，重温了五四运动和省港大罢工的革命历史。

学生党员赴杨匏安旧居陈列馆参观学习

历史是最好的教科书，也是最好的清醒剂。广大党员在参观杨匏安先生曾经生活、工作的地方中体味革命前辈们在艰难困苦中始终坚持共产主义信念和不怕牺牲、敢于奉献的精神；在杨匏安先生的革命事迹中认真学习党的奋斗史，进而坚定初心信仰，厚植爱国情怀，以先烈先辈为榜样，勇担时代责任。

（生命科学学院　学工办）

4 月 20 日　法学院举办刑侦大赛

4 月 20 日，法学院学术部在大学城校区文新楼 113 室举办"拨开迷雾，看清真相"刑侦大赛。刑侦大赛旨在让学院同学切身体会刑侦细节，引导大家为实现社会公平正义，维护法律威严做出法律人应有的贡献。

本次刑侦大赛自由组队报名，采用线下集体限时解谜的模式。各队根据

刑侦大赛活动现场

提供的线索开始讨论，挖掘深层线索，结合现场 20 个提问环节等流程分析、推断案情，并找出真正的凶手和弄清其行凶方式、杀人动机。

通过如此特别的活动形式，各位学生参赛选手对刑侦破案有了更深的体会，在斗智斗勇中了解了查获和确定犯罪嫌疑人的技巧和方法。

（法学院　严上力）

4 月 20 日　李雄耀教授受邀莅临"广州大学名师大讲堂"开展科普讲座

4 月 20 日下午，中科院地球化学研究所研究员、月球与行星科学研究中心主任李雄耀教授受邀莅临"广州大学名师大讲堂"，为学校师生带来了一场主题为"我国的深空探测和行星科学"的科普讲座。

李雄耀教授主要从事深空探测和行星科学研究，参与月球探测、空间站以及小行星探测等多项国家重大专项的论证，主持该领域方向的国家自然科学基金重点项目、面上项目和青年项目、科技部 863 课题、国家重大专项预研项目、民用航天预研项目、ZRYQ 探测关键技术攻关项目以及中科院人才计划等 10 余项，入选中科院青促会优秀会员人才计划，获第 17 届侯德封矿物岩石地球化学青年科学家奖。

在讲座中，李雄耀教授首先抛出了一个问题：为什么地球孕育了生命？他指出"好奇"是我们进行深空探索的源动力。因此，"认识过去"可以帮助我们了解地球在深空中所处的环境，随后他对太阳系、地球的演化做了普及性的讲解。"理解现在"

李雄耀教授莅临"广州大学名师大讲堂"

可以通过对月球、火星这两颗行星的研究成果，来分析月球为什么不存在生命而火星有可能孕育生命，以帮助我们更好地理解地球生命的形成。李教授为在场的听众讲述了我国深空探测长达40年的艰苦历程，向与会人员展示了航空人艰苦卓绝的奋斗征途。

李教授带领广州大学师生踏上了一场"仰望星空，追逐梦想"的旅程，希望更多的年轻人能参与到我国深空探测和行星科学中来，共同去探索广袤的宇宙世界。

（环境科学与工程学院　吴海威）

4月20日　五院联合专场招聘会助力毕业生高质量就业

4月20日下午，由招生就业工作处主办，教育学院（师范学院）、数学与信息科学学院、人文学院、外国语学院和马克思主义学院承办的五院联合专场招聘会，在文俊东楼架空层顺利举行。此次招聘会组织了广州大学纺织服装学院、广大附中南沙

学生在招聘会现场排队进行面试

实验学校、广州四中、广铁一中外国语学校、佛山市机关幼儿园、深圳市坪山区第一幼教集团、广州市新东方培训学校、学而思网校、卓越教育集团等优质企业 70 多家，提供招聘岗位近千个。

本场招聘会把着力解决毕业生就业问题作为"我为群众办实事"系列活动的重要内容之一，通过开展就业指导和就业帮扶工作，为毕业生解决就业实际困难，引导毕业生以积极的心态求职就业，增强就业能力和自我发展能力，推动毕业生充分就业、高质量就业。

（教育学院　马克思主义学院）

4月20日　外国语学院本科生参加"辅导员有约"考研分享活动

4月20日下午，外国语学院在梅苑 10 栋五室一站举办"辅导员有约"之考研分享活动。日语专业的胡洁裕同学和英语专业的朱若芊同学作为分享嘉宾，与大家分享考研经验。辅导员徐慧老师、柳叶老师以及 2018、2019、2020 级有意愿考研的同学参加了本次活动。

嘉宾正在分享考研心得

两位分享嘉宾就大家比较关注的"目标确定、复习方法、心态调整"等问题进行分享，结合自身实践，为同学们拨开考研的迷雾、指明未来的方向。

在自由提问环节，大家踊跃提问，两位嘉宾细心解答，现场气氛热烈。同学们纷纷表示，通过这场分享会，有了更清晰的目标和行动力，收获满满。

（外国语学院　徐慧）

4月20日　马克思主义学院举办学生党史知识竞赛

4月20日下午，为激励学生们做到学史明理、学史增信、学史崇德、学史力行，马克思主义学院在文新623室举办了学生党史知识竞赛。

经线上初赛选拔，本次竞赛共有四十名同学进入复赛，分为八组进行比赛。竞赛的题目涵盖了党史知识学习内容，学院将评出八位"最佳选手"代表学院参与党史知识竞赛的校赛。

参赛学生及学院领导、老师、工作人员合影

比赛结束后，徐德莉教授对各位选手的精彩表现予以赞赏。她表示，小组成员们的表现十分精彩。同时她就在比赛中发现的一些问题提出建议，希望同学们在学习历史的时候，要有大历史观，不仅应该学习近代史，还应把目光放到当代史。历史是活着的今天，今天的政治是明天的历史。

（马克思主义学院　唐鲜妹）

4月20日　计算机科学与网络工程学院举行党员宿舍挂牌仪式

4月20日，计算机科学与网络工程学院党员宿舍挂牌仪式在竹苑5栋五室一站党团活动室顺利举行。

党员代表林晓军对党员宿舍行为规范发出倡议，她指出应当"让党员身份亮起来，让鲜红的党旗飘起来"，努力实现"一名党员一面旗帜"，体现党员的先进性，做

学院党委刘强书记为党员宿舍挂牌

好先锋模范带头作用。

这次宿舍挂牌对党员同学起到提示作用，党员同学应当积极主动地亮身份、做表率，时刻以严要求、高标准来约束自己的行为。这次宿舍挂牌活动还增强了同学们的归属感，让同学们时刻意识到自己是学院的重要一员。

（计算机科学与网络工程学院　学工办）

4月21日　音乐舞蹈学院举办"梦吟诗词"读书分享展演活动

古诗词是华夏文明的结晶，是连绵千年不断的烽燧。4月21日晚，音乐舞蹈学院成功举办"梦吟诗词"读书分享展演活动。活动精彩纷呈，器乐合奏《梁祝》、原创作品《秋兮》、改编作品《送别》和歌曲《枫桥夜泊》等节目，为在场观众送上了诗情画意的丰富体验。

学生梁雅作演唱《枫桥夜泊》

学习、诵读古诗词使我们明理，让我们每个人都走进古诗词的海洋，让东方之美滋养着龙的传人，让五千年文化植根在我们中华民族的心田。

（音乐舞蹈学院　钟惠）

4月21日　公共管理学院举行2021届毕业生求职经验分享会

4月21日晚，公共管理学院组织召开2021届毕业生求职经验分享会，会议在线上、线下同步进行。

学院党委书记刘向晖提醒同学们要认清形势，及早规划，不依赖、不等待，主动拓宽渠道，提高实战技能，同时强化安全意识，注意防范风险。2016级本科生优秀校友代表陈凯宁建议同学们多关注各类招聘信息，多尝试，并强调"工作是一个不断积累经验的过程"。2016级研究生校友任亚萍以自己通过事业单位联考进入广州大学党委组织部就职的经验，提醒同学们拓宽求职视野，尽早做好就业准备，乐观、自信面对挫折。

万朝春副书记建议毕业生要适度降低预期，建立正确的职业观，多实践，多锻炼，多考虑空间广阔、潜力巨大的基层岗位，为成长成才打下坚实基础。

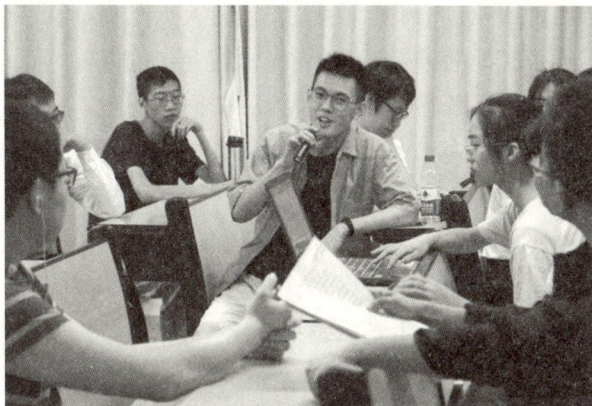

学生倾听优秀毕业生代表分享就业创业经验

（公共管理学院　新媒体中心）

4月22日　公共管理学院举办"南国读书会之党员读经典"专题活动

4月22日晚，公共管理学院本科生党支部"南国读书会之党员读经典"专题活动于大学城校区文逸楼509室举行。参与读书会的人员有学院刘建义老师、本科生党支部刘志东书记以及本科生党支部全体党员。

同学们积极地与老师交流，表达自己的观点与感受

讲解嘉宾刘建义老师就《伟大的开端》一书展开解读与分享，并从"伟大的开端"的含义、中共一大与会代表的广泛性与代表性、中共一大召开的天时、地利、人和等角度为同学们解读了本书。

随后，学生党员们也各抒己见，积极发表了阅读感想。高晨同学道："印象比较深的是'悲壮三陈'部分，特别是陈延年壮烈就义时说的'革命党人宁愿站着死，也不跪着生'，这让人感受到早期革命党人信仰之坚定。即使他牺牲了，他的弟弟陈乔年依旧走上革命道路，为革命献身。"任婉婷同学也对刘老师的讲解感同身受，她说："回看历史，我觉得天时、地利、人和具有悲壮色彩，因为相较国民党而言，我党在武器、物资等方面的实力都相对较弱，提出的天时、地利、人和更像是一种自我安慰。没有绝对的天时和地利，如何在渺小的希望中形成人和，是我们去理解中国共产党诞生的关键。"

学史明理，学史增信，学史崇德，学史力行，学院通过党员读经典活动进一步引导广大学生党员发挥先锋模范作用。

（公共管理学院　黄珏洪）

4月23日　生命科学学院举办"学史力行"三笔一画技能大赛

为庆祝建党100周年，引导广大青年厚植爱党情怀，勇担新时代新使命，全面推进素质教育，积极响应我系"五个一工程教学育人思想"，生命科学学院于4月23日晚举办了"学史力行"三笔一画大赛，旨在赓续精神血脉，传承红色基因，促进学生形成"学党史、强信念、跟党走"的思想，鼓

参赛学生在写粉笔字

励学生掌握"三字一画"基本技能，促进教师教育专业所在学院师生共同重视教师职业技能的发展，为教育实习工作和毕业后的教师工作奠定扎实的基础。

参赛选手专注地投入到书写作画中，一撇一捺，彰显生科人追求完美的心和精益求精的精神。通过书写党史诗词，同学们进一步加深了对党史的认识，推动党史学习教育走深走实。

（生命科学学院　学工办）

4月23日 经济与统计学院开展红色电影赏析活动

为庆祝中国共产党成立100周年，3月至4月，经济与统计学院在竹苑1栋五室一站举办了以"感悟党史沧桑：建党建军建国三部曲"为主题的红色系列报告会，以促进楼栋文化建设，展现竹苑1栋五室一站风采，培养学生家国情怀。

4月23日，学院在前期建党、建军历史学习活

学生积极参与"建党建军建国三部曲"报告会

动的基础上，进一步举行建国历史学习活动。同学们主要回顾了从抗日战争结束至中华人民共和国成立，共产党人为解救人民于水深火热中所做的一系列历史事件。

活动期间，观影的蔡同学表示，作为学生，在回顾历史时，应该在历史中学会反思，以史为鉴，立足当下。学习革命先烈的爱国热情与大无畏的牺牲精神，鞭策自己努力学习，不断进步，为中国在世界舞台上地位的提高做出自己的贡献。

经过这次活动，同学们被革命先辈们奋勇拼搏、不畏牺牲、一心为国的精神深深感动，均表示要奋发图强，矢志报国。

（经济与统计学院　竹苑1栋五室一站）

4月24日 公共管理学院举办时政案例分析大赛

4月24日，以"议民生，话发展"为主题的时政案例分析大赛在大学城校区顺利举办。赛场上，几支各具特色的团队纷纷大展身手，各显神通。他们利用自己的专业知识对时政问题进行探索与分析，展现当代大学生的家国情怀、使命担当。本次比赛共有五组参赛选手，公共管理学院政府管理系副教授徐凌、副教授丁魁礼、助理教授李利文共同出席本次比赛。

丁魁礼副教授总结道："本次时政案例分析大赛活动顺利举行、圆满结束，同学们都积极参与，活动取得了良好的效果。"同学们表示通过本次活动，锻炼了自己独立思考、分析问题、解决问题的能力，以团体的形式参赛培养了我们团结协作、处理和解决团队问题的能力。今后，我们将积极参与院、校举办的各项活动，以此来锻炼自身能力。

"议民生，话发展"活动师生合影

（公共管理学院　新媒体中心）

4月25日　物理与材料科学学院开展"瞻仰三烈士纪念碑"主题党日活动

4月25日，物理与材料科学学院行政党支部、本科生党支部38名党员同志来到白云区钟落潭镇三烈士纪念碑，重温先烈事迹，追寻革命足迹，敬献鲜花缅怀革命先烈，感悟精神，铸就坚定信仰。

本科生党员张慧怡同志讲述了三位烈士的英雄故事。党员同志认真聆听革命先烈的事迹，郑重地献上鲜花，并进行默哀缅怀和鞠躬致敬。

本科生党员张慧怡同志讲述三位烈士的英勇事迹

随后，学院党委书记曾学毛带领全体党员重温入党誓词。党员同志们表示，聆听烈士英雄事迹后，大家对"只有中国共产党才能救中国，只有中国特色社会主义才能发展中国"的内涵有了更深刻的认识。

（物理与材料科学学院　学工办）

4月26日　体育学院举行升旗仪式

　　为大力弘扬爱国主义精神，进一步加强爱国主义教育，4月26日早晨，体育学院全体同学在图书馆广场参加升旗仪式。

　　伴随着响亮的"出旗"口号，升旗仪式准时开始，英姿飒爽的国旗护卫队踏着铿锵有力的步伐，齐步走向升旗台。伴随着庄严的《义勇军进行曲》，五星红旗冉冉升起，

体育学院全体同学参加升旗仪式

迎风飘扬。在场的每一个人怀着对祖国无限的热爱和崇高的敬意，向国旗行注目礼。

　　随后，退役复学到2020级社会体育指导与管理1班的王水浩同学在国旗下发言。王水浩同学结合自身在部队的经历畅谈青年理想，并勉励同学们要自觉学好党史，传承红色基因，时刻听党话、永远跟党走，为全面建成社会主义现代化强国，实现中华民族伟大复兴的中国梦时刻准备着。

　　通过此次升旗活动，同学们表示要始终保持开拓进取、奋发有为的昂扬姿态，求真务实，努力使自己成为中国特色社会主义事业的合格建设者和可靠接班人。

（体育学院　林铭基）

4月27日　电子与通信工程学院荣获校级党史知识竞赛复赛二等奖

以史为鉴，重温百年奋斗史诗。为深入开展党史学习教育，学校举行了以"学党史与时俱进，悟思想博学笃行"为主题的党史知识竞赛，引导广大青年从波澜壮阔的百年奋斗史中汲取前行的勇气、精神、智慧和力量，在学党史中做到"明理、增信、崇德、力行"。

"红帆队"队员们认真听取竞赛题目

代表电子与通信工程学院参赛的"红帆队"，由电信学院学生第一党支部书记欧阳曦老师以及物联网工程专业和电子信息工程专业的党员陈韵婷、胡琳淳、黄杰铭、王明阳、李章艺、黄国贤、刘欣茹七名同学组成。红帆，寓意着我们在党史的海洋上扬帆起航，寻找红色记忆，传承红色精神，明悟红色思想。经过激烈角逐，代表队最后取得了第二名的好成绩。

（电子与通信工程学院　学工办）

4月27日　美术与设计学院团委青马班理论学习活动如期举行

4月27日，青马班学员参加了由美术与设计学院团委主办的党史教育课。本次课程邀请了美术与设计学院团委书记张俊业为同学们进行讲解，师生一起重温中国共产党奋斗百年路。张俊业书记介绍了中国共产党的百年奋斗历程，强调学员们要客观真实地认识党和国家的发展历程，才能更好地传承历史。张俊业书记还向学员提出了两个问题：一是关于对党的认识，二是入党的初衷和动机；希望在理论学习及视频结束后，就这两个问题与同学们进行交流。学员们通过观看1949年中华人民共和国成立前后的珍贵历史视频，感受全国人民为中华人民共和国的成立由衷而发的激动和喜悦，一起重温中国共产党奋斗百年路。

经过理论学习和视频观看，学员们对张俊业书记课前提出的两个问题有了更深入的认识，结合自身经历以及理论知识，大家充分地表达了在本节课的收获以及对两个问题的思考。青马班学员经过理论学习和观看视频，对入党有了深刻理解。

青马班理论学习活动合影

（美术与设计学院　学工办）

4月27日　公共管理学院获2020—2021年度广州大学"五四红旗团委"荣誉称号

4月27日，2020—2021年度广州大学"五四红旗团委"评选大会隆重举行，公共管理学院团委书记林曼曼代表学院汇报工作。通过工作综合考评、线上投票、线下评比展示等三个阶段的评分，公共管理学院团委最终以第三名的总成绩摘得2020—2021年度广州大学"五四红旗团委"荣誉称号。

回首这一年，学院团委坚定信念跟党走，以思想政治教育为首，成功走过"思想关"。学术实践两手抓，凸显公管育人新风采，顺利跨过"服务关"。传播青春正能量，发出青年网络好声音，胜利迈过"网络关"。接下来学院团委将继续努力，不懈奋斗，打造"思—学—研—行"工作理念。以思想引领为根，以组织建设为干，以校园文化为叶，让服务落地，让思想启航。

学院团委书记林曼曼代表学院汇报工作

（公共管理学院　新媒体中心）

4月27日 经济与统计学院数据201班认真听取第一班主任孙延明副校长主题班会

4月27日，为培养同学们的家国情怀，引导同学们积极回应国家和社会的需求，把实现个人全面发展和国家社会发展统一起来，经济与统计学院数据201班第一班主任孙延明副校长，以"大数据人工智能时代大数据学子

学生与孙延明副校长互动

的责任与担当"为主题，在桂花岗校区为数据201班全体学生开展了一次生动的主题班会。

孙副校长从"大数据""云计算"等概念入手，结合自身的学习和工作经历，讲述了数据科学与大数据技术专业的学习方法。孙副校长强调数据科学与大数据技术专业属于交叉学科，提醒同学们学习时要更加注重全面性。随后，孙副校长以"你问我答"的形式与同学们进行深入交流，为同学们答疑解惑，并引导大家提前做好个人规划，鼓励同学们继续深造，多学党史，厚植家国情怀，还向同学们推荐了书籍《苦难辉煌》。最后，孙副校长建议同学们在课余时间加强体育锻炼，强健体魄，增强体质，培养自己的兴趣爱好，积极践行学校人才培养目标，努力成为一名"德才兼备、家国情怀、视野开阔，爱体育、懂艺术，能力发展性强"的新时代广大青年。

通过本次主题班会，数据201班同学不仅加深了对专业的认识和理解，而且能以更加积极的心态迎接各种挑战，追求更有高度、更有境界、更有品位的人生，真正成为一名有责任有担当的新时代青年。

（经济与统计学院 2020级级委会）

4月27日　数学与信息科学学院张理钦同学于全国大学生数学竞赛活动获奖

4月27日，中国数学会举办了第十一届全国大学生数学竞赛决赛，数学与信息科学学院张理钦同学，以数学类高年级组一等奖的好成绩为广州大学争得荣誉，充分展现了数学与信息科学学院学生的青春风采。

张理钦同学获奖证书

张理钦分享了他的参赛经验："首先是利用好学校的资源，广大数院的老师是非常负责和优秀的，因此认真听课是夯实基础的第一步；其次是主动出击，积极争取参赛机会。"他认为数学竞赛只是一次阶段性考试，他清晰地意识到作为大学生要时刻保持求真知、寻真理的精神，继续学真本领、求真学问。

（数学与信息科学学院　张理钦）

4月29日　生命科学学院举办求职技能培训暨现场招聘宣讲会

4月29日下午，生命科学学院于文新楼205室举办求职技能培训暨现场招聘宣讲会。本次活动旨在提高毕业生的求职技能，帮助毕业生解决求职路上遇到的困难。

学院党委副书记刘晓亮以"读懂就业"为主题，展开阐述毕业生求职所需

学生参加模拟面试

注意的事项及建议，并指出求职能否成功关键还在于个人对就业的认识、自身观念及个人行动力。

教务处高香花老师按面试流程进行了模拟面试，并根据学生的现场面试，从仪容仪表、求职动机、学习能力、专业知识、抗压能力及表达沟通能力六个方面进行评估，向同学们强调了面试时需要留意的细节和简历撰写的要点，并提醒同学们要根据不同企业的需求，展现自身不同方面的优点。

最后，两个单位在现场开展招聘宣讲会，学生们将所学就业技巧活学活用，力争顺利找到心仪工作，实现自我价值。

（生命科学学院　学工办）

4 月 29 日　环境科学与工程学院开展"百年传承，今朝引领"党史学习主题活动

4 月 29 日晚，环境科学与工程学院在梅苑 7 栋五室一站举行了"百年传承，今朝引领"研究生党史学习主题活动。参与活动的研究生党支部、研究生会等组织共同学习了中国共产党百年发展历史，深入了解在教育事业上默默奉献一生的优秀党员的事迹。

"百年传承，今朝引领"党史学习活动合影

活动分别介绍了中国科学院院士、复旦大学原校长谢希德同志，中国最早的马克思主义者、中国共产党创始人之一李大钊同志和新青年主编、同为共产党创始人之一的陈独秀同志的事迹。同学们在榜样的故事中获取学史明理、增信、崇德、力行的动力。

（环境科学与工程学院　赵治宇　何军　李家宜）

我们的大学

May　五月

5月4日 菊苑2栋五室一站党建办举行"看电影,学党史"系列活动

4—5月期间,菊苑2栋五室一站党建办在党团活动室开展了"看电影,学党史"系列活动。此次活动以建党100周年为主题,结合时代背景,由学生党员带领入党积极分子和本楼栋同学观看红色影视剧《觉醒年代》,回顾建党历程,一起学习党史、重温红色文化、体会革命的艰苦,从而使同学们明白当代青年的使命与担当。

研究生党支部副书记范梓豪同学介绍影片背景

5月4日,研究生党支部副书记范梓豪同学作为首场活动的主持人,结合《觉醒年代》内容介绍陈独秀、李大钊刚从日本回国之后革命道路的艰辛困苦。随后,同学们积极地分享自己的感悟,表示当代青年站在思想巨人的肩膀上,更应深刻领会党的初心,在历史中审视自己,培养一往无前的担当和勇气,从而明白当代青年的使命与担当。

学院党委副书记黄顺婷指出,《觉醒年代》是一部具有思想深度、历史深度与艺术深度的优秀影视作品。五室一站党建办充分利用该特点,组织学生党员带领同学们观看红色影片,意在充分调动起同学们学习党史的积极性,让党员青年带领青年学习党史知识,积极践行"学史明理、学史增信、学史崇德、学史力行"理念,争做中国特色社会主义合格建设者和可靠接班人。

（物理与材料科学学院 学工办）

我们的大学

大学生文化素质发展日志年编（2021）

5月7日　网络空间安全专业2019级1班团支部开展党史知识竞赛

5月7日上午，为庆祝建党100周年，进一步改进、提高支部思想政治教育工作成效，引导团员同学自觉加强党史知识学习，网络空间安全专业2019级1班团支部组织开展了一场党史知识竞赛。

本次党史知识竞赛分为必答题、抢答题和论述题三部分，由本班团支部

网络空间安全专业2019级1班团支部团日活动合影

书记刘晓星同学策划、组织和主持。本次活动令大家耳目一新：首先是不设工作组，保证了最大的参与度；其次是将全班同学分为十个竞赛小组，体现了公平和效率；再次是设立团队奖励机制，对总成绩排名前三的竞赛小组进行了奖励，充分调动了同学们的积极性。

学院党委刘强书记全程参与了本次活动，并对活动进行了点评和总结。最后，同学们表示本次活动组织严谨、形式灵动、参与度高、知识性强、趣味性浓，是一次成功的党史学习教育。同学们还表示，今后将把握好党史学习教育四方面的内容和教育目的，真正做到融会贯通，学以致用。

（计算机科学与网络工程学院　网络空间安全专业2019级1班团支部）

5月9日　新闻与传播学院经典诵读决赛举行

5月9日晚，新闻与传播学院经典诵读决赛在文新楼223室举行。该活动积极引导学生通过诵读的方式，真切感悟经典文章之美，品味以书为友的乐趣。

播音201班成鑫第一个出场，带来作品《巴金激流三部曲》，"激流中，做自己"，时代沉浮，青年温度犹在。巴金先生的"激流三部曲"离我们愈发遥远，而经典之所以经典，是因为不同之人每每读罢一遍，都有属于自己的新

鲜感悟。

播音 201 班姜莉为大家带来《将进酒》。诗仙李白"天生我材必有用"自信向上的人生态度一举扫去了"朝如青丝暮成雪"的悲凉，大有"君子坦荡荡"之风。在任何挫折失败面前，只有敢于逆风行船，不屈不挠，沉着奋战，才可能走向成功。

经典诵读大赛赛后合影

比赛精彩纷呈，经典诵读比赛也逐渐成为学院学生发挥专业特长、了解传统文化、增强文化自信的一个品牌活动。

（新闻与传播学院　廖泳梅）

5月9日　计算机科学与网络工程学院"筑梦工作站"开展资助工作总结大会

5月9日，计算机科学与网络工程学院"筑梦工作站"开展2020—2021学年资助工作总结大会。会议回顾了工作站在学院卢佳静、胡鉴源老师的带领下，完成的多项资助工作及取得的良好成效。

携手同行，筑梦你我，"筑梦工作站"默默为学院经济困难的学生保驾护航，肩负起资助育人的重任，将资助与育人、成长与成才有机结合，引导学生直面困难，勇敢奋进。

"筑梦工作站"资助工作总结大会

（计算机科学与网络工程学院　筑梦工作站）

5月10日　地理科学与遥感学院举办"挑战杯"省赛院内模拟展示答辩指导会

5月10日，地理科学与遥感学院举办了"挑战杯"省赛院内模拟展示答辩指导会。院长吴志峰教授、副院长杨现坤副教授、院党委副书记白鹤云飞老师、章典教授、罗增幸老师参加了本次模拟答辩指导会，到会的还有入围第十七届"挑战杯"省赛的项目队伍成员。

"挑战杯"省赛院内模拟展示答辩指导会现场

入围省赛的两个项目分别是陈小梅老师指导的《广州市存留常绿阔叶林土壤有机碳形态特征分析》，徐国良老师、杨现坤老师指导的《城乡梯度上残存林地的土壤环境变化及其生态风险——以广州市为例》。

与会老师在吴志峰院长和章典教授的带领下，直面作品问题，并提出改进意见。本次答辩指导会旨在加强师生联动，助力作品取得佳绩，构建师生科研一体化格局。

（地理科学与遥感学院　何得晖）

5月11日　建筑与城市规划学院举办校园公寓景观设计大赛

5月11日，建筑与城市规划学院举办了首届校园公寓景观设计大赛。大赛由广州大学公共艺术教育中心联合建筑与城市规划学院共同举办，活动面向全体广大学子征集有思想有创意的公共空间景观概念设计方案，以此鼓励同学们改善宿舍环境。

大赛共分为初赛和决赛两个环节，初赛共有12支队伍参加，比赛采取线下、线上相结合的汇报方式，通过评委现场打分和线上评审相结合的打分方式得出比赛成绩。

大赛通过一个个创意理念改善公寓环境，旨在充分调动同学们参与校园建设的积极性，展现同学们理论联系实际的水平，让同学们为未来更好地服务社会、服务国家打下坚实基础。

学生正在进行景设方案讲解

（建筑与城市规划学院　新媒体中心）

5月13日　辛亥革命纪念馆致信表扬新闻与传播学院陈紫荆同学

2021年是中国共产党成立100周年，为深入学习贯彻中共中央关于开展党史教育的重要指示精神，辛亥革命纪念馆、黄埔军校旧址纪念馆不断推进新媒体环境下党员教育创新发展，以馆内红色文化资源为素材，拍摄一系列党课微视频，并与广州大学建立了馆校合作的长效机制。新闻与传播学院积极支持和协助辛亥革命纪念馆的党课微视频拍摄工作，推荐了播音与主持艺术专业191班学生陈紫荆作为志愿者，在刘玉萍老师的指导下参与赵一曼党课微视频拍摄工作。

陈紫荆同学在拍摄过程中表现了认真负责的态度和精益求精

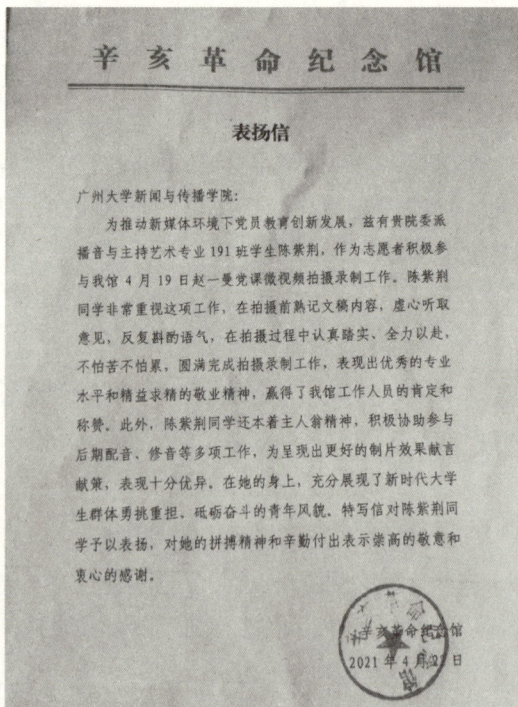

辛亥革命纪念馆发来的表扬信

的敬业精神，全力以赴，不怕苦不怕累，最终圆满完成拍摄录制工作。此外，陈紫荆同学本着主人翁精神，积极协助参与后期配音、修音等各项工作，为呈现出更好的制片效果建言献策，赢得了馆内工作人员的肯定和称赞。

（新闻与传播学院　谢婉贞）

5月14日　建筑与城市规划学院开展"砥砺前行强党性"建党100周年系列活动

5月14日，建筑与城市规划学院兰苑3栋五室一站开展了"砥砺前行强党性"建党100周年系列活动。该活动分为红歌传唱、红色电影配音、红色诗歌朗诵三部分。

周小琴同学朗诵了毛泽东主席作的词——《念奴娇·昆仑》，陈诗丽、吴慧敏同学合作为电影

"砥砺前行强党性"活动师生合影

《小兵张嘎》选段配音，许艺嘉同学用空灵纯净的声音清唱了《我和我的祖国》。

同学们通过朗诵、配音、歌唱，深情表达了对祖国的自豪与热爱，每一句都是对党和国家的歌颂，每一句都饱含了对党和国家的热爱之情。

（建筑与城市规划学院　兰苑3栋五室一站）

5月14日　物理与材料科学学院举行2021年征兵动员大会

5月14日，物理与材料科学学院在文新楼508室召开2021年征兵动员大会，学院党委书记曾学毛、党委副书记黄顺婷、学工办全体辅导员以及2021届毕业班全体男生、非毕业班部分男生代表出席会议。

曾书记在动员讲话中强调，参军报国是大学生应当履行的职责和义务，同

时也是广大青年实现人生价值的良好途径，希望同学们在最美好的青春年华里积极携笔从戎，磨砺自我，勇担责任，在人民军队这个大舞台上书写人生的壮丽篇章。

黄顺婷副书记鼓励物理学子积极响应参军入伍的号召，以实际行动报效

征兵动员大会现场

国家，把成才梦融入强军梦、强国梦。辅导员陈思荣老师则向同学们详细介绍、解读了 2021 年大学生应征入伍的相关政策、参军基本条件、应征报名流程。

一次服役，终身受益；一人参军，全家光荣。参加动员大会的同学表示将积极响应国家的号召，踊跃报名参军，投身火热军营，在最美好的青春年华里，谱写人生最壮丽的诗篇。

（物理与材料科学学院　学工办）

5 月 15 日　环境科学与工程学院红十字会会员参加急救培训

5 月 15 日，环境科学与工程学院红十字会联合曈杰公益机构，举办了以"学习急救知识，传递爱心火炬"为主题的急救培训。本次活动组织了环境科学与工程学院红十字会会员学习急救知识，希望更多红十字会会员掌握基

环境科学与工程学院师生参加急救培训

本的急救技能，考取急救证书，未来在关键时刻能持证挺身而出，伸出援助之手。

吴文旺老师用理论结合实操的教学方法，让同学们掌握了心肺复苏术、AED 的使用和海姆立克法等内容，还向同学们普及了中暑、烧伤、溺水的相关症状以及火灾、地震等突发事故的征兆，向同学们传授了急救措施。讲授和示范环节结束后，同学们在老师们的指导下认真练习心肺复苏术和多种包扎法，有序地完成了现场测试。

此次培训活动旨在锻炼同学们自救与救助他人的能力，提升同学们冷静应对突发事故的勇气。

（环境科学与工程学院 红十字会）

5 月 15 日 教育学院第十五届教学技能大赛圆满落幕

5 月 15 日，教育学院举办的主题为"传承红色基因，展现师者风采"的第十五届教学技能大赛历时两周后圆满落幕。经过前期的活动宣传和系列信息发布，活动吸引了众多教院学生，广大学生踊跃报名。

评委和学生扮演者在认真听参赛选手讲述

本次比赛以年级为单位，分阶段开展，提倡使用各类新兴媒体辅助教学。各参赛人员积极准备，运用了各种教学方法，展现了精美的教程 PPT、精致的板书、紧扣主题的教学方案。选手们各显神通，尽展风采，以赛促练，以赛促学，在竞争中提升教学水平，丰富教学知识，力争为人民教育事业打下扎实基础。

（教育学院 林晖祥）

5 月 15 日 人文学院第十三届"明师杯"师范技能大赛顺利举行

5 月 15 日，人文学院第十三届"明师杯"师范技能大赛于文新楼 206 室顺利举行。经过前期选拔，共有 11 位同学进入决赛。

大学生文化素质发展日志年编（2021）

决赛分为两个环节：第一个环节是选手进行8分钟以内的有生模拟试讲，第二个环节是选手根据提前抽取的演讲主题临场发挥进行两分钟以内的演讲。选手们在比赛中沉着冷静，发挥出最好的水平。

比赛结束后，广州市从化区良口中学李浩

师范技能大赛决赛合影

明校长与人文学院历史系吕慧敏老师对选手的表现进行了点评。本次比赛给人文学子提供了一个展示自我的平台，体现了学院重实践的教学理念。未来的教学之路漫漫，有待人文学子去探求教育路上的层层奥秘。

（人文学院　新闻中心）

5月15日　荧荧夜空，奔跑与风——土木工程学院和管理学院夜跑活动

5月15日，土木工程学院和管理学院联合举办了"荧光夜跑"活动。活动当天，参加的同学们都领取到了一份属于自己的"荧光"，一片片荧光在广大闪烁，一起点亮广大的夜晚。

主持人一声令下，戴着酷炫荧光装备的同学们齐刷刷地往游戏点奔去，体验各个游戏的乐趣。

荧光夜跑现场

荧光夜跑活动不仅丰富了学生们的课余生活，加强了同学们的体育锻炼意

识，更增进了朋友之间的友谊。一场夜跑，一次欢聚，留下的不仅是欢声笑语，更多的是广大人的激情与活力。跑"荧"青春，以手中荧光为伴，燃心中希望之光。

（土木工程学院　余穗茵）

5月16日　"追寻东纵足迹，传承红色基因"——地理科学与遥感学院惠州红色教育行

在中国人民伟大抗战历程中，东江纵队这支由中国共产党领导的红色武装力量曾留下了浓墨重彩的辉煌篇章。近日，广州大学地理科学与遥感学院举办"追寻东纵足迹，传承红色基因"活动，组织学生沿着东江纵队曾经走过的道路，重温革命岁月。随着参观东江纵队纪念馆、红色歌曲展演、重走革命史迹等红色文化活动渐次举行，全体学生以饱满的激情学习党史，传承革命薪火，传播红色文化，庆祝建党100周年。

惠州红色研学之旅活动于5月16日拉开帷幕，持续两天。团队由广州大学地理科学与遥感学院34名来自新疆的少数民族学生以及12名学生党员代表组成，开启了别开生面的探寻"红色印记"之旅。

打卡红色史迹点

东江纵队纪念馆坐落于罗浮山朱明洞景区，占地5 000多平方米，内设5个展厅，充分展示了东江纵队抗日救国的宏伟历程。东江纵队是中国共产党在广东省东江地区创建和领导的一支人民军队，在长达8年的抗战中，东

东江纵队纪念馆大合照

江纵队转战东江，深入港九敌后，团结海内外华侨华人，成为一支闻名中外的抗日武装队伍，被中共中央军委誉为广东人民解放的旗帜。

通过馆员的介绍，同学们全面了解东江纵队这面广东人民解放的旗帜从成

立、发展到壮大的历史。随后，通过展厅内陈列的文献资料、历史图片以及珍贵的革命文物等，学子们对革命先烈的故事及斗争历程有了更加深刻的了解。这也让同学们更加明白，无论是在岭南大地上浴血奋战的东江纵队，还是在大西北的荒漠中艰苦创业的新疆建设兵团，各族人民紧密团结在中国共产党的领导下，以一腔赤诚的报国热情投身革命建设事业，才造就了如今的盛世河山，同学们明白到"要弘扬革命传统，做有担当的青年人"。

红色旋律，青春之声

红歌，诠释了一段段不朽的历史，彰显了一代代中华儿女崇高的理想与信念。这是红色历史的歌，是人民解放的歌，是光荣传统的歌，是社会主义建设之歌，是改革开放、中国特色社会主义和中华民族走向伟大复兴的歌。

新疆籍少数民族学生舞蹈表演

在研学活动的晚上，学院结合此次外出研学主题，特开展"红色旋律，青春之声"爱国主义红歌互动赛。"唱出我的爱国心""为党献礼"等一系列主题突出，特色鲜明的展示互动环节，现场的老师与同学们仿佛重启了时

红歌活动大合照

代印记的大门，大家纷纷在耳熟能详的乐曲中感受红色脉搏的热血沸腾，在朗朗上口的歌词里聆听红色信仰的坚定力量，在激昂向上的故事中感悟红色精神的永垂不朽。

重走东江纵队路

用脚步丈量历史，用行动缅怀先烈，按照设计路线，第二天师生们踏上东江纵队战士们曾经走过的足迹。队伍在山林中蜿蜒穿行，沿着崎岖不平的道路，向着山顶目标前进，同学们在行进中感悟着当年革命先烈那段艰苦卓绝的峥嵘革命岁月。

同学们登上飞云顶

在回程途中，师生们在夕阳的照耀下唱起红歌，青山绿水间，熟悉而嘹亮的歌声在山路回荡，这是登上飞云顶后的胜利凯歌，唱出青年学子对党、对伟大祖国的拳拳之心。

通过此次罗浮山红色教育，广大青年磨炼了意志，深入学习了中华民族艰苦卓绝的奋斗史，更加体验到革命道路的艰辛，这些体验必将激励着学子们不断向前，在学习生活中更加努力奋进。

5月17日　公共管理学院2021年应届毕业生考研分享会在桂花岗举行

5月17日下午，公共管理学院面向大一学生的2021年应届毕业生考研分享会在桂花岗校区学术报告厅举行。学院3位获保送或考取硕士研究生的同学分享了自己的考研经历和成长故事。公共171班的吴剑霞保研至湖南大学公共管理专业，社会171

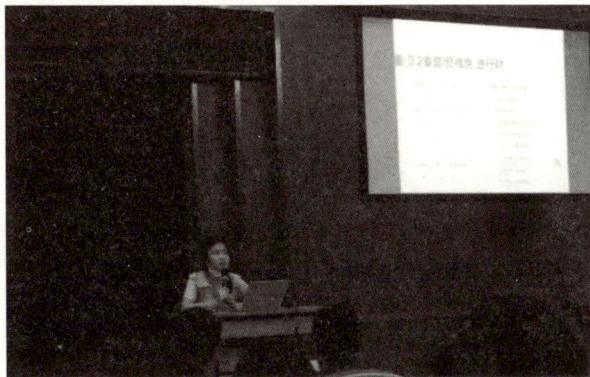

公共171班吴剑霞同学进行分享

班的黄富村以考研专业第一的成绩被广州大学社会学系录取，行政173班的谢晋熙考研至中山大学行政管理专业，他们分别从推免、专业学习、科研积累、英语能力和综合素质培养等方面进行了有针对性的分享，鼓励大一学生早立目标、早做规划、早做准备，努力为自己的人生理想奋斗。

（公共管理学院　新媒体中心）

5月18日　建筑与城市规划学院开展"党史微讲堂"系列活动

建筑与城市规划学院以"建院党史微讲堂"为载体，邀请学院教师联合打造"党史微讲堂"——"筑"历史·"园"梦想·"划"未来活动。5月18日下午，徐瑾老师给大家带来了"微讲堂第一讲"——南湖红船故事，全体党员和各班团支书都参与了此次学习。

同学们认真听南湖红船故事

徐瑾老师主要从中共一大历史，会议转移契机，南湖历史演变，今日南湖风格，红船精神传承五个方面给大家讲解，并鼓励大家从中学习和传承红船精神。

微讲堂活泼生动的形式能帮助同学们更好地了解党史，结合专业知识，让党史知识用于实践，拉近了百年党史与学生的距离。

（建筑与城市规划学院　学生党支部）

5月18日　广州大学心理健康教育活动之校园心理情景剧大赛成功举办

5月18日，历时近1个月的广州大学心理健康教育活动之校园心理情景剧大赛圆满落下帷幕。本次心理剧创作大赛以"戏心传意，剧绽芳华"为主题，分初赛和决赛两个阶段进行。

8 支入围决赛的队伍在情景剧中结合日常生活，演绎了校园现象、互助友爱等多个主题场景，旨在以大学生喜闻乐见的形式，通过演员们的演绎，让同学们学会思考和解决问题，端正自己的人生观、价值观，正确处理人际关系，做一个活泼开朗、健康向上的当代大学生。

同学们正在演绎心理情景剧

（教育学院　心辅部）

5 月 18 日　经济与统计学院举办"金晖行动，薪火相传"党课主题活动

5 月 18 日下午，经济与统计学院团委青年志愿者协会联合学院关心下一代工作委员会、党建办共同举办了"金晖"党员故事分享、红色经典传承活动。

退休党员邓宏老师从就业选择和兴趣出发，向同学们简单讲述了自己的人生经历，并通过介绍身边人的故事，建议同学们按照自己的兴趣爱好选择个人发展的方向，并鼓励学生党员们要始终保持自己的初心，多为社会做贡献。

学生聆听退休党员邓宏教授的人生故事

此次活动让到场的学生受益颇多，学生纷纷表示往后要自觉加强自身的思想道德建设，更加积极学习党史并努力向党组织靠拢，力争向上成长成才。

（经济与统计学院　青年志愿者协会）

5月18日 土木工程学院举办"我是未来工程师"活动

5月18日，土木工程学院举办了"我是未来工程师"活动。为了让学生对地震的产生及其带来的灾害有更好的认识，在今后对于土木工程专业课的学习中有更加清晰的目标和方向，活动邀请了建筑工程系的张超副教授作为本次讲坛的讲师。

学生认真倾听张超老师讲授地震知识

张超老师以自己的求学及工作经历为例，以"地震与建筑"为主题进行了专业分享。在活动中，同学们感受到了大自然的威力以及人类力量的渺小，同时也体会到了作为工程师的责任与担当，进一步坚定了成为一名合格工程师，为祖国建设做贡献的信念。

（土木工程学院 吴紫琳）

5月18日 马克思主义学院学生队伍获广州大学学党史知识竞赛决赛第一名

5月18日下午，马克思主义学院参赛队伍在广州大学学党史知识竞赛决赛中经过激烈角逐，荣获第一名。

"马院的小红花"队发挥集体智慧，勇创佳绩。"队长尽职尽责，组员执行力强，效率高"，是组员蒋雨楚对本支参赛队伍最精炼客观的评价。队员们也纷纷表示会以此为契机，今后加倍努力学

校党委书记屈哨兵为获奖学生队伍颁奖

习党史，积极入党，以实际行动向党组织靠拢，增强守初心、担使命的思想自觉和行动自觉，更加坚定、自觉地为党和人民的事业不懈奋斗。

（马克思主义学院　学工办）

5月19日　生命科学学院举办2021届毕业生晚会

5月19日晚，生命科学学院在青年活动中心举行主题为"青春心向党，建功新时代"的2021届毕业生晚会。

晚会开始，学院党委书记陈筠致辞，并与全体参加老师合唱《明天会更好》，为所有毕业生送去祝福。

晚会内容丰富多彩，舞蹈、歌曲、魔术、小品各具特色，精彩纷呈。同学们在《没有共产党就没有新中国》《我们都是追梦人》等节目中感受青春的活力，放飞青春理想。

（生命科学学院　学工办）

生命科学学院2021届毕业生晚会师生合影

5月19日 应飞虎教授为新生带来"法学研习中的跨学科方法"主题分享

5月19日晚上，应飞虎教授为2020级本科生和研究生新生带来"法学研习中的跨学科方法"主题分享。通过这次报告会，学院新生们深入了解了法学研究的前沿动态，了解法学和其他学科的交叉问题。

同学们认真听应飞虎教授做主题分享

（法学院 罗键朗）

5月19日 建筑与城市规划学院开展"我的入党故事"学生党员专访活动

5月19日，建筑与城市规划学院在兰苑3栋五室一站特别推出庆祝建党100周年"我的入党故事"系列活动。本次活动聚焦于入党的契机、入党后对于党员身份的认知两方面，来自不同学院的同学们踊跃报名参加分享活动。

学生党员钟婉滢向五室一站小记者讲述入党故事

来自物理与材料科学学院的洪豆同学表示自己从小到大深受身边党员同志优良作风的影响，一直都憧憬着加入中国共产党。来自环境科学与工程学院的钟婉滢谈道："党员不仅是一种身份，更是一种让自己去争当优秀的驱动力。党员不是伟大的代名词，而是要在基层工作中恪尽职守、冲锋陷阵。"

作为新时代的中国青年，要做到"文明其精神，野蛮其体魄"。在自己的专业领域上不断精益求精，艰苦奋斗，砥砺前行，为祖国为人民奉献自己的一份力量。

（建筑与城市规划学院　兰苑 3 栋五室一站）

5 月 21 日　建筑与城市规划学院师生认真听取傅继阳副校长讲授党课

5 月 21 日上午，傅继阳副校长以"传承中国共产党人的精神谱系，从胜利走向更大胜利"为题，给建筑与城市规划学院行政党支部和建筑 202 班全体同学讲授专题党课。

傅继阳副校长与全体师生合影

党课开始前，傅继阳副校长到学院一楼展厅参观优秀学生作品展，并称赞了学生的设计能力；在党课中，傅校长对中国共产党人的"精神谱系"是什么、"精神谱系"有哪些、如何传承"精神谱系"三方面内容进行了深入的解读。

师生们在傅校长的生动讲述中感受延安精神、西柏坡精神、女排精神、抗疫精神等精神谱系的连贯思想内核，学生们也表示要通过认真学习中国共产党的"精神谱系"，以此激励自己发奋图强，成为能够担当民族复兴大任的时代新人。

（建筑与城市规划学院　学工办）

5 月 22 日　土木工程学院"土木杯"系列赛总决赛成功举办

3 月 16 日至 5 月 22 日，土木工程学院团委学生会体育部举办了第二十届"土木杯"系列赛。为贯彻落实"爱体育、懂艺术，能力发展性强"的人才培养目标，丰富学生的课后生活，本活动以增强学生自信、培养学生毅力、增强团队凝聚力、增进学生之间的沟通交流、促进学生全面发展为主要目的，倡导同学们放下手机，走出宿舍，积极参与体育活动，以行动展现土木工程学生的青春风采。

活动期间，各年级同学踊跃报名、认真对待比赛。同学们在比赛过程中不畏困难、迎难而上，不轻言放弃，体现了顽强拼搏的体育精神。5 月 16 日，"土木杯"系列赛足

学生正在进行篮球比赛

球组总决赛在北区足球场副场进行。现场如火如荼，双方队员你追我赶，炎炎烈日下，在绿茵场上奔跑的英勇身姿。5 月 22 日，"土木杯"系列赛篮球组和躲避球组总决赛分别在北区篮球场（何世杰体育馆旁）和北区排球场举行。伴随着观众此起彼伏的呐喊声、欢呼声，场上队员精神抖擞，以最好的状态迎战对手。运动员们尽情地挥洒汗水，绽放着青春的活力。

将近两个月的拼搏和奋斗，同学们不仅锻炼了身体，增强了身体素质，还结识了许多志同道合的朋友。不管是否登上冠军的宝座，这对同学们来说都是一段宝贵的经历。希望在以后的学习和生活中，同学们能一直保持积极向上的态度，面对挫折时无所畏惧，披荆斩棘，奔赴心中的梦想！

（土木工程学院　余婉琪）

5 月 22 日　电子与通信工程学院的"女神学霸宿舍"

在电子与通信工程学院物联网专业 2017 级的女生宿舍中，有这样一个"女神学霸宿舍"——竹苑 3 栋 405 室。一个工科宿舍 6 个姑娘有 4 个成功考上研究生，2 个成功签约国内知名企业。她们在面对考研、考公、就业等多个选择时，团结互助，互相鼓励，一起在考研、考公和就业的大道上，闯出了自己的一片天。

这 6 个姑娘就是张晓营、庞欣源、梁敏、吴楚婷、陈洁瑜、陈鸿。其中张晓营、庞欣源、梁敏、吴楚婷在 2021 年硕士研究生统一招生考试中，分别通过了北京科技大学、华南理工大学、深圳大学、广州大学的复试。陈洁瑜入职

全国前十的专利公司，陈鸿入职国产数据库公司。这个女生宿舍4人考研成功上岸，2人顺利就业，且女生们在大学本科四年期间担任学生干部，荣获各类奖学金，学科竞赛获奖多项，收获满满。

她们总结了三个秘诀，秘诀一，是有共识：保持积极的态度，毫不犹豫地行动。秘诀二，是有充实的生活：

"女神学霸宿舍"所获的各类证书

积极参加各类校园文化活动，潜移默化提高综合能力。秘诀三，是有奋斗的精神：下得了决心，耐得住寂寞，共同进步。

春华秋实，星光不负赶路人，时光不负有心人。未来，6个姑娘将会在不同的地方开启自己新的奋斗之路，当回头再看那段并肩奋斗的日子，她们都是心怀感激的。一想到很快就要离开美丽的校园，6个小姐妹有很多不舍，她们说，很幸运，可以遇到这么上进的舍友；很幸运，可以拥有和谐的宿舍氛围。一起并肩走过的日子、一起奋斗的岁月，让每个人都成为更好的自己，感谢彼此。

（电子与通信工程学院　学工办）

5月22日　地理科学与遥感学院学生参加四院联合师范技能大赛

5月22日，以"师之有道，技之有彩，梦之启航，领之真谛"为主题的四院联合师范技能大赛决赛在理科南楼顺利举行。本次比赛由地理科学与遥感学院、生命科学学院、化学化工学院及物理与材料科学学院联合主办。

本次比赛担任评委的是生科院的陈学梅老师、化院的李慧珍老师、物院的谢洪鲸老师、地科院的何亚琼老师，此外还邀请了生科院的冯雨薇、物院的吴贤聪以及化院的朱莉莎担任本次比赛的观赛嘉宾。

本次比赛分为说课、授课及答辩三个环节，选手们在授课过程中巧妙地运用教具并引用当下时事举例，课堂教学设计各具新意，课堂氛围轻松愉快。

参赛学生在本次比赛中表现优异，面对评委老师的提问，选手们沉着冷静，回答条理清晰，将专业的知识、自己的理解与新时代改革的要求结合，给出了较好的回答。

地理科学与遥感学院周若蕾同学参加四院联合师范技能大赛

比赛最后，老师们对师范生寄予厚望，希望师范生将来成为教师后能够正确引导学生，让学生拥有自主思考能力，培养学生形成将科学素养与应试教育相辅相成的观念和能力。

（地理科学与遥感学院　许榆琳）

5月24日　生命科学学院学子行万里路，实践出真知

5月24—28日，广州大学生命科学学院2020级生物科学专业的同学前往广州动物园和中国水产科学研究院南海水产研究所深圳试验基地进行为期一周的动物学野外实习考察。带队老师有舒琥教授、余文华副教授、杨强副教授和胡俊杰老师。

学生进行增殖放流活动

野外实习的第一天，同学们前往广州动物园近距离观察并了解动物的形态特征和行为习性。第二天，同学们来到深圳坝光银叶树森林公园进行红树林泥沙滩考察采样。第三天一大早，余文华副教授带领同学们在基地附近观鸟。由于新寇疫情防控需要，同学们分成两批进行野外考察，一批在基地周围进行昆虫采样，另一批前往大

亚湾鹅洲岛考察。第四天上午，同学们参观了中国水产科学研究院南海水产研究所深圳试验基地和南澳水产市场；下午，同学们乘快艇前往大辣甲岛进行海洋生物环境考察及标本采集。最后一天，同学们前往深圳大鹏半岛国家地质公园博物馆。

动物学是一门重视实践能力的学科，学生除了学习理论课程和实验课程外，还得重视野外的实地考察和学习。

这次动物学野外实习不仅提升了广大生科学生的综合能力，也深刻地体现了广州大学生命科学学院将课程教学和能力培养相结合，促进学生成为一名能力发展性强的人才的教学理念。

（生命科学学院　李妍妍　罗颖静　钟仲轩）

5月25日　生命科学学院举行"97生本奖助学金"捐赠仪式

为了促进对品学兼优学生的激励，以及对家庭经济困难学生的资助，生命科学学院2001届校友、广东省统力电源科技有限公司副董事长余恋恋拟持续10年、每年捐赠5万元，以其当时所在班级名义设立"97生本奖助学金"。

捐赠仪式现场合影

5月25日下午，广州大学"97生本奖助学金"捐赠仪式在生命科学学院会议室举行。学校统战部部长（校友办主任）卢捷、学院党委书记陈筠、学院校友分会会长杨青松、捐赠人余恋恋、部分学院师生代表出席了活动。仪式由学院党委副书记刘晓亮主持。

捐赠仪式上，学院党委书记陈筠首先致辞。她代表学院对余恋恋校友铭记师恩、回馈母校、反哺育人的善举表示衷心感谢；希望学院受到奖励和资助的学生学习校友们的优秀品质；师生、校友合力，推动学院育人质量提升。

在与会人员的见证下，学校统战部部长（校友办主任）卢捷与捐赠人余恋恋校友签订了捐赠协议。

捐赠人余恋恋校友分享了她捐赠的初衷，自己在读书期间受益于广大生科院老师的热心帮助，毕业后始终惦记"将爱传承"，尽微薄之力帮助师弟师妹成长成才是她无限的荣幸。随后，学生代表黄沂枫发言，她表示同学们必定不负学院、校友的期望，用优异成绩作为回报、用实际行动把爱传承。

捐赠仪式在感动又温馨的氛围中圆满结束。此项奖助学金的设立，丰富了学校育人激励平台，也将进一步有效促进培育学生常怀感恩、不倦好学、家国情怀等优秀特质。

（生命科学学院　学工办）

5月25日　管理学院五四表彰大会暨经典百书庆典

谱青春华章，展时代风采。为推进广州大学共青团工作的蓬勃发展，坚持以党建带团建，为中国特色社会主义事业培养德智体美劳全面发展的可靠接班人，响应本校以"多读书、读好书"为主题的经典阅读系列活动的号

五四表彰大会暨经典百书庆典大合照

召，广州大学管理学院于5月25日18：30—20：30在大学城校区学生活动中心举办"建功新时代，饱读经典书"五四表彰大会暨经典百书庆典。

在五四表彰大会暨经典百书庆典上，颁奖典礼与节目表演结合，整场活动庄严而不枯燥，观众既感受到了获奖同学的优秀，又为同学们所表演的精彩节目喝彩。

百年五四，风雨兼程，青年高举的火炬照亮南北。纪念五四精神，我们对革命先辈致以最崇高的敬意；表彰五四青年，我们对红色先驱报以最热血的担当。"云山珠水，羊城堂皇"，悠扬的校歌回荡在整个会场内，也预示着本次五四表彰大会暨经典百书庆典圆满结束！

5月25日　音乐舞蹈学院举行"红旗颂"中国钢琴作品专场音乐会

5月25日晚7点，"红旗颂"中国钢琴作品专场音乐会——庆祝中国共产党成立100周年在演艺中心111观摩厅成功举办。书记李颂东、副书记周云、音乐表演系主任唐馨老师、音乐表演系副教授蔡扬老师、姚卉老师、刘惠明老师、唐颖老师、肖源远老师莅临本次晚会。

晚会节目顺序按照作品创作时间先后进行，展现了中国钢琴音乐作品从20世纪50年代至2014年的各种风貌，百花齐放，令人叹为观止。

本次晚会的开场曲是1958年丁善德为庆祝工人取得的优秀成绩而创作的作品《托卡塔——喜报》，该曲展现了20世纪50年代新中国工人阶级所特有的生机勃勃的新气象。

晚会选用《红旗颂》作为本次比赛的压轴曲目，该曲由肖源远老师与陈乐泓同学采用双钢琴形式演奏。《红旗颂》是2003年曾珍、张慧琴二人以红旗为主题改编的双钢琴中国作品。本曲展现了中国人民在红旗的指引下，英勇顽强，奋发向上的革命气概，热烈讴歌了伟大祖国蒸蒸日上的繁荣景象。

作为音乐舞蹈学院的学生，我们用自己所学知识，用琴声表达对祖国最真挚的祝福，祝祖国繁荣富强！"红旗颂"中国钢琴作品专场音乐会——庆祝中国共产党成立100周年晚会取得圆满成功！

（音乐舞蹈学院　许榕　张梓敏）

五月

我们的大学

June 六月

大学生文化素质发展日志年编（2021）

6月1日 疫情防控，管理学院在行动

6月1日，为响应中央和省市对防控新冠肺炎疫情的文件号召，管理学院组织学院本科生和全体研究生举行"疫情防控"主题班会。本次主题班会意在帮助学生增强防护意识，掌握疫情防护技能和确保学生生活健康。

管理学院四千余名学生以及全体院领导参与本次主题班会，班会邀请了魏明海校长，管理学院党委书记李增祥、院长薛小龙、副院长陈卫旗、副院长黄琼宇、副院长刘广海、副院长王学通、副院长肖佑兴、副书记陈媛、副书记李炎焜以及全体班主任。会上，魏明海校长嘱咐同学们要正确对待、科学防范疫情，强调同学们要注重个人安全防护、做好健康打卡，做到"不害怕，不松懈"；同时开展党史学习教育，通过增强对党史的学习，帮助同学们树立正确的理想信念、正确认识我国的国情党情并提高道德及人文素养，让思政教育和爱国主义教育深入人心。会后，同学们纷纷表示将牢记老师们的教诲，以更加积极的精神面貌和良好的心态投入到新学期的学习当中，享受大学美好生活的同时保持学习的主观能动性，再接再厉，在新学期开好局，做有志气、有骨气、有底气的新时代青年。

魏明海校长在班会发言

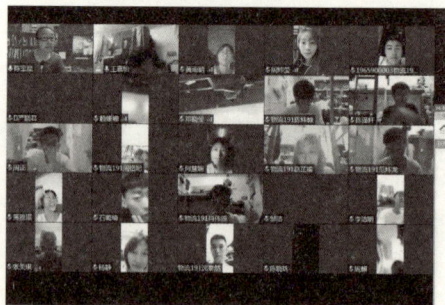

物流191班开展"疫情防控"主题班会

新冠肺炎疫情发生以来，我院师生积极响应学校和学院的疫情防控工作。其中何文光、孔秋懿等52名同学表现突出，走在疫情防控的前列，为我院疫

情防控工作做出奉献。经我院审核，决定授予这 52 名学生"疫情防控先进个人"称号，以此勉励。

（管理学院　新媒宣传中心）

6 月 4 日　电子与通信工程学院在第七届"互联网＋"大学生创新创业大赛校赛中获佳绩

6 月 4 日，第七届中国国际"互联网＋"大学生创新创业大赛校赛获奖名单公示，电信学院共获得金奖 2 项、银奖 2 项、铜奖 7 项。其中《广州睿尔智能装备科技有限公司》《芯立创半导体：用 AI 和 IP 授权加速芯片设计》《奕学宝——远程教育专注力提升系统解决方案供应商》《试它：基于 AR 技术的家居体验平台》4 个项目将进军省赛。

"互联网＋"大学生创新创业大赛是由李克强总理于 2015 年发起，由教育部等 12 个中央部委和地方省级人民政府共同主办的重大创新创业赛事。大赛旨在深化高等教育综合改革，激发大学生的创造力，培养造就"大众创业、万众创新"的生力军。希望同学们再接再厉，再创佳绩！

（电子与通信工程学院　学工办）

6 月 5 日　法学院学生吴尚阳参加世界和平合唱节活动

6 月 5 日，世界音乐艺术教育协会和维也纳合唱协会举办了世界和平合唱节活动，法学院学生吴尚阳所在的广州大学学生艺术团合唱团（以下简称校合唱团）在活动中获奖。赛场上，包括吴尚阳在内的全团参赛同学都表现得十分突出，并以成人混声组金奖（团体）的好成绩为广州大学争得荣誉，这也充分展现了法学院学生的青春风采。

赛后，吴尚阳同学分享了他参加世界和平合唱节活动的心路历程："新冠肺炎疫情以来，学校合唱艺术教学受到了一定冲击。在校团委和合唱老师弓丽的支持下，我以及校

吴尚阳同学在比赛录制后的现场

合唱团的各位同学在疫情期间坚持线上排练，并于 2020 年 8 月回到学校排练室进行训练。弓丽老师先进有效的发声、感情运用以及声部配合等教学方法，让我们更好地掌握合唱技巧，获得了很好的训练成果。我们从只会唱《我喜欢》这样简单的作品到能驾驭《定风波》这种大型宏伟的作品。我们认真刻苦，有时候甚至训练到晚上十一点半，我们相信拼搏是成功的必经之路。世界和平合唱节成人混声组金奖就是我们一年多的训练最好的回馈。"

艺术和生活是分不开的，要从音乐艺术中感受人生的哲理，做一个如音乐般温柔有情怀的人。在那段并不轻松但是充满热情的训练时光里，老师与学生打成一片，他们找到了志同道合的伙伴们。这段时光，将成为同学们整个大学生活里最珍贵的回忆。

（法学院　吴尚阳）

6 月 5 日　美术与设计学院"我们的大学"摄影比赛正式启动

为献礼中国共产党成立 100 周年，弘扬广大人"奋斗·创新·奉献"的精神，6 月 5 日，由美术与设计学院承办、学校公共艺术教育中心开展的摄影比赛暨摄影展览活动——"我们的大学"拉开了序幕。

活动以"立德树人"根本任务与"三全育人"要求为目标，贯彻高水平大学建设人才培养专题工作会议的精神，着眼于培养"德才兼备、家国情怀、视野开阔，爱体育、懂艺术，能力发展性强"的创新型人才的方针，不断提高学生审美意识、审美能力和人文素养。

"我们的大学"摄影活动以人文纪实为主线，重点突出广大人"奋斗·创新·奉献"的精神，以摄影记录、致敬青葱岁月。活动通过影像见证校园的发展与变化，见证高水平大学建设的成就，体现人文关怀在我校的文化现象，展示当代大学生的艺术追求和爱国、爱校的家国情怀。"我们的大学"摄影比赛设置校园景观类、人物类、创意类和校外实践类四个类别，共收到 21 个学院 214 位同学的 1 600 多幅投稿作品。本次活动鼓励参赛者围绕建党一百周年主题进行创作投稿，用作品反映红色精神、时代风貌。

（美术与设计学院　学工办）

新闻与传播学院张彩敏同学获人物类一等奖作品《朝气》

6月11日 人文学院"研途有你"考研分享会顺利召开

6月11日，广州大学人文学院"研途有你"考研分享会顺利召开。人文学院党委副书记张立老师、院长褟健聪教授、副院长马喆副教授、学工办副主任陈楚敏老师出席本次分享会。

为了使同学们更深入地了解考研，明确考研目

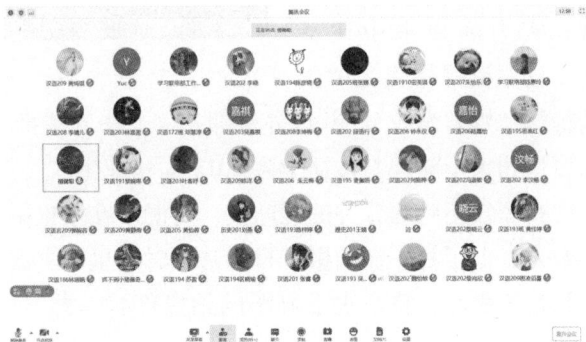

人文学院"研途有你"考研分享会

标，掌握考研技巧，同时配合学院深化党史学习教育，落实"我为群众办实事"的宗旨，人文学院召开"研途有你"考研分享会。本次分享会邀请了十二位考研成绩优异的同学分享经验，他们分别是：考入暨南大学的古格妃同学、考入华南师范大学的邓慧淳与林舒琪同学、考入北京外国语大学的吴抒涵同学、考入苏州大学的储元同学、考入中央民族大学的胡嘉仪同学、考入北京师范大学的曾文燕同学、考入首都师范大学的胡舒玥和巫志杰同学、考入广州

大学的钟逸洋同学、考入香港浸会大学的郭晞蓝同学、考入爱丁堡大学的揭晨同学。他们结合自身的报考经历，从不同层面、角度分析考研、保研的可行性，分享学习方法、考研需要注意的问题和他们考研的心路历程，给同学们指明方向。考研是一个系统的准备过程，意志与毅力都需要经过锤炼。相信通过考研分享会，同学们能够得到启示与帮助，在接下来的备考过程中以积极心态朝着理想的大学进发！

至此，广州大学人文学院"研途有你"考研分享会圆满结束。

（人文学院　新闻中心）

6月13日　外交部发言人推介点赞新传毕业生

6月13日，一位广大人频频出圈。河南卫视端午晚会上，一支名为《祈》的水中飞天舞惊艳四座，舞蹈演员化身洛神，实力演绎水中飞天舞，被主流媒体赞为"翩

《祈》

若惊鸿，婉若游龙"，并被外交部发言人华春莹推介点赞，这位舞者就是何灏浩，广州大学新闻与传播学院2013届毕业生。

在短短不到两分钟的时间里，何灏浩在水里翩翩起舞，衣袂翩跹，惊艳了无数人。据了解，在拍摄节目的三天时间里，表演者何灏浩每天下水浸泡的时间长达8小时，整个水下舞蹈的拍摄都要靠憋气完成，大概50秒换一次气，一天反复下水超过200次。

据何灏浩说，她来到广州大学以后，一有时间就会去游泳。她每年都要尝试新鲜事物，做过亚运会入场引导员、在报社实习过、参加过职场挑战赛、做过模特、跳过街舞。据了解，她是广州亚运会唯一一位来自广州的引领使者，肩负着作为广州东道主的使命。大三时她拿下了由共青团广东省委员会、广东联通、广东省学生联合会联合举办的首届广东大学生"梦想沃之星"职场风采挑战赛的冠军。

（新闻与传播学院　罗天宏）

6月17日 管理学院学生骨干参加党课培训

6月17日下午，副校长张其学教授以"传承中国共产党人的'精神谱系'"为题，在文俊东406室为我院学生骨干讲授党课，学院党委书记李增祥老师和学工办副主任邹婷老师一同参加学习。张其学副校长围绕"精神谱系"是什么、有哪些、如何传承三个方面，为同学们分享中国共产党人百年拼搏光辉历程所彰显的精神力量。

同学们在认真倾听张其学副校长讲授党课

在问答环节中，同学们就党史相关问题积极提问，张其学副校长的回答点面结合、旁征博引。通过张教授的讲解，同学们豁然开朗，也进一步坚定了理想信念，增强了新时代勇立潮头、努力学习、有所作为、坚定信仰、不忘初心、做"精神谱系"的有力传承者的信心。

（管理学院 新媒宣传中心）

6月22日 广州大学"乡村振兴·青年担当"内容征集活动初赛晋级名单出炉

6月22日，由广东省乡村振兴局、共青团广东省委员会、广州市社科联指导，广东省国强公益基金会主办，广州大学及其乡村振兴研究院承办的"乡村振兴·青年担当"内容征集活动初赛在广州大学大学城校区文新楼215室和216室开展，来自广州大学等多所高校的几十名学生参加了比赛，比赛采取"线上＋线下"的方式进行。

出席本次比赛的评审嘉宾有公共管理学院党委书记刘向晖、桂花岗管委会主任何瑞豪、乡村振兴研究院院长谢治菊、经济与统计学院党委副书记付艳、法学院党委副书记钟日来、梅州中兰村驻村书记李彩阳。

此次大赛改换全新视角，从学生群体出发，以学生视角来讲述中国脱贫攻坚与乡村振兴故事，找寻不一样的脱贫攻坚精神。选手们从自身出发解读扶贫干部故事，以及这些故事给予青年的借鉴与启示。

"乡村振兴·青年担当"比赛活动现场

经过激烈角逐，评委们一一点评与打分后，共有 11 名同学晋级决赛。

对于选手们在初赛现场的精彩表现，公共管理学院书记刘向晖给予了充分肯定。她鼓励同学们学以致用，助力乡村发展，成为乡村振兴生力军。桂花岗管委会主任何瑞豪也表示，很高兴看到青年大学生们的家国情怀和报国远志，希望所有同学都持续关注巩固脱贫攻坚成果与乡村振兴的国家战略，学习本领、增长才干、报效祖国。乡村振兴研究院院长谢治菊教授指出，在中国共产党百年华诞这一历史性时刻，举办"乡村振兴·青年担当"内容征集活动，旨在发挥脱贫攻坚与乡村振兴的育人功能。她希望同学们借助这场赛事，深刻领悟习近平总书记有关青年工作、扶贫工作、振兴工作的重要论述，坚定道路自信、理论自信、制度自信和文化自信，让高校更好地发挥立德树人的作用。

（公共管理学院　新媒体中心）

6 月 26 日　地理科学与遥感学院举办 2021 届毕业典礼暨学位授予仪式

6 月 26 日，地理科学与遥感学院举办了 2021 届毕业典礼暨学位授予仪式。学院分别在理实天象馆、岩矿馆及 601 室设置了分会场。

上午 11：00，地理科学与遥感学院分会场的毕业典礼正式开始。典礼由学院党委副书记白鹤云飞主持，白书记对莅临本次毕业典礼的领导和老师表示欢迎，并向各位毕业生介绍了天象馆中这"漫天星空"的寓意，指出这代表着地理学人特有的情调与格调。学院为毕业生精心准备了毕业礼物，包括校徽、院徽及印章，寄托的是学院对毕业生的美好祝福。

随后由院长吴志峰教授致辞。首先，吴院长回忆了刚入学时给各位同学上的开学第一课——"穿越地平线的渴望"，随后肯定了这四年来同学们的努力及所取得的成绩。吴院长结合学校和学院快速发展的形势，特别提到了我院人文地理与城乡规划专业获批国家级一流本科专业建设点、地理信息科学专业入选广东省一流本科专业建设点、地理科学专业也入选广东省一流本科专业建设点，并通过师范类专业二级认证，他表示这些成就背后离不开师生共同的努力。

吴志峰院长在天象馆星辰大海的背景下，给毕业生完成了拨穗。如今，各位地理学子终于可以奔赴

吴志峰院长在学院毕业典礼上为毕业生拨穗

星辰大海，开始追寻与探索未知的旅途，穹顶上"奔向星辰大海，归来仍是少年"，正是学院对各位毕业学子的心意与祝福。

（地理科学与遥感学院　廖泽辉）

6月26日　美术与设计学院举办2021届毕业典礼暨2021年学位授予仪式

6月26日，广州大学2021届毕业典礼暨2021年学位授予仪式在主会场及分会场隆重举行。本次毕业典礼在主会场进行全程直播，分会场师生以及毕业生家长、亲友可在直播平台观看。美术与设计学院的毕业生们在分会场参加了毕业典礼暨学位授予仪式。典礼严肃庄重，美术与设计学院毕业生们全程按照疫情防控工作要求服从指挥，做好测温，佩戴好口罩，保持社交距离就座，认真观看授予仪式，仔细听取教师发言，收获了许多祝福。

（美术与设计学院　学工办）

美术与设计学院 2021 届毕业典礼暨 2021 年学位授予仪式现场

6 月 27 日　建筑与城市规划学院开展"画说党史"系列活动

在中国共产党即将走过 100 年的光辉历程之际，建筑与城市规划学院于 3 月 15 日至 6 月 27 日，以"画说党史"为主题开展系列活动。活动开始，同学们绘画红色建筑与革命建筑，发挥建筑学子的特长，通过对"红色建筑"进行速

学生优秀作品：《天安门》（园林 172 班陈梓聪）

写，让同学们了解建筑背后党的故事，并以此为契机，深入学习党的历史。

本次活动同学们积极参与，最终收集了 72 份作品，其中有《革命圣地瑞金》《中共一大会址》《天安门》等优秀作品，随后也对优秀作品进行了展示赏析。在绘画红色建筑后，同学们对建筑背后的故事与历史产生浓厚的兴趣，开始自发了解党的故事，回望历史：1931 年 11 月 7—20 日，邓小平同志精心筹备的第一次全国苏维埃代表大会，在瑞金的叶坪隆重召开，大会向世界庄严宣告中华苏维埃共和国临时中央政府正式成立，定都瑞金；中共二大第一次公开发表了《中国共产党宣言》，第一次明确提出了反帝反封建的民主革命纲领，制定了第一部党章，第一次提出了统一战线民主联合战线的思想，第一次较完整地对工人运动、妇女运动和青年运动提出了要求，第一次喊出了"中国共产党万岁"的口号，推动着中国共产党建设迈入新的阶段……同学们所学习、了解的革命故事与历史，由学院进行收集整理，通过学院公众号分享，以号召更多的同学参与其中，了解与学习党的历史与故事，弘扬红色精神。

"画说党史"系列活动让同学们了解建筑背后党的故事，并以此为契机，深入学习党的历史，并引导同学们树立正确的历史观、世界观与人生观，正确认识和对待党的历史，在党的历史中汲取智慧结晶、吸取经验教训，将党史经验与生活、学习和工作中相结合。

"画说党史"活动作品将在"红色长廊"项目中向全校展示，以此共勉，借此呼吁全校师生共同学习党史，传承红色精神，勇担时代的使命。

（建筑与城市规划学院　学生党支部）

6月29日　教育学院少数民族预科班接受党史教育

6月29日下午，为进一步夯实党史学习成果，引导同学们知史爱党、崇德力行，副校长吴开俊以"中国共产党为什么能"为主题，为即将结课的少数民族预科班全体同学上了生动的最后一课。教育学院副书记胡艳芝、少数

"中国共产党为什么能"党史教育活动师生合影

民族办副主任蔡强老师以及预科班辅导员旁听。

吴开俊副校长讲课结合丰富的党史资料，立足党史重要事件、当今时代发展大势以及个人亲身经历感悟，他从中国共产党"为什么能建立新中国""为什么能收拾好国民党留下的烂摊子""为什么没有像苏东共产党那样丧失执政地位""为什么能成为世界第二大经济体""为什么能使各民族和睦相处""为什么能保持香港澳门的稳定繁荣"6个方面展开，深刻阐释了中国共产党之所以能的"成功密码"，带领同学们深入感悟中国共产党奋斗百年、成就百年的光辉历程。

最后，吴开俊副校长动情勉励全体同学："同学们，一年短暂而充实的预科学习临近尾声，你们真正的大学征程即将开始。希望你们能从本次党课中汲取智慧与力量，铸牢中华民族共同体意识，胸怀大志、脚踏实地，以优异的成绩迎接中国共产党建党 100 周年，以昂扬的姿态为社会主义现代化建设贡献自己的力量。"

此次党课，让预科班同学更加坚定了永感党恩、永跟党走的信念，坚定了继承并发扬党的优良传统与革命精神的决心，坚定了接稳接好历史接力棒、建设美好未来的信心。

（教育学院）

6月29日　学党史 强信念｜新传师生在国家级媒体平台推出"品读烈士家书"系列作品

家书作为革命烈士留给世界和亲人的生命绝唱，展示了"国之脊梁"柔软内心中的强大力量，彰显了革命烈士追求信仰、顽强拼搏、不懈奋斗、视死如归、忘我奉献的崇高风范，为开展党史学习教育提供了宝贵精神财富。

"品读烈士家书　传承红色基因"专栏由民政部下属的《中国社会报》和一零一研究所联合主办，新闻与传播学院副院长张爱凤教授牵头并担任鉴赏、朗诵的角色，目前已推出 5 期，并在多个平台同步上线。该栏目也被中共中央宣传部主管的"学习强国"学习平台转载，受到社会各界好评。李佩玉、李思齐等同学作为朗诵者参与其中。

"让课程思政与时代同频共振"，播音与主持艺术专业的师生共同参与"品读烈士家书"活动，是学院积极推动课程思政改革的新探索！对参与的学生而言，既锻炼了专业能力，又激发了"传承红色基因，为时代发声"的爱国主义情感，更重要的是学院在国家级平台展示了"德才兼备、家国情怀"的人才培养质量。

（新闻与传播学院　王童辰）

"品读烈士家书　传承红色基因" 栏目第 1 期

6月　用声音致敬红色经典——化学化工学院举办"音传百书，书香致远"有声说书活动

"红色经典蕴含初心不变，青春诵读接续奋斗力量"。6月，为庆祝建党百年华诞，深入开展党史学习教育，化学化工学院团委举办经典百书"影音活动"系列第二期——"音传百书，书香致远"音评活动。同学们踊跃报名，参与人数 105 人，参评作品 66 份。

活动以红色经典作品原文为主要内容，配以个人学习感悟，提炼成有声读物，采用讲述、朗诵、广播剧演绎等多种形式，形成音频作品。活动经过线下

评选、线上投票等阶段，共评选出 20 份音频作品，其中不乏《毛泽东选集》《乡土中国》《共产党宣言》《青春之歌》《白鹿原》等经典篇目，同学们用声音穿越历史的烽烟，重温党的光辉历程。最终化学 193 班冯惠玲的《青春之歌》与化工 194 班的《乡土中国》表现突出，斩获一等奖。

本次活动围绕党史学习教育实践要求，深入开展红色经典诵读工程，创新学习教育形式，激发了化院学子的学习热情。声音与书的情愫中，荡漾着化院学子对经典百书内容的深刻感悟。

（化学化工学院　学工办）

"音传百书，书香致远"活动

我们的大学

July 七月

7月 建筑与城市规划学院举办广州大学第九届建构大赛

贯穿 2020 年和 2021 年的建构大赛由广州大学公共艺术教育中心承办，建筑与城市规划学院主办，大赛广东场面向广州各高校开展，分为初赛、复赛、决赛三个阶段。大赛邀请广州大学建筑学院赵阳副教授、姜省副教授、许勇副教授、许志强

比赛一等奖作品：广州大学《翼然》

老师以及广州市域境设计有限公司行政总经理庞立峰担任评委。受疫情影响，初赛在线上进行，决赛以线上线下相结合的方式进行，现场有近 30 组作品展示，华南理工大学、广东工业大学等多个学校的同学参与其中。结合广东场和广西场的评审结果，最终决出比赛一、二、三等奖，其中来自广州大学的作品《翼然》夺得比赛一等奖。

大赛于 2020 年 11 月启动，以"筑竹·驻足"为主题，以"竹"为创作材料，以"构"为考核核心，鼓励造型创新，对作品结构稳定性和功能舒适性提出高要求。2021 年 2—7 月，大赛总决赛在广西道家村和广州大学两个场地展开。6 组决赛队伍展示过去 3 个月的劳动成果，从广西道家村到广州大学，从创意构思到设计图纸，再到实体构筑物。各组青年学子一如既往地书写着他们对于建筑学的热爱，克服了疫情以及火热夏季的影响，1 个月时间完成 6 个实体竹构建筑的搭建，充分体现建筑专业学子吃苦耐劳的精神和专业态度。

九年建构赛，九载高校情。各校大学生们通过实体建构大赛，相互学习、相互交流，提升了建构专业知识，建立了深厚的友谊，大赛将助力参赛学子成长为建筑行业的翘楚力量。

（建筑与城市规划学院 青年实践部）

7月1日　音乐舞蹈学院首届协作钢琴课程汇报暨庆祝建党100周年"不忘初心"主题音乐会顺利举办

7月1日，音乐舞蹈学院举办了首届协作钢琴课程汇报暨庆祝建党100周年"不忘初心"主题音乐会。在音乐会中，同学们采取自由组队合作的形式准备演出曲目，并在演奏前对曲目进行解说分析，让观众们在理解的基础上聆听，从而有更深层次的感受。音乐会的最后，来自西藏林芝的小朋

音乐会参演师生合影

友们通过视频连线方式演唱红歌以表达对祖国的热爱，节目形式让人眼前一亮。音乐舞蹈学院的师生亦借此献礼建党百年，祝中国共产党生日快乐，祖国繁荣昌盛。

音乐会的顺利举办，说明音乐舞蹈学院的人才培养向实践类课程倾斜，应用型"一专多能"的学生将更容易无缝衔接工作岗位。自2017年起，广州大学与西藏林芝市波密县人民政府开展教育结对共建，援藏支教实习是重要内容之一。音乐舞蹈学院学生积极报名支教实习活动，让协作钢琴第一站的小红旗在波密县中小学高高飘扬。

（音乐舞蹈学院　学工办）

7月1日　生命科学学院师生一同观看庆祝中国共产党成立100周年大会直播

7月1日上午8时，中共中央在北京天安门广场隆重举行庆祝中国共产党成立100周年大会。生命科学学院党委组织全体师生党员采用集中收看、线上同步收听收看的方式，一同观看庆祝大会，聆听习近平总书记发表的重要讲话，感受党的百年光辉历程。

七月

观看完庆祝大会后，师生党员纷纷发表感言、交流心得，抒发对党和祖国的热爱与祝福。生物科学学生党支部黄云开、刘璐等同志认为，习近平总书记的讲话振奋人心，鼓舞士气。青年学生应该肩负起使命，努力学习，打好扎实的专业功底，提高自身综合素质，为实现中华民族伟大复兴的中国梦

生科院师生党员集中观看庆祝中国共产党成立100周年大会直播

奉献青春力量。生物制药学生党支部罗娉婷同志、李浩铃同志结合观看庆祝大会的深刻体悟，分别从自己身边的党员模范和自身的理想信念谈起，认为当代青年要积极响应党中央的号召，到祖国最需要的地方去建功立业。研究生党支部的陈辛锐同志说，我们要赓续共产党人的精神血脉，永远把伟大建党精神传承下去。谭杰峰同志以一个退伍军人的身份，诠释了自己对祖国统一和强军目标的理解，对祖国实现中华民族伟大复兴充满了希望。教师党员杨敏同志抒发了国家和民族的希望在于青年一代，青年强则国强，青年立则国立的感想。

百年恰是风华正茂，循着历史的时间线回望波澜壮阔的百年奋斗征程，生命科学学院师生更加坚定"永远跟党走"的信念，在党的正确领导下共同奋斗，建设祖国美好未来。

（生命科学学院　学工办）

7 月 15 日　专访"光荣在党 70 年"老教师——陈蔚然

7 月 15 日，化学化工学院暑期党史学习教育实践队在广州大学桂花岗校区采访了老党员陈蔚然先生。陈蔚然先生于 1950 年 5 月 1 日加入中国共产党，至今已有 71 年。采访队伍跟随着他的记忆，一起回顾了他 96 年的"传奇人生"。

陈蔚然生于 1925 年 11 月，4 岁时随父亲从印尼棉兰回到中国，是归国华侨。他曾是东江纵队文兵队成员，先后于湖南大学和广州师范学院（广州大

学前身）任教。1953 年正值国家建设发展的好时期，在中共华南分局宣传处工作的陈蔚然自觉天宽地阔，不甘走"文章报国"道路，放弃舒适的文字工作，奉命北上哈尔滨，自此专研了十年的炭素专业技术。

化学化工学院采访团队与陈蔚然老先生合影

20 世纪 60 年代中国设立 156 个重点工程，1963 年陈蔚然再次受党组织号召投身教育科研领域，奉调南下长沙湖南大学任教。其间，他开设炭素专业化和电磁专门化课程，传授 X 光科普知识，开设炭素短训班、化学文献等课程，二十多年专注炭素专业教育工作，在专业期刊上发表《关于石墨化度计算公式》《石墨化度》等炭素论文。陈老先生对教育事业充满热情，希望在炭素领域培养更多优秀的学子，在湖南大学任教期间，他培养出一名湖大院士——成会明。1984 年冬，陈老先生调回广州师范学院化学系从事教学科研直至 1994 年退休。2017 年，他获第十二届中国炭素杰出成就奖。

学生问："百年来，我们国家变得越来越繁荣昌盛，作为一名老党员，您有什么感受？"陈蔚然和蔼地笑了笑，说："这正是我所希望的。"建党百年，国泰民安，成就辉煌，这是一位光荣在党 50 年老党员的夙愿。

（化学化工学院　本科生党支部）

7 月 17 日　公共管理学院东西部协作推普社会实践队赴西藏开展推普调研

7 月 17—18 日，在公共管理学院谢治菊教授、人文学院陈永祥教授、语委办副主任和丹丹及教务处实践科郑吟老师的带领下，第七批援藏支教实习队十余名学生前往西藏自治区林芝市波密县开展推广普通话的调研。

其间，实践队与林芝市教育局党组副书记吴珍珠、林芝市教育局教研室教研员周银芳等进行座谈，了解林芝市在推广普通话方面所做的工作和取得的成果。同学们还前往倾多镇古通村，对倾多镇镇长、古通村村主任和当地村民进

大学生文化素质发展日志年编（2021）

行访谈，了解古通村的人口结构、受教育水平以及经济来源等，并着重了解古通村的普通话普及情况。本次推普实践活动，以广东省为中心，向对口省份辐射开来，以响应东西部教育协作与教育对口支援。

本次调研以乡村致富带头人为核心调研对象，辐射至相关的青壮年劳动力，留守妇女、儿童等对象。以期为推普助力乡村振兴提供扎实的基础数据，为更多大学生提供了解社情民情的实践之窗，引导同学们能动地运用学科知识服务人民，为乡村地区推进振兴策略提供支持力量。

公共管理学院东西部协作推普社会实践队合照

（公共管理学院　新媒体中心）

7月19日　广州大学游泳队在第三届中国大学生阳光游泳比赛中喜获佳绩

7月19—21日，第三届中国大学生阳光游泳比赛（广东赛区）暨2021年广东省大学生游泳锦标赛在华南师范大学（大学城校区）游泳馆举行。广州大学游泳队奋勇拼搏，斩获2枚银牌和1枚铜牌。同时，还在广东省大学生游泳锦标赛取得1枚

广州大学游泳队合影

金牌、4 枚银牌、2 枚铜牌和甲组团体总分一等奖的优异成绩。

由中国大学生体育协会主办的第三届中国大学生阳光游泳比赛，原计划是 6 月 15—19 日在成都举行，受疫情影响、广州八所参赛学校无法赴成都参赛。经组委会商议，决定在广州设立分赛场，参赛队员的比赛成绩对照全国赛进行排名。大学生阳光游泳比赛是中国大学生体育协会单独设置的最高级别的全国高校普通大学生游泳比赛，此赛事旨在展现大学生积极健康的风貌，促进学生了解体育文化和体育教育的意义，弘扬奥林匹克精神，同时落实教育部、国家体育总局、共青团中央《关于开展全国亿万学生阳光体育运动的决定》。

广东省大学生游泳锦标赛是省内游泳项目的高水平竞技比赛。本次比赛由广东省教育厅主办，共有来自全省 56 所高校的 880 余名运动员参赛。本次比赛分为甲组（本科）、乙 A 组（体育专业）、乙 B 组（高水平）和丙组（高职高专）四个组别。甲组和丙组各开设 16 项比赛，乙 A 组和乙 B 组各开设 19 项比赛，比赛项目包括蛙泳、自由泳、蝶泳、仰泳和接力等。

赛场上，广州大学游泳队运动健儿们奋勇拼搏，精彩纷呈，赛出了水平，赛出了风格。充分展现了我校学子积极向上、敢闯敢拼、不畏困难的青春风采。

（体育学院　周坚）

7 月 20 日　外国语学院本科生党支部开展学习教育专题组织生活会

7 月 20 日晚，外国语学院本科生党支部召开党史学习教育组织生活会，支部书记徐慧老师主持会议，落实本学期"学史明理、学史增信、学史崇德、学史力行"的主题教育目标。

会议前，学生党员认真学习习近平总书记的多次重要讲话，通过阅读有关党史的学习材料以及观

学生党员正认真开展自我批评

看微党课视频，提高党性和觉悟。会议上，党员们结合党史学习，开展工作、学习方面的批评与自我批评，针对学习不够系统全面的突出问题，进一步明确了加强重视、增强党员内交流、合理安排时间及提高学习效率的努力方向和整改措施。与会党员着重围绕习近平总书记在庆祝中国共产党成立100周年大会上的重要讲话进行学习分享，坚持用事实说话，将习近平总书记重要讲话、党史学习与当代优秀党员、家乡变化等相结合，由点到面地分享自己的所思所想，达到触动灵魂、思想交心的效果。

徐慧老师指出本学期党支部工作圆满成功，所取得的优异成果离不开全体党员的参与和付出。通过垃圾分类督导、卫生大扫除、党员义务辅导等活动，学生党员为师生做实事；通过参与党史学习讲座、"读懂中国"系列留洋学者的党史故事分享，加深学生党员对党史国史、优秀共产党员的认识，增强团结与自信。全体党员要继续做到不忘初心、砥砺前行，从党史中汲取智慧和力量，继续将青春奋斗融入党和人民的事业。

（外国语学院　徐慧）

7月27日　电子与通信工程学院研究生在中国研究生创新实践系列大赛中荣获佳绩

7月27日，在电子与通信工程学院彭凌西老师、肖忠老师和刘长红老师的带领下，研究生李动员、李宏寅所在的"智联探水者""BlockCoding"两个团队，在中国研究生创新实践系列大赛中，获得二等奖和三等奖的好成绩。

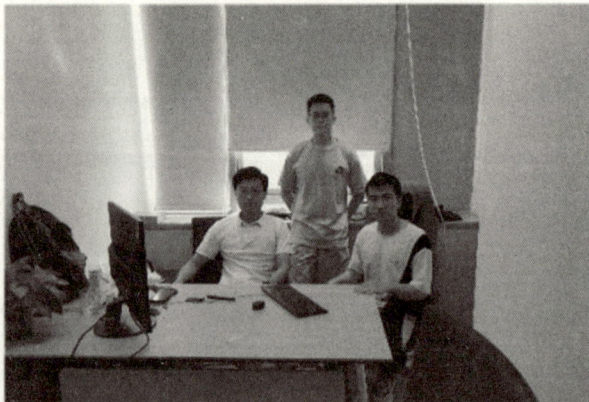

电子与通信工程学院"BlockCoding"团队

"智联探水者"团队发明了一种长寿命高精度手持式测氧仪，他们改进了溶解氧探头的内部结构与安装方式，极大减小了传感器的输出衰减，使其内部损耗减少到原来的十分之一，将原传感器探头的寿命由3~6个月延长到18个月以上。目前这种测氧仪已销售 3 000 多套，为各地水产养殖业户累计创汇 300 万元以上。

"BlockCoding" 团队基于深度学习的实体编程教育平台研发出适用于儿童的编程入门教育程序。这款程序的主要功能是通过在编程操作台上进行编程积木块的摆放，让使用者用拼积木的方式编写程序控制游戏的行进，达到趣味编程的目的。

科技立则民族立，科技强则国家强。在活动中，参赛选手用自己的创新思维与坚持不懈的实验精神，展示出新时代青年的风采，彰显了中国新青年的蓬勃力量。

（电子与通信工程学院　学工办）

7月29日　化学化工学院暑期思政实践团赴"抗疫名企"金域医学检验集团参观学习

7月，化学化工学院24位优秀学生骨干组成暑期思政实践团走进广州市抗疫名企——金域医学检验集团，开展"奋进新时代，科创我践行"思政教育实践活动。广州大学统战部部长卢捷，化学化工学院党委书记周海兵，金域集团高级副总裁、我院1990届精细化工专业学子

化学化工学院暑期思政实践团在金域医学合照

严婷，广州金至检测技术有限公司总经理张远志以及学工队伍等参加活动。

金域医学通过"红旗引路"，在党员的带动下"红心聚力"，宣传红色文化，从而实现企业的金色发展。企业采取"1＋N＋n"模式实现红联共建，各共建单位采取党组织共建、阵地共享、活动共办、党员共训、难题共解、合作共赢"六共"模式，开展学术交流、科研攻关等行动，助推各单位长远发展。金域医学一直以来努力构建"令行禁止、有呼必应"的党建引领基层共建共治共享新格局，并取得优异的成果。

严婷校友从金域医学的概况出发，在网络直播课中以"专业报国，做健

康中国的守护者"为题，围绕科技战"疫"，介绍金域医学在抗击疫情过程中所体现的科学治理和管理体系，她极高的专业素养以及社会责任感，让实践团直观地感受到金域人"上下一盘棋"的抗疫精神。

实践团通过参观学习、录制网络公开课和开展主题调研座谈会等方式了解国家最新生物化学产业前沿动态，感受学科专业在抗疫攻坚及社区服务所发挥的正能量，学习优秀校友宝贵的成长奋斗经历。同时，金域医学企业独具特色的党建模式也为学院学生党建带来了诸多启示。

（化学化工学院　暑期思政实践团）

我们的大学

August 八月

8月2日 广州大学参加首届全国校园排舞大课间网络展示大赛荣获一等奖

8月2日，由广州大学体委、学生体育活动中心联合主办的"《没有共产党就没有新中国》排舞展演活动"参加"庆祝中国共产党成立一百周年暨首届全国校园排舞大课间网络展示大赛"，经专家组判定，荣获高校C组一等奖！

广州大学学生排舞比赛照片

本次比赛，是国家体育总局以《"健康中国2030"规划纲要》为主线，以《体育强国建设纲要》为统领，组织开展的"庆祝中国共产党成立100周年——百城联动/百首原创/百万同跳"大型排舞展演活动，旨在号召广大群众用健康活力的舞姿迎接建党100周年，共有94所高校参赛。

广州大学积极响应国家号召，在各相关部门和学院的认真组织、精心筹备下，全校参赛学生组成宏伟壮观的千人方阵，参加首届全国校园排舞大课间网络展示大赛（校园组）的展示。广州大学参与的是600~1 000人的高校C组，指定曲目为《没有共产党就没有新中国》。学生们满怀对党的敬爱以及青年的使命担当，用舞姿放飞青春梦想，以实际行动迎接建党100周年。师生们辛苦排练付出，最终收获了一等奖的好成绩，更好地落实了学校人才培养目标、进一步为全面推进高水平大学建设凝心聚力。

（体育学院 许海宇）

8月3日 新闻与传播学院学生揽获广州市属高校大学生第十届中华经典诵读竞赛多个奖项

8月3日，广州市属高校大学生第十届中华经典诵读竞赛获奖名单公布，新闻与传播学院播音201班肖思宇同学荣获中华经典名著诵读音频征集活动一等奖，播音 192 班张楚辉和播音 171 班何军杰同学荣获二等奖，此外，媒体 201 班郑钆熹同学荣获中华经典名著阅读征文活动三等奖。

中华经典诵读竞赛活动海报

竞赛期间，新闻与传播学院做好组织发动，同学们踊跃报名，精心制作高质量诵读音频、撰写鉴赏文章，展现了新传学子积极向上、勇于追梦的精神面貌。播音 171 班何军杰同学节选了革命烈士方志敏在狱中所写的《可爱的中国》作为朗诵文稿。通过声情并茂的朗诵，何军杰同学被革命烈士赤诚的爱国之心感染，认识到中国现在的繁荣富强是无数革命烈士抛头颅、洒热血换来的，当代大学生更应当勇担使命，只争朝夕、不负韶华！

广州市属高校大学生第十届中华经典诵读竞赛由广州市教育局主办，广州大学、广州市广播电视台新闻资讯广播、花城 FM 承办，旨在庆祝中国共产党成立 100 周年，大力推进党史、新中国史、改革开放史、社会主义发展史学习教育，深入实施中华经典诵读工程，传承和弘扬中华优秀传统文化，激发广大青年学生的爱国热情，引导青年学子厚植爱国情怀。

（新闻与传播学院　蔡依然）

8月9日　建筑与城市规划学院开展"细说故乡，情绘党史"手绘活动

8月9日，建筑与城市规划学院开展以"细说故乡，情绘党史"为主题的手绘活动，鼓励建院学子运用专业技能表达对故乡的热爱之情。作品要求展现故乡风情、党建风采或党员故事等内容，活动倡导同学们深入了解家乡党史，挖掘家乡资源、助力乡村振兴，投身社会实践活动。

本次活动贴近生活，不仅能让同学们提高必备的专业手绘技术水平，更能让同学们从中领悟到一座建筑就是一个时代的缩影，是家乡的符号。一座座平时可能被人们忽视的建筑都蕴藏着一段光辉的或阴霾的历史，是莼鲈之思的温柔，亦是遍游江川后的归隐；是如明月照人千里的眷恋，亦是如火炬照我四方

的澈扬；是乡音，是崇敬，亦是出征的号角。

截至 8 月 27 日，活动共收到 50 余件投稿，其中 17 件作品入围展示。同学们的手绘作品流露出对故乡的热爱，字里行间更表达了对故乡丰富的情感，向读者们呈现了美丽故乡和党史文化的魅力。

（建筑与城市规划学院　新媒体中心）

城规 191 班李宇晖作品

8 月 11 日　生命科学学院"豆惠万家"项目获"互联网＋"大学生创新创业大赛广东省分赛金奖

8 月 11 日，第七届中国国际"互联网＋"大学生创新创业大赛广东省决赛在广州大学顺利落下帷幕。全省报名项目 25.09 万个，参赛学生 102 万人次，其中"青年红色筑梦之旅"赛道参赛项目共 4.14 万个，参赛学生 17.31 万人次。生命科学学院"豆惠万家"团队在众多项目中脱颖而出，获"青年红色筑梦之旅"创意组赛道省赛金奖。

"豆惠万家"团队依托国际三大豆科研究中心之一——广州大学分子遗传与进化创新研究中心，致力于研发属于中国自己的非转基因高油酸大豆品种，运用全球独有的现代分子设计育种技术，研究出中国首款非转基因高油

生命科学学院"豆惠万家"团队

酸大豆"东生200"。高油酸优质大豆新品系相比于普通大豆，油酸含量从20％提高到75％，榨出的大豆油达到了可媲美优质橄榄油的标准，且与优质橄榄油相比有明显的价格与实用优势。目前，团队凭借培育出的高产、高油系列大豆，已与合作社累计签约1.7万亩种植面积，并积极开拓广东市场。

团队的第一指导老师是生命科学学院的孔凡江教授，项目负责人为侯智红博士，核心成员分别有生命科学学院化学工程专业硕士杨涔、生物科学（师范）专业本科生梁楚妍、经济与统计学院本科生谢子宇、管理学院本科生陈华倩。团队具备较强的研发能力，可确保项目的可持续发展。

（生命科学学院　周嘉仪　曾韵怡）

8月16日　乡村振兴，穗藏同心——地理科学与遥感学院学生前往西藏支教

8月16日，广州大学第八批援藏实习队的支教大学生——地理183班学生郭雪娟与队友们抵达波密县中学，开启了自己的支教之旅。

作为波密县中学七年级历史课的任教老师及班级的副班主任，郭雪娟在课堂上从严教管学生，利用多媒体调动学生学习兴趣；课余时间则带着孩子在校园里观察周边的雪山森林河流，分享地理知识。在短暂的支教时光中，郭雪娟与孩子们相处融洽，甚至还被他们写进课堂作文里。"他说我的眼睛里有积极乐观，还有星辰大海。"当郭雪娟回忆起作文中孩子纯真的笔触，感触极深。

此外，郭雪娟与地理183班的邢锦淮、龙锦颖、曾庆宝等同学组织策划了

一场广州大学与波密中学的云课堂活动。支教队的到来大大地解决了学校教师的燃眉之急，也活跃了校园气氛，让广州大学支教旗帜再次飘扬在雪域高原。

支教学生表示一定会珍惜援藏支教实习的机会，虚心请教，认真工作，克服困难，圆满完成援藏支教实习任务，让自己为热爱的教育事业尽绵薄之力，让自身价值在奉献中得到提升，用青春与汗水，谱写一段不平凡的人生篇章。

地理科学与遥感学院学生与李文翎老师在西藏合影

（地理科学与遥感学院　许榆琳）

8月26日　电子与通信工程学院暑期寻访优秀校友

8月26日，电子与通信工程学院本科生党员王坤辉、吴文卓、刘欣茹一行组成的2021年暑期校友寻访团出发前往广州市锐丰建声灯光音响器材工程安装有限公司，寻访电信学院杰出校友杨石健。

杨石健是广州大学2005级通信工程专业声像灯光工程方向的本科生，多年深耕国内外声像灯光行业，工作业绩硕果累累。

电子与通信工程学院校友寻访团和校友杨石健合影

他所在的企业广州锐丰建声曾参与竞标2008年奥运会国家体育场鸟巢扩声系统工程并成功中标，是中国专业音响第一次参与百年奥运盛事，打破了外国音响品牌在奥运等国际赛事的垄断地位。

其间，校友寻访团受到了杨石健的热情欢迎与精心招待。面谈的一个半小时，杨石健讲述了自己的求学经历以及大学生活，对寻访团提出的问题进行详细解答。针对目前的行业前景，他对学院的学科建设、学生的实践实习提出了宝贵建议，并带领寻访团师生参观锐丰建声的高端消音室、体验 LAX 影音视听室 360 度环绕音效，了解整个公司的发展历程和历年参与国内外各大项目的成长足迹。

杨石健告诉同学们：要尊重自己的决定，热爱自己的选择并为之努力奋斗。成功在于平时经验的点滴积累，要不断提高自身的综合素质。专业知识只是我们认识世界、了解世界的工具，要不断提升创新，为国家科技兴国、实业兴邦做出自己的贡献。

（电子与通信工程学院　学工办）

8月26日　新闻与传播学院作品在教育部关工委2021年"读懂中国"活动中再获佳绩

8月26日，在新闻与传播学院、人文学院两院师生的共同努力下，短视频代表作《入党誓词的笃行者》荣获教育部关工委 2021 年"读懂中国"活动最佳短视频奖，舞台剧代表作《信念》荣获优秀舞台剧奖。

由学生党员陈思达、卢珮瑄、颜璐等共同制作的《入党誓词的

《信念》剧照

笃行者》，在短短一分钟内展示了原广州大学副校长高志光老同志在革命年代中艰辛的成长故事。舞台剧《信念》则是喻彬教授根据广州大学裴定一教授留美访学的真实经历改编而成的，由卢珮瑄、廖去非等多位来自不同学院的同

学共同演绎。该剧讲述了同门师兄弟收到一家美国公司的邀请，师兄裴定一坚决不签字，引发了师兄弟在"回国或留美"抉择上展开激烈争辩的故事，展现裴定一教授崇高的信念和赤诚爱国之心。

"读懂中国"系由教育部关工委主办，全国高校以"讲好入党故事，传承红色基因"为主题开展的系列活动，旨在深入学习贯彻习近平总书记对关心下一代工作的重要指示精神，全面落实《新时代爱国主义教育实施纲要》。活动通过广大"五老"（即老干部、老战士、老专家、老教师、老劳模）和青年学生结对开展学习教育，更好助力高校思想政治工作，通过活动教育引导广大青年学生爱党、爱国、爱社会主义，取得良好成效。

（新闻与传播学院　陈晓凤）

8月　生命科学学院暑期支教社会实践队开展"云端筑梦，医路相伴"活动

在疫情防控攻坚战中，广大医务工作者冲锋在前，为保卫祖国奉献力量。为了向抗疫一线医务人员致敬，生命科学学院积极组建32人的"云端筑梦，医路相伴"暑期支教社会实践队，帮助医务工作者解决暑期子女看护难的问题。实践队主要面

实践队员给医护人员子女上网课

向广州市2所具有代表性的抗疫重点医院一线医务人员的子女，开展"一对一"学业辅导和思想引导。实践队员们通过视频、语音和文字聊天等方式为医务人员子女进行了线上答疑及课业辅导，并与同学们分享实践感受。

制药201班刘璎莹谈道："在9次辅导的过程中，我了解到医护人员的孩子从小缺少父母的陪伴。像医护人员这种特殊职业人群，常常因为特殊身份不得不把家人放在工作后面。我们作为志愿者，给他们的孩子一定帮助，是对他们工作的肯定和支持，何乐而不为呢？"

制药191班龙雅倩认为："疫情期间，医护人员为我们付出了很多的辛苦

汗水，难免忽略了家里小孩的学习。而作为大学生的我们，可以利用自己的能力，帮助医护人员减轻一些孩子学业方面的压力。医护人员为我们，我们则回馈给医护人员的小孩，互相帮助，让世界充满爱。"

生科201班何梓腾分享："我匹配到的小朋友叫希希，是一位特别活泼、调皮的女孩。她有时会被玩心驱使，这让我和她的家长都较为苦恼。经过我和希希妈妈的沟通，我们软硬兼施地让她专心上网课。通过实践活动，我和希希建立了深厚的友谊，我们都收获良多。"

（生命科学学院　新媒体部）

8—9月　教育学院"四海同音"推普志愿服务队在新疆开展推普活动

"四海同音"推普志愿服务队

为响应国家号召，加大民族地区国家通用语言文字推广力度，服务乡村振兴战略实施，教育学院青马学子"四海同音"推普志愿服务队前往新疆维吾尔自治区的喀什、和田两个地区，开展主题为"同讲普通话，共传中国情"的推普活动。

8月5日，和田分队前往新疆和田地区策勒县色日克街道友谊社区，为45岁以下的个体户及家庭主妇提供线上与线下授课，课程重点放在贴近人民生活的惠民政策的介绍上。通过双语讲解，从就业、教育、医疗以及个体户经营等方面为群众解读党的惠民政策，让群众打从心底里感受民生建设带来的幸福感。此外，志愿者们还开展了普及疫情防控科学知识和"讲党史学党史"主题活动，向社区干部、群众宣传防疫知识、讲述党史新中国史，引导干部、群众体会革命先烈坚定的革命信仰。

在从8月9日开始的为期7天的志愿服务中，喀什分队为低年级小朋友进行线下授课。志愿者用维汉双语进行教学，从词到句、从写到读，帮助小朋友们学会常用的汉语词语、句子，致力于提高他们对汉语的学习兴趣，还开展了"红色之旅""疫情防控"等主题教学活动。结营仪式中，通过演讲以及写小作文的方式，鼓励小朋友们用普通话进行表达与交流，提高他们的汉语运用能力，激发他们对汉语的学习兴趣。

9月20日，在教育学院指导老师的指导下，"四海同音"推普志愿服务队完成12节"维汉双语"微课拍摄和制作。课程内容简洁易懂，不受年龄限制，利于各个年龄阶段初学者使用，进一步助力当地居民提升语言文化素质，受到当地居民的欢迎。

（教育学院　阿迪莱罕·奥斯曼）

8月　化学化工学院考研率突破新高

随着2021年全国硕士研究生招生录取结果陆续公布，截至8月，化学化工学院2021届本科毕业生232人，共有78人被拟录取为硕士研究生，其中被中山大学、华南理工大学、厦门大学、华南师范大学等"双一流"和国内知名高校录取的共28人，占录取总人数的36%。化学专业、化工专业、食品专业考研率分别为41.94%、32.91%、21.67%，两个学生党支部考研率均近70%，学院整体考研率33.62%，比2020届同期增长10个百分点，再创历史新高！

为扎实做好考研服务工作，化学化工学院多措并举提升工作质量。一是夯实专业基础。以拔尖创新人才实验班为抓手，全面推行"凌云工程"，形成"导师指导，研本联动，以老带新，团队协作"的工作机制。二是创建示范性班级。通过创建最强学霸班等示范班级，发挥"优良学风班""十佳学生"的引领示范效应，逐步形成"比、学、赶、帮、超"的良好氛围。三是提供针对性服务。通过开展"名师面对面"、考研数学提高班等专题讲座，有针对性地提供个性化辅导，实现考研动员、专业指导、心理咨询等多方位联动的服务和保障。

一直以来，化学化工学院在院党委的指导下，以考研工作为抓手，构建学业指导、就业指导、创新创业能力提升为主线的培养体系，形成全方位、全过程的服务学生成长成才的育人模式。近年来，化学化工学院学生考研报考、录取人数逐年攀升，考研氛围浓厚，本科教育人才培养质量得到切实提升。

（化学化工学院　学工办）

8月　新闻与传播学院学子在第九届"全国高校数字艺术大赛"国赛中荣获二等奖

第九届"全国高校数字艺术大赛（未来设计师 NCDA 大赛）"国赛评审工作于 8 月结束。本届大赛共有 1 456 所高校参赛，共征集 119 785 幅作品。在激烈的角逐中，由新闻与传播学院黄子铭、黄恒生、符景志三位同学创作，杨健、曾丽红老师指导的作品《归·觅——拯救西关大屋》荣获二等奖。

新闻与传播学院在本届大赛中获奖，既是学院教学和实践水平提升的集中体现，也是学科专业水平建设与人才引育建设的重要成果。同时学院也希望新传学子以此项比赛为契机，在专业领域不断提高自我能力，争取在此后的比赛中再创佳绩！

"全国高校数字艺术设计大赛"是艺术设计领域的高水平知名赛事，是具有广泛影响力的专业赛事之一，每年都会吸引众多全国各高校学生参与，是大学生参与设计创新活动的重要平台。它秉承"设计为人民服务，培养未来设计师"的理念，坚持艺术与技术并重、学术与公益并重。比赛引导大学生将专业知识服务于社会，提升设计创新与实践能力，拓展国际视野，增强团队协作精神，成长为未来的主力设计师。大赛每年举办一届，已连续举办八届，多数"双一流"大学及知名设计院校参赛，参赛队伍可谓阵容强、层次高、区域广、梯队全。

（新闻与传播学院　张海欣）

八月

我们的大学

September　九月

9月12日　地理科学与遥感学院满载地理元素的迎新工作获师生点赞

9月12日，地理科学与遥感学院迎来2021级新生，246名本科生和82名研究生陆续到达迎新点报到。迎新现场严格按照防疫要求布置，宽敞大气，学院院训、党员先锋岗展示了温馨热烈的迎新气氛，无人机、地球和月球模型、宇航员卡通人充满地理元素，现场各环节

地理科学与遥感学院迎新现场视察领导合影

衔接有序，报到指引清晰。地理科学与遥感学院领导，新生班主任陈小梅、陈斌、张盛达、赵冠伟、李颉老师，全体辅导员以及导生组、学院团委和迎新志愿服务队的学生在现场欢迎2021级新同学加入学院大家庭。

中午12时许，广州大学副校长周云和相关部门负责人到现场视察迎新工作。周云副校长称赞地理科学与遥感学院迎新工作颇具专业特色，能让新生在报到时就对学院文化有初步的了解，刚一入校就充分感受力争上游的大学氛围，引导新生"爱校尊师乐学"。设计新颖且富于专业特色的迎新环节，让新生们一打开大学之门就充分感受到学院的文化内涵。

奋进新时代，启航新学期。学院迎新活动与祝福让新生们倍感亲切与鼓励，新生们纷纷表示气氛热烈、惊喜满满，未来将意气风发、元气满满地开启崭新的大学生活。

（地理科学与遥感学院　学工办）

9月13日　马克思主义学院举行2021级新生开学典礼

9月13日上午，马克思主义学院2021级新生开学典礼在理科教学楼北楼306室举行。全体院领导、各系部负责人、各行政办公室负责人、研究生导师、新生班主任、辅导员，2021级全体本科生及研究生新生到场参加。

马克思主义学院党委书记罗明星教授对新生的到来表示热烈欢迎，希望同

学们在学习中以学为乐、刻苦钻研，成为堪担民族复兴重任的时代新人。

思教211班班主任黄罡博士作为教师代表发言。黄罡老师分享了他对大学精神的理解，"生活一半是烟火，一半是诗意，手执烟火以谋生，心怀诗意以谋爱"，期待同学们都成为拥有仰望星空情怀的大学生。

马克思主义学院 2021 级新生开学典礼

华南师范大学的吕璐璐博士作为校友代表发言。她与同学们分享了自己的求学经历，鼓励大家"苦练内功，广借外力"，成为更好的自己。

思教212班祁宏誉同学和马克思主义中国化专业陈晓青同学分别作为本科生新生代表和研究生新生代表发言。

马克思主义学院院长赵中源教授在开学典礼上解释了马克思主义理论学科和思想政治教育专业的内涵与意义，他强调同学们要充分利用好马克思主义理论省一级优势重点学科和思想政治教育国家一流本科专业这个平台，成为有情怀、有底蕴、有追求、有作为的广大马院人。

赠书环节，赵中源院长和罗明星书记向新生代表赠书。希望同学们与书结缘、多读经典，从原文原著中汲取智慧和力量。最后，开学典礼在大家合唱广州大学校歌的歌声中落下帷幕。

（马克思主义学院　学工办）

9月15日　桂花岗校区全体大一新生开展为期两周军事训练

9月15—28日，广州大学桂花岗校区全体大一新生开展为期两周的军事训练。烈日风雨，同学们走出温室挑战自我；吃苦耐劳，同学们在军训中锤炼坚强意志。

同学们认真刻苦训练，教官不厌其烦地反复提醒"碎步声不够大""口号声太小了""同学们腿抬高"等。同学们克服重重困难，为了军训会演达到最好的效果，大家分成小组练习，一对一纠正。到军训会演时，法学院方阵迈着整齐的步伐，铿锵有力地走过主席台，表现十分出彩。不屈于高温，同学们站军姿似挺拔的青松；不败于苦痛，同学们踢正步不顾肌肉的酸痛；不怠于疲惫，同学们会演精神抖擞。

同学们努力练习匕首操

为何有如此效果呢？

因为同学们在军训中深刻认识到个体与集体的关系。个体是集体的个体，缺一不可。震撼的碎步声由一个个脚步声叠加而成，嘹亮的口号声中蕴含着每一个同学的声嘶力竭。个体不断努力和叠加才能变成无穷大的集体，任何个体的缺失都是在给集体的瓦解"蓄力"。当有同学认为碎步声和口号声不缺自己一个而懒懒散散时，就有可能使集体的努力功亏一篑。

涓滴之流汇成汪洋大海，点点星光汇就满天星河。常念集体，个人不是个人的个人；心怀大我，个人是集体的个人。中华儿女从不崇尚"个人英雄主义"，每位同学都毫无保留才有卓越的成果，每个社会成员都尽职尽责才有时代的不断进步，只有个体踏踏实实做好本职工作才能"人心齐，泰山移"。

（法学院　潘钰坤）

9月18日　公共管理学院举办第三十八期公管午餐会

中秋佳节临近，每逢佳节倍思亲。9月18日，公共管理学院第三十八期公管午餐会在桂花岗校区3号楼416室举行，研究生、本科生新生代表参加活动。新生中有新疆、甘肃、湖南等外省生源和深圳、河源、潮汕

公管午餐会活动师生合影

等市外生源，他们因疫情防控和军训安排无法与家人团聚。公共管理学院特举办具有特殊意义的公管午餐会，关心慰问新生，共迎中秋佳节，也借机让新生

分享入学感受，共话大学新生活。

活动中，每位同学先做自我介绍，同时介绍家乡特色美食美景，有幽默风趣的、有文采非凡的，场面十分热闹。新生分享入学感受，印象最深的莫过于公共管理学院师生带给他们的温暖。如报到前领到的大礼包，师兄师姐顶着烈日搬行李，老师们不辞辛苦爬楼探望，叮嘱安全事项等。

公共管理学院领导带来月饼和柚子，与同学们共度佳节，缓解同学们的思乡之情。伴随着大家的欢声笑语，公管午餐会圆满结束。公管午餐会不仅仅是一场简单的午餐会，更是一场师生亲密交流、教师传道解惑的交流会，促进了师生的联谊，增进了师生的情谊。

（公共管理学院　新媒体中心）

9月21日　广州大学少数民族学生工作办公室举办"我们的节日·中秋"主题活动

9月21日，广州大学少数民族学生办公室在广州大学文逸楼227智慧教室举办了"民族团结一家亲——我们的节日·中秋"主题活动。广州大学副校长吴开俊、学生处处长黄志凯等相关领导和老师参加了活动。

"我们的节日·中秋"活动师生合影

活动开始前，吴开俊副校长作主题讲话并向学生送上最亲切的问候与祝福。他指出，中秋节是全国各族人民共同的佳节，在这个特殊的节日里，广州大学少数民族学生工作办公室特举办的这个活动意义重大。在这里，多个民族学生欢聚一堂"共迎中秋话团圆"，并将通过丰富多彩的形式，促进各民族交往、交流、交融，铸牢中华民族共同体意识，推动构筑中华民族共有的精神家园。最后，吴开俊副校长为本次"我们的节日·中秋"活动的圆满成功送上祝福。

每逢佳节倍思亲，中秋是中华民族有关"团结"的传统佳节。此次活动在内容与形式上有所创新，围绕"中华民族一家亲，同心共筑中国梦"这一主题，设置了"师生共绘灯笼"和朗诵合唱环节，现场的师生沉浸式体验中华民族传统节日的魅力。参与本次活动的师生来自汉族、维吾尔族、哈萨克族、黎族、瑶族、土家族、侗族共7个民族，学生涵盖了预科班、本科生、研究生，大家通过"与君初相识""与君歌一曲""人生乐在相知心""相知无远近"等多个游戏互动环节，在欢声笑语中架起民族团结的桥梁。

在活动的最后，各民族师生集体诗朗诵《水调歌头·明月几时有》，合唱《我和我的祖国》以及《相亲相爱一家人》，用歌声表达自己内心的喜悦，用行动谱写出"团结、平等、互助"的民族团结赞歌。

活动结束后，师生纷纷发表感想，认为此次活动为来自五湖四海的各民族师生搭建了一个寄托乡愁的平台，大家通过活动从生疏到相知，从相知到相识，又从相识到相亲相爱，进一步促进民族团结、民族融合，并让民族团结的种子在未来不断生根发芽、开花结果。

（广州大学少数民族学生工作办公室）

9月23日　美术与设计学院学生赴汕尾开展美育风采——强师工程与协同育人系列活动

9月23—27日，广州大学美育教研团队组织美术与设计学院60多名学生前往汕尾市开展"美育风采——强师工程与协同育人系列活动"。本活动由广州画院、

美育风采——强师工程与协同育人系列活动师生合影

汕尾市教育局联合主办，广州市美术家协会美育艺委会、青苗计划课题组、广州市青苗画家学院协办。

23—24日，学生们前往汕尾市著名景点——观音阁等地开展写生、采风、研培等活动。25日上午，在美术与设计学院贺景卫教授和广州画院美术馆馆长的带领下，前往汕尾市海丰县彭湃故居开展党史学习及写生活动。当天下午，美育教研团队和广州画院专家、青苗画家走进彭湃中学、附城镇中心小学、海丰县实验小学校园，与学校师生一起开展校园写生和现场教学活动。

同学们纷纷表示本次活动收获良多，在参观游学中不断激发创作灵感，自己的专业技能有了一定的提升，并希望能有更多的机会参与到这类活动中来。

（美术与设计学院　学工办）

9月25日　土木工程学院学生作品获全国大学生结构设计竞赛广东省分区赛一等奖

9月25日，"中建四局杯广东省大学生结构设计竞赛暨第十四届全国大学生结构设计竞赛广东省分区赛"在广州大学顺利举行，来自广东省内19所高校的40支队伍参加了本次比赛。广州大学陈东卫、欧童、区庆佑的作品《跨越》获得一等奖，赵雯、蔡继龙、张昱的

获奖学生与指导老师合影

作品《聚得大桥》获得二等奖，符祥焕、林志豪、张可顺的作品《二号天桥》获得三等奖。

本次比赛既是对学生动手能力的考验，同时也是一次难得的检验同学们专业知识掌握程度的机会。赛场上，同学们的精彩表现充分展现了他们勇于拼搏、积极奋斗的青春正能量。

（土木工程学院　暴伟）

9月28日　经济与统计学院金融专硕新生参加"名师大讲堂"

9月28日，经济与统计学院金融专硕百余位研究生参加新生"名师大讲堂"，主讲人系教育部长江学者刘金全教授。刘金全教授以研究生的基本素养要求为切入点，对研究生当下所处的人生阶段展开思考：其一，大学储备性学习的性质要求学生从以往的强迫性学习转变为主动性学习；其二，专业型硕士的学习具备更鲜明的应用性与针对性；其三，对达到"学以致用"有更高的要求。

刘教授的透彻分析让同学们意识到当今专业硕士研究生应具备以下良好的治学态度：首先，应给予知识充分的敬畏与尊重，而勤思考是一种对知识融会贯通的重要途径，故广大学子应当争做一个敢于思考、善于思考、终身思考的人。其次，尊师重道是学生基本的行为规范，师生的关系亲密度一定程度上反映学生对知识的敬重程度，求学者应当积极融入每一个课堂中。最后，做事先做人，只有不断提高自我道德修养与法律修养，才能让所想所行变得有意义。

临近尾声，在同学们回顾刘教授"五阶段学习法"，即"兴趣—迷茫—偏激—包容—建设"的时候，刘教授勉励新生们要以"初生牛犊不怕虎"的态度对待困难，不计较得失，知错能改；敢于走出舒适圈，不沾沾自喜，挑战自我；崇德博学，笃行求真，不虚度光阴，让优秀成为每一位经统学子的习惯！

（经济与统计学院　陈琭　胡雯镟）

9月28日　马克思主义学院西尔扎提·阿不都热苏里同学获中国大学生拳击锦标赛冠军

9月28日，马克思主义学院思教202班西尔扎提·阿不都热苏里同学斩获2021年中国大学生拳击锦标赛75公斤级别男子甲组冠军。

因比赛期间需要保持良好的身体状态，西尔扎提在备赛期间便做好充足的准备：凌晨四点外出跑步；洗漱，吃早餐，然后准备午饭；上午八点开始训练，完成多个项目；吃完午饭休息到三点；下午训练至六点。就这样日复一日，每天保持高强度的训练。

西尔扎提·阿不都热苏里同学训练照

九月末，西尔扎提背上行囊，从广州出发，来到了千里之外的河北迁安。五天的赛期，面对三个不同打拳风格的对手，西尔扎提过五关斩六将，先后调整了三种战术应对，一路打进决赛。在最后的决赛，他与来自北京体育大学的选手争夺拳台霸主之位。"这场比前两场要棘手得多"，西尔扎提坦言，但好在细致观察后发现了对手的破绽，给

了他"一次击倒"。哨声响起，裁判高举西尔扎提的手，他终于摘取比赛桂冠，收获了来之不易的奖牌。

（马克思主义学院 汤辰奕 林嘉悦）

9月29日 音乐舞蹈学院师生获"广东省第七届岭南舞蹈大赛"金奖

9月18—29日，由广东省文联、广东省舞蹈家协会主办的"广东省第七届岭南舞蹈大赛"分别在友谊剧院和广东艺术剧院举行。由音乐舞蹈学院王志刚老师、梁捷老师、佟树声教授和学生共同创作的男子群舞《窑望》，创新性地将舞蹈与传统的制窑工艺融合，从197个原创作品中脱颖而出，一举夺得院校专业组表演金

音乐舞蹈学院师生于广东艺术剧院合影

奖、创作银奖、作品银奖的优异成绩。作品创作无论是题材选择、创作结构还是舞蹈编创，都得到了大赛评委的一致好评，作品表演评分在23所高校的作品中位列第一。同时，由王阿罗老师和黄文静、鄂鹏同学共同创作的双人舞《无声的陪伴》荣获双人舞组表演铜奖、创作优秀奖、最佳舞美灯光设计奖。

本次大赛所取得的成绩是对我院师生的肯定，更是一种激励，充分展现了广大学子的青春风采和无限的艺术创造潜力，未来我们也将继续秉承着"育人成才"的理念，带领学生走向更大的舞台，继续发光发热。

（音乐舞蹈学院 学工办）

9月29日 电子与通信工程学院2021级新生聆听魏明海校长"思政第一课"

9月29日，校长魏明海以《心怀"国之大者"：从百年党史汲取成长成才的强大动力》为题，为电子与通信工程学院物联网工程专业2021级（3）班

的同学们讲授"思政第一课"，带领同学们深入学习贯彻习近平总书记"七一"重要讲话精神，引导同学们充分认识新时代下自身肩负的伟大历史使命，自觉练就过硬本领，努力成长为担负民族复兴大任的时代新人。

"希望同学们牢记习近平总书记对青年学生的

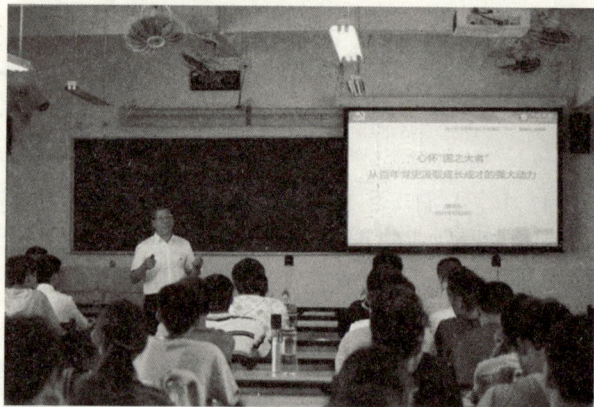

同学们在认真聆听魏明海校长的"思政第一课"

谆谆教导，涵养做中国人的'志气、骨气、底气'，增强'创新、创造、创业'能力，铸牢'实学、实干、实诚'品格，为赓续民族复兴伟业而努力学习！"魏明海校长希望同学们始终牢记习近平总书记的殷殷嘱托，以实现中华民族伟大复兴为己任，与国家和粤港澳大湾区、广东广州发展同向同行，脚踏实地、全面发展，努力成长为高素质创新型人才，不负党和人民的殷切期望。同学们对思政课报以热烈的掌声，纷纷表示这堂"思政第一课"内容丰富、思想深刻、视野开阔、催人奋进，他们将深入学习贯彻习近平总书记"七一"重要讲话精神，听党话，跟党走，不负时光、奋力拼搏，争做时代新人。

（电子与通信工程学院　学工办）

9月29日　机械与电气工程学院举办2021级外省籍新生迎国庆茶话会

9月29日晚，机械与电气工程学院在兰苑食堂二楼举办迎国庆茶话会。来自香港、福建、甘肃、河北等地的100多名2021级新生与老师们欢聚兰苑食堂，共同体验包饺子活动。活动现场，同学们兴趣盎然，气氛其乐融融，空气中弥漫着饺子的香味，幸福的笑容洋溢在每一个人的脸上。

（机械与电气工程学院学院　刘颖琦）

我们的大学

October 十月

我们的大学

10 月 13 日　土木工程学院学生获"上海建工杯"第十四届全国大学生结构设计竞赛一等奖

10 月 13—17 日，"上海建工杯"第十四届全国大学生结构设计竞赛在上海交通大学举行。由土木工程专业 2018 级本科生陈东卫，2019 级本科生张可顺、林志豪组成的参赛队获得一等奖，我校还获得"优秀组织奖"。

从去年 9 月份开始，三位参赛队员除了学习时

参赛队员与两位指导老师合影

间以外就常常待在结构协会的工作室里，每日与胶水、竹材打交道。在 400 多天的备战中，参赛队员做了近百个模型试验，经历无数的挫折和失败，在 10 多次的校内选拔积分赛和省赛选拔中脱颖而出，最终确定了最优方案。参赛队员不仅在整个参赛过程中有效地锻炼和提高了科研能力与综合素质，而且以稳定的心理素质和动手能力、团队协作，完成了三天共计 16 小时的现场模型制作、现场答辩、模型加载工作，充分展现了广大学子的风采。

（土木工程学院　刘海）

10 月 15 日　广州大学学生在第七届中国国际"互联网＋"全国总决赛中获 2 金 6 银 1 铜

10 月 12—15 日，第七届中国国际"互联网＋"大学生创新创业大赛总决赛（以下简称"国赛"）在江西省南昌大学举行。经过激烈的角逐，广州大学共有 9 个项目入围国赛现场赛，最终斩获了 2 金 6 银 1 铜的历史最好成绩，金牌数位居全省本科院校第二。

在全校师生通力配合、积极发动下，我校共有 3 741 个项目、10 957 名学生报名参赛，参赛学生达 18 167 人次，在校生参赛率超过 29%，参赛项目数量、参与学生规模创我校历史新高。最终，获奖项目来源于 6 个学院，涵盖制

造业、信息技术、社会服务、文化创意 4 个类别，涉及物联网工程、桥梁与隧道工程、网络空间安全、艺术设计等 36 个专业，实现了学科和专业覆盖范围由点到面的突破。

10 月 15—16 日　广州大学举行 2021—2022 学年学生学年礼

10 月 15—16 日，广州大学面向大二、大三和大四年级学生举行 2021—2022 学年学生学年礼，校党委书记屈哨兵，校长魏明海，副校长傅继阳、周云、孙延明、张其学、吴开俊，校纪委书记陈晓晖出席本学年学年礼。相关职能部门负责人，各学院领导，最受欢迎教师、班主任和辅导员代表等共同参加。学年礼上，学校领导及"十佳学生"代表共同为广州大学劳动教育中心揭牌。

奋进新时代，走好新征程

2021 年是中国共产党成立 100 周年，也是两个百年奋斗目标的历史交汇点、开启全面建设社会主义现代化国家新征程之年。在这一历史性时刻，学校全体师生也迈上了创建中国特色社会主义一流创新型大学的新征程。学年礼开篇视频中，全场师生共同回顾学校近年来高水平大学建设跑出"加速度"的突出成就，以及学校紧扣"建党百年"主题、深入落实立德树人根本任务、推动党史学习教育与人才培养深度融合的举措和成效。

发布 2020—2021 学年学生素质发展评价报告

根据"德才兼备、家国情怀、视野开阔，爱体育、懂艺术，能力发展性强"广大特色学生核心素质发展指标，学校对学生在过去一学年中的表现加以评定，并在学年礼上对先进集体和个人予以表彰。在制度设计上，"德才兼备，家国情怀"是贯穿大学全程、对应立德树人的总要求；二年级突出"爱体育、懂艺术"，三年级凸显"视野开阔"，四年级注重"能力发展性强"，以此引导和激励全体学生追求卓越、全面发展。

随着热场舞蹈、舞狮舞龙等齐上阵，学年礼在激情昂扬的表演中正式拉开序幕。全体师生庄严起立，齐唱国歌、校歌。本次学年礼共发布了 2020—2021 学年学生"德才兼备、家国情怀、体育发展、艺术发展""德才兼备、家国情怀、视野拓展""德才兼备、家国情怀、能力发展"三大评价报告，帮助同学们对标检视自身不足，同时，找准榜样规划好未来，为接下来的大学生活注入满满动力和激情。

学年礼上发布 2020—2021 学年学生德才兼备、家国情怀、视野拓展评价报告

与时俱进追求卓越，"强国有我"表达心声

在学年礼颁奖环节，校领导为努力践行学校人才培养目标、工作成效显著的先进集体和先进个人颁奖，学生代表、先进单位代表等登台发言。

"艺术在这里延伸，青春在这里绽放。""爱体育、懂艺术"先进学子的代表——环境科学与工程学院刘凯源同学以自己在校合唱团的经历为例，表示艺术发展既是对行为品性的修炼，也是综合素养的提升。"视野开阔"先进学子代表——法学院温颖倡议广大学子读万卷书、行万里路，以健全人格承接伟大担当，以家国情怀托举复兴使命；"能力发展性强"先进学子代表——机械与电气工程学院卫雯奇以"立时代潮头，做强国青年"为主题分享自身学术发展等多方面经历，表示将时刻铭记当代青年大学生的使命，严格要求自身，成长为一名德才兼备、具有家国情怀的社会主义建设者和接班人。

生命科学学院院长黎家、马克思主义学院党委书记罗明星、土木工程学院院长谭平作为先进单位代表发言。黎家寄语同学们心怀家国，守初心、强体魄、展多元，积极发扬胡杨精神，让"强国有我"根植于心；罗明星阐述了学院在筑牢师生信仰之基、推动构建大思政育人体系、提升科研水平和提高人才培养质量方面的举措，表示会继续打造让学生真心喜欢、终身受益的思想政治理论课，为着力培养担当民族复兴大任的时代新人努力奋斗；谭平以"立德树人，知行合一，培养堪当时代重任的工程人才"为主题，分享了土木工程学院在紧抓理想信念教育、课程思政建设、本硕联动培养，推动榜样育人、课程育人、科研育人和实践育人等方面的做法和成效。

深化"十大育人"体系，"学生达人"不断涌现

学年礼上，"德才兼备 家国情怀"工作先进集体、"体育发展""艺术发展""视野拓展"工作先进学院、"能力发展"工作先进集体以及各批次先进个人、学生达人等陆续揭晓，全场一次次响起热烈的掌声。他们当中，土木工程学院本科生第一党支部获评广东高校"党建工作样板支部"；计算机科学与网络工程学院本科学生党支部在 2020—2021 学年参与疫情防控、关爱留守儿童、森林防火等多项志愿服务活动，累计时长达 394 小时；广州大学乡村振兴研究院联合师生 30 多人，深入西藏、贵州、广西开展以"推普助力乡村振兴"与"乡村致富带头人口述故事采集"为主题的"三下乡"社会实践活动，为讲好中国脱贫攻坚与乡村振兴故事作出了积极贡献；经济与统计学院龚旺同学作为央视《对话 2020》选题会特邀嘉宾、《中国青年报》全国优秀实践团队创始人、广东优秀战"疫"志愿服务典型组织创始人、广州最佳青年志愿服务项目创始人等，个人志愿时长达 1 000 小时，相关事迹多次被央视新闻、《人民日报》等主流媒体报道；马克思主义学院西尔扎提·阿不都热苏里同学在 2021 年中国大学生拳击锦标赛中获得 75 公斤级别男子甲组冠军……

肩负历史使命，答好时代之卷

"同学们是与新时代同向同行、共同前进的一代，生逢盛世、肩负重任，将是全面建设社会主义现代化国家历史任务的参与者，也将是新时代'答卷人'的主体。"屈哨兵书记在学年礼讲话中对 2020—2021 学年里师生们奋力践行人才培养目标的出色表现表示肯定和赞赏，并以国家航天事业发展史上 1964、2003、2021 年的 10 月 16 日"跨越时空的同一天"所折射出的一代代中国人奋进前行和祖国不断强大的历程为例，深入阐释成长为"时代新人"的深刻意涵。他指出，学校近年来高水平大学建设突飞猛进、综合实力进入全国高校百强之列。秉持良好的发展态势，全体师生要进一步深入学习贯彻习近平总书记"七一"重要讲话精神和对教育的重要论述，心怀"国之大者"，全面贯彻党的教育方针，开启学校人才培养新篇章。就同学们接下来的大学生活，屈哨兵书记勉励大家树立为祖国为人民永久奋斗、赤诚奉献的坚定理想，在践行学校人才培养目标的道路上不断前行，在不同的年级聚焦不同的方向，多参与社会观察与社会实践，阅读体悟经典名著，拓展知识广度、积累知识厚度，了解世界格局变化、不断拓展国际视野，努力成长为德智体美劳全面发展的社会主义建设者和接班人。一是要厚植爱国主义情怀。希望同学们牢记总书记的嘱托，学习总书记以身报党报国的家国情怀和心系人民的崇高风范，从百年党史中激发信仰、获得启发、汲取力量，不断坚定"四个自信"，大力弘扬爱国主义精神，听党话、感党恩、跟党走，自觉投身壮丽的逐梦航程，与时代同频共振、不懈奋斗。二是要在爱体育、懂艺术上持续用力。希望同学们拥有更加强壮的体魄和更好的身体素质，在体育锻炼中享受乐趣、健全人格、锤炼意志，养成团结合作、顽强拼搏的精气神；发现美、理解美、追求美，让美的精神融入日常生活，体魄与人格并重，为日后拥有更有高度、更有境界、更有品位的人生打下坚实基础。三是要在视野开阔上继续做优。希望同学们能进一步拓宽视野，在增进文化素养、加强学习交流、了解社会等方面多下功夫，补齐不足和短板，在接下来的大学生涯里要读更多的书，读更好的书、要走更多的路。四是要在能力发展上有实质性的提升。希望同学们一以贯之地培养好专业能力、沟通能力、合作能力和创新能力，为今后的发展打牢坚实的基础，把青春奋斗融入党和人民事业中。

在《没有共产党就没有新中国》铿锵激扬的旋律中，全体师生挥舞红旗，高声齐唱，2021—2022学年学生学年礼画上圆满句号。师生纷纷表示，将牢记为党育人为国育才使命，牢记"请党放心，强国有我"的铮铮誓言，努力践行"德才兼备、家国情怀、视野开阔，爱体育、懂艺术，能

广州大学党委书记屈哨兵教授讲话

力发展性强"人才培养目标，为把学校建设成为与广州和粤港澳大湾区发展深度融合、与广州城市地位相得益彰的一流创新型大学而不懈奋斗。

（新闻中心学生记者　苏星尹　涂飞扬　王倩　廖淑慧　孙钿皓　黄超坤　郭新洁　陈俊泓　张凌玉　摄影：郑泽宇　陈晓敏　樊彦舟等）

10月16日　地理科学与遥感学院学生志愿者团队前往赵广军工作室开展长者探访活动

10月16日，地理科学与遥感学院11名学生志愿者来到赵广军生命热线工作室开展长者探访活动。本次活动旨在陪伴老人，在秋日里为老人们送去暖暖的关怀，让老人们感受到更多暖意。

志愿者金诗深同学深有感触，她表示，希望空巢老人们能得到更多的关爱，也希望社会

志愿者团队前往赵广军工作室开展长者探访活动

多多关注这个不太被重视的群体。志愿者李嘉茵说，这次志愿活动对她来说是一次弥足珍贵的经历，能更深刻体会到老人的处境，也了解了老有所养，老有所依政策的落实情况。同学们纷纷表示，虽然本次活动只能为一小部分长者带去关心与温暖，但是希望能借此机会提醒更多的人多抽出时间陪伴老人，尊老孝亲是中华民族的传统美德，不管是自己家里的老人还是未曾谋面的长者，我们都应该关心陪伴他们，为共筑和谐温暖社会出一份力。

（地理科学与遥感学院　团委实践部）

10月17日　教育学院举办第十七届学术科技节之多媒体课件制作大赛

10月17日至11月9日，教育学院举办第十七届学术科技节之多媒体课件制作大赛，此次大赛的主题为"传承经典·逐梦远航"，以多媒体技术的方式让中华经典百书呈现在大众面前，让选手在大赛中感受中华经典的魅力。

多媒体课件制作大赛分为初赛和决赛，共收集了350支队伍的多媒体课件作品。经过初赛选拔，最终有6支专业组队伍与6支非专业组队伍进入决赛。评委老师从技术性、教育性、艺术性等多方面对选手进行点评，指出课件的长处及需要改进的地方。通过比赛，同学们提升了多媒体课件制作的技能，深刻体验了教育应与科技相结合，锻炼了讲课与制作课件的能力。

（教育学院　黄宝瑶）

10月17日　数学与信息科学学院举办本硕博篮球联赛

10月17日，数学与信息科学学院本硕博篮球联赛正式拉开帷幕，20多支来自本科生、硕士生和博士生的篮球队将展开为期一个月的激烈竞赛。

本硕博篮球联赛是数学与信息科学学院的品牌特色体育活动，旨在丰富同学们的课余生活，增强同学们的身体素质。比赛

本硕博篮球联赛精彩对决

不仅展现了学院学子的蓬勃朝气和积极向上的风貌，同时也为本科、硕士生和博士生同学创造了表现自我的机会，拉近本科、硕士生和博士生同学之间的距离，增强全体学生的团队精神和凝聚力。该赛事多年来深受同学们的欢迎。

（数学与信息科学学院　学工办）

10月19日　广州大学举办第九届游泳比赛

10月19日下午，由学生体育活动中心主办的广州大学第九届游泳比赛在学校北区游泳池举行。本届比赛共有来自23个单位的230名运动员参赛，比赛共设置32个竞技项目。经过激烈的角逐，土木工程学院以总分107分夺得甲组团体总分第一名，管理学院、经济

第九届游泳比赛颁奖合照

与统计学院、研究生院、机械与电气工程学院、物理与材料科学学院、生命科学学院、化学化工学院分别获得第二至第八名。体育学院2019级体教夺得乙组团体总分第一名，2019级社体、2018级联合队分别获得第二和第三名。

据了解，为深入落实习近平总书记关于加强青少年体育教育的重要讲话精神和学校"德才兼备、家国情怀、视野开阔，爱体育、懂艺术，能力发展性强"人才培养目标，我校学生体育活动中心确立了2021年精心打造学生体育"两大"品牌活动、"十大"精品赛事的计划，意在通过丰富多彩的体育文化活动推动学生"增强体质、健全人格、锤炼意志、增进友谊"。本届比赛也是我校2021年学生体育活动"十大"精品赛事之一。

（体育学院　刘诗婷　吴嘉燕）

10月19日　公共管理学院乡村振兴系列活动——大学生讲述扶贫事迹

10月19日下午，广州大学公共管理学院主办的回归学堂第17讲暨乡村振兴系列活动"大学生讲述扶贫事迹"开讲。莅临本次活动的嘉宾有广州大学公共管理学院党委副书记万朝春、团委副书记陈亚楠。在"'乡村振兴·青年担当'之大学生讲故事"活动中获奖的同学——社会202班符馨、行政204班吕凌炜、汉语205班黄翠仪和法学191班陶雪纯作为主讲人向同学们讲述了

扶贫故事。

活动的最后，由万朝春书记作总结发言。万书记对本次活动的举办给予了充分肯定。乡村振兴道阻且长，今日生活来之不易。万书记勉励广大青年要努力学习科学文化知识，从前辈们坚韧不拔、攻坚克难的意志中汲取精神力量，并鼓励广大青年响应国家号召，积极投身

公共管理学院演讲学生合照

于乡村振兴的队伍之中，奉献自己的青春力量。

（公共管理学院　阮丽霏　庞淋）

10月20日　经济与统计学院金融专业硕士研究生参观广发证券股份有限公司

为提高学生的专业素养，让学生增长见识、开拓视野，10月20日下午，经济与统计学院35名金融专业硕士研究生前往广发证券股份有限公司进行参观学习。

同学们参观了公司的工作环境、基础设施，仔

研究生们与广发证券股份有限公司相关负责人合影

细了解了主要业务部门的组织架构、工作内容与岗位要求之后，在广发证券广州分公司相关负责人的带领下，从金融业内知名券商的发展概况入手，认识券商的组织架构与经营模式，了解当前广发证券的资产运营规模与未来发展战略。同学们在深切体会金融行业生态环境的同时，也明确了个人的职业规划。

（经济与统计学院　陈琭　胡雯镟）

10月25日　倡导文明新风，共建宿舍家园——计算机科学与网络工程学院学生党员宿舍、考研宿舍、新生宿舍挂牌仪式

10月25日下午，计算机科学与网络工程学院学生党员宿舍、考研宿舍和新生宿舍挂牌仪式在竹苑5栋五室一站二楼举行。

挂牌仪式旨在亮明学院学子的身份，提升同学们的自我管理、自我服务和自我教育意识，也表达了同学们对学院的认同感和归属感。新生代表章恒同学宣读《广州大学安全文明住宿标准》。党员代表洪育懋同志宣读《党员宿舍行为规范倡议》，提出要自觉学习党的理论知识，关心时事政治，带动广大同学规范日常行为，构建文明宿舍、和谐校园。

学院党委副书记吕延明为党员宿舍代表发放宿舍牌，学院本科生党支部丁子旋书记为考研宿舍代表发放宿舍牌，2021级新生辅导员肖章益老师为新生宿舍代表发放院徽标识。

（计算机科学与网络工程学院　学工办）

10月26日　广州大学第十届电子设计竞赛暨首届"易迪赛"杯大赛颁奖仪式举行

10月26日下午，2021年广州大学第十届电子设计竞赛暨首届"易迪赛"杯大赛颁奖仪式在广州大学举行，33支参赛队伍分获一、二、三等奖以及成功参赛奖。

全国大学生电子设计竞赛（National Undergraduate Electronics Design Contest）是教育部、工业和信息化部共同发起的大学生学科竞赛之一，是面向大学生的群众性科技活动，目的在于推动高等学校信息与电子类学科课程体系和课程内容的改革。

颁奖仪式上，广州易迪赛智能科技有限公司代表与同学们分享公司的产品设计理念，倡导同学们以积极的方式推动未来智能产品的发展。为鼓励获奖队伍，激发更多同学参与各类课外学术科技活动的热情，学院还组织同学们参加了易迪赛公司的产品现场体验会，试用e-Design公司旗下的MINIWARE品牌多种新颖的迷你智能工具，这些小巧的电子工具与同学们的专业相通，使用便

捷，拓宽了大家的视野，让大家增长了见识、启发了思维，增强了科研创新的信心和勇气。

（电子与通信工程学院　学工办）

10月26日　生命科学学院举办优良学风建设启动仪式暨五好学生分享会

10月26日下午，生命科学学院举办了优良学风建设启动仪式暨五好学生分享会，生物工程181班李浩铃、生物科学183班黄心怡、生物科学193班陈容三位同学分别从思想、学习、科研、工作和生活实践等方面分享了自己的大学生活经历，讲述自身在德、智、体、美、劳

优良学风建设启动仪式暨五好学生分享会

全面发展方面所付出的努力。获得"优良学风标兵班"称号的生物科学183班以及获得"优良学风班"称号的生物科学192班、生物科学193班、生物科学194班、生物科学202班的班级代表分享了班级建设经验。

（生命科学学院　黎蔓枫）

10月26日　以美育人，以文铸魂——新闻与传播学院学生参加第六届中华经典诵读港澳展演活动

10月26日，由教育部语言文字应用管理司、教育部港澳台事务办公室联合组织开展的第六届中华经典诵读港澳展演活动顺利举行。

新闻与传播学院参与承办了此次中华经典诵读港澳展演活动，创建了课程思政的"新"课堂。经典诵读，融入时代发展主题，响应国家发展战略，散发出历久弥新的光辉。师生在参与、观摩展演的过程中，厚植家国情怀，强化文化认同，彰显了以美育人、以文铸魂的课程思政价值。

参与展演的单位，选取了不少经典诗文进行诵读。广州大学的音·诗·舞

作品《传承·筑梦》，融合了传统诗歌、流行音乐、说唱音乐等文化形式，实现"美美与共，天下大同"的多元文化交融与文化认同。作品《声入人心》选取中华经典故事进行编排，将有声语言融入动漫配音中，传统与现代的碰撞体现了大学校园课程思政教育的当代性与创新性。

播音 201 班杨芷康同学参与《传承·筑梦》表演

在现场师生体验沉浸式文化传播的同时，此次展演还通过广州广播电视台的"花城+"官媒直播，让更多社会人士领略到经典诵读的音韵美、意境美和思想美。

（新闻与传播学院　康莹）

10 月 26 日　马克思主义学院学子在广东省高校大学生讲党史公开课展示中获佳绩

10 月 26 日，广东省教育厅组织开展了高校大学生讲党史公开课展示活动，经专家评审，共评选出一等奖 30 项、二等奖 48 项、三等奖 96 项。马克思主义学院梁峰、李严、钟姗姗和陈晓慧四位同学以作品《青春似火，可以燎原——追忆陈延年烈士》获本科组二等奖。

梁峰同学讲授党史公开课

卢敏君、崔文怡、蔡欣宇、李钟枝和程一帆五位同学以作品《木棉花开忆英雄——广州起义纪实》获本科组三等奖。

（马克思主义学院　冯家铖）

我们的大学

November　十一月

11月2日　地理科学与遥感学院第六届"建通测绘"地理设计与地理规划大赛展示大会圆满举办

11月2日，地理科学与遥感学院联合广州建通测绘地理信息技术股份有限公司在理科教学楼南楼322室举行了第六届"建通测绘"地理设计与地理规划大赛展示大会。

本次大赛以城市三生空间的布局为主要研究方向，旨在让同学们充分运

地理科学与遥感学院第六届"建通测绘"地理设计与地理规划大赛展示大会现场

用所学、发挥所想，为三生空间的布局和城市的建设贡献自己的一分力量。莅临本次大会的领导和嘉宾有：广州建通测绘地理信息技术股份有限公司副总经理黄鸿谷，副总工程师王师、刘玉婷；广州大学地理科学与遥感学院副院长杨现坤、党委副书记白鹤云飞、杨木壮教授、宋广文副教授、徐冲博士；学工办罗增幸老师、刘裕杰老师。

现场共有四支队伍展示项目成果，选手们用丰富且有感染力的演讲、精彩的答辩向各位评委嘉宾以及观众们充分展现他们的创意与智慧。这归功于他们的辛勤努力和指导老师的艰苦付出。

"建通测绘"地理设计与地理规划大赛是学院特色活动，是一个培养学生自身调查技能以及提升学生科研基本能力素养的基础性比赛。学院希望学生们通过积极参与此类比赛来提升自己的专业技能。

（地理科学与遥感学院　学工办）

11月5日　广州大学代表队获得广东省第五届高校体育教育专业学生基本功大赛团体总分一等奖

广东省教育厅举办的广东省第五届高校体育教育专业学生基本功大赛于11月5—7日于岭南师范学院举行，体育学院体育教育专业学生代表我校参赛。大赛竞争异常激烈，经过3天的角逐，我校代表队获得团体总分一等奖和

体育道德风尚奖，这也是自 2013 年第一届比赛以来连续五次获得团体一等奖；4 名学生获个人一等奖，9 名学生获个人二等奖，7 名学生获个人三等奖。

该项赛事两年一届，已举办五届，在提高我省高校体育教育专业办学质量，促进专业综合改革与发展，提升体育教师培养质量，展

广州大学参赛团体合照

现高校体育教育专业学生的专业素质和精神风貌方面发挥了重要作用。竞赛项目分为基础知识、基本技能、专项能力和教学能力四部分。基础知识包括教学设计、专业基础理论综合以及英语；基本技能包括队形队列和广播操；专项能力包括 60 米跑、50 米蛙泳、足球运球绕杆射门、足球传射门、武术南拳以及体操技巧；教学能力包括说课与组织教学。每个参赛队员都要完成所有比赛项目。

广东省各高校高度重视体育教育专业学生基本功大赛，积极准备，有些高校赛前训练时间达到半年以上。本次大赛有华南师范大学、广州体育学院、暨南大学、广州大学、深圳大学等 13 所本科院校参加。我校派出了 8 名指导教师，共 20 名学生参加了比赛。

（体育学院　刘利红　欧阳瑞芬）

11 月 6 日　新闻与传播学院学生在第六届中国数据新闻大赛中喜获佳绩

11 月 6 日，第六届中国数据新闻大赛决赛暨"数据驱动下的新闻传播学创新论坛"于线上举行。经过初评、复评与网络投票，来自 59 所高校和媒体机构的 100 支队伍入围决赛，角逐等级奖。最终，在新闻与传播学院张灵敏老师的指导下，员六一团队的作品《仓廪实背后：7 份人物档案数说中国农业巨

变》荣获二等奖和最佳可视化奖；杨燕霞团队的作品《"碍"莫能助：无碍出行路漫漫》荣获三等奖；张灵敏老师荣获优秀指导教师奖。

中国数据新闻大赛设立于 2015 年，作为国内新闻教育界唯一持续举办的全国性专业比

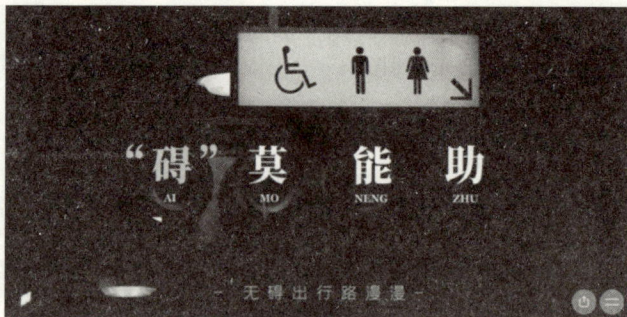

杨燕霞团队获奖作品《"碍"莫能助：无碍出行路漫漫》封面

赛，大赛在学界和业界的影响力正在逐年扩大，每年评选出一批优秀数据新闻作品和新闻内容制作人才，为推动当前中国传统媒体深度融合发展、新型新闻专业人才培养和新闻传播学科建设发挥了重要作用。

学院希望新传学子能主动把握媒介融合和新闻传播教育转型的时代先机，积极开拓进取，努力创作出优秀的融媒体新闻作品，成为优秀的复合型新闻人才。

（新闻与传播学院　詹淑勤）

11 月 7 日　环境科学与工程学院成功举办广州大学第十七届学术科技节暨第一届纸飞机大赛

11 月 7 日，环境科学与工程学院在何世杰体育馆成功举办广州大学第十七届学术科技节暨第一届纸飞机大赛。此次比赛共分为滞空赛、直线赛和创意设计大赛，来自不同学院的同学们踊跃报名，三类赛事总共吸引了各个学院近 500 组队伍参

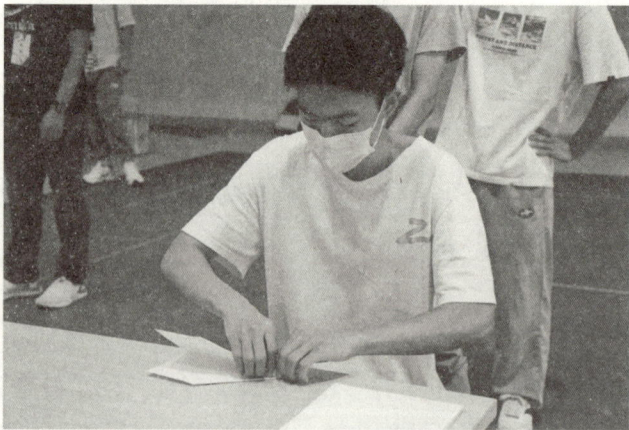

直线组选手在折纸飞机

与。同学们表示纸飞机大赛既富有趣味性，又具有学术科技性，感受到了"童年的纸飞机又飞回我手里"的童趣。

纸飞机大赛计分榜

（环境科学与工程学院　新闻网络宣传中心）

11月12日"琴·乐·舞"第三届岭南音乐舞蹈发展研究高端论坛顺利举行

11月12日，由广州大学音乐舞蹈学院主办的"琴·乐·舞"第三届岭南音乐舞蹈发展研究高端论坛在广州大学图书馆附楼5楼报告厅顺利举行。本次论坛分为"琴""乐""舞"三个会场，分别对岭南琴人·琴史·

"琴·乐·舞"第三届岭南音乐舞蹈发展研究高端论坛与会人员合影

琴事、岭南音乐叙事·城市与音乐·音乐民族志、当代岭南舞蹈的传播与发展等议题进行深度探讨。

本次论坛，既为钻研岭南音乐舞蹈文化的专家学者和在校师生提供了充分的交流空间，也为粤乐演奏家和民乐团成员搭建了广阔的展演平台。此次高端论坛取得了丰硕的成果，圆满结束。

（音乐舞蹈学院　学工办）

11月12日　马克思主义学院学生集中观看党的十九届六中全会新闻发布会直播

11月12日上午10时，中共中央举行新闻发布会，介绍党的十九届六中全会精神。马克思主义学院组织学生以集中收看和个人收看相结合的方式，观看新闻发布会直播。部分学生代表在文新楼701室和梅苑6栋五室一站观看直播，深入学习党的十九届六中全会精神。

马克思主义学院组织学生集中观看党的十九届六中全会新闻发布会直播

中国共产党第十九届中央委员会第六次全体会议于2021年11月8—11日在北京胜利召开。全会重点研究了全面总结党的百年奋斗的重大成就和历史经验问题，审议通过了党的第三个历史决议，号召全党全军全国各族人民以史为鉴、开创未来，埋头苦干、勇毅前行，为实现第二个百年奋斗目标、中华民族伟大复兴的中国梦而不懈奋斗。

通过观看本次新闻发布会直播，学生们深刻认识到百年来中国共产党践行为中国人民谋幸福、为中华民族谋复兴的初心使命所进行的奋斗、牺牲和创造。如今我们站在新的历史起点，作为新时代的马克思主义接班人，肩负重任，更要将十九届六中全会精神贯彻落实到学习、工作和生活中去，学好本领，练好硬功，在新时代新征程上奋力书写优异答卷。

（马克思主义学院　蔡树德）

11月16日　计算机科学与网络工程学院举办"第一作者"讲坛活动

11月16日，由广州大学校研会学术部、计算机科学与网络工程学院研究生分会合办的"第一作者"讲坛活动在文新楼724室举行。本次活动邀请了周文棋、钟文韬和官科健三位具有丰富论文写作与投稿经验的研究生二年级学生为研究生新生分享研究生学习规划以及学术论文撰写、发表方面的经验。

计算机科学与网络工程学院开展"第一作者"讲坛

其中，周文棋分享了科研写作中的"道"和"术"，认为做科研要耐得住寂寞，经得住敲打，一篇优秀的文章须经反复打磨后才能产出，他同时鼓励新生在科研中寻找乐趣、享受生活；钟文韬讲述了他如何将兴趣爱好与科研道路相结合："如果长时间处于科研瓶颈而无显著进展之时、卷不动之时、学习意愿较低之时，可以通过兴趣爱好来放松心情，以便更好地学习。"他也勉励新生妥善安排时间、分配精力。官科健则把科研比作恋爱，首先态度要端正，"做事保持认真和自我乐趣，总会有机会落在你头上"。他还强调了茫然、迷惘、痛苦是成长的必经之路，要学会在众多痛苦之中，用心找寻如恋爱般的一丝甜。

本次"第一作者"讲坛让参会的研究生新生受益匪浅。新生们都表示要珍惜在校时光，找到兴趣点，努力做好科研，享受生活，避免虚度三年光阴。

（计算机科学与网络工程学院　学工办）

11 月 19 日　死亡权之辩

周五下午六点半，桂花岗校区 9 号楼的小礼堂内座无虚席，到场的观众们对这场来自同龄人的辩论表演赛翘首以盼。

伴随着主席激动人心的主持词，正反两方辩队登上舞台，预备开展以"死亡权是/不是一项权

广州大学法学院辩手合影

利"为辩题的博弈。比赛过程中，双方就"安乐死""自杀"等重要问题来回切磋。比赛结尾部分，双方四辩就场上重要问题和对"死亡权"的价值进行了总结升华。此次表演赛增进了同学们对"死亡""生命观"之深奥内涵的认识。比赛以反方夺冠结尾，正方惜败，获得亚军。此次表演赛是双方一个月以来参加广州大学法学院辩论赛经验的总结，更是大学生涯一次难能可贵的展示机会。接近尾声的提问环节，在场的同学们向此次表演赛中的双方踊跃提问，分享自己的思考所得，切磋探讨的氛围浓厚。

（法学院　罗圳婷）

11 月 19 日　生命科学学院学子在第五届全国大学生生命科学竞赛全国决赛中获得佳绩

11 月 19 日，全国大学生生命科学竞赛（2021）全国决赛获奖名单公布，本届赛事我院组建 6 支队伍代表广州大学参赛。经过紧张激烈的答辩、网络评审和现场评审，我校有 3 支参赛队伍分别获省赛一等奖、二等奖、三等奖。其中，"石斑鱼类肠道益生菌的筛选、应用和益生机制的研究"项目小组成功进入国赛并夺得全国二等奖。

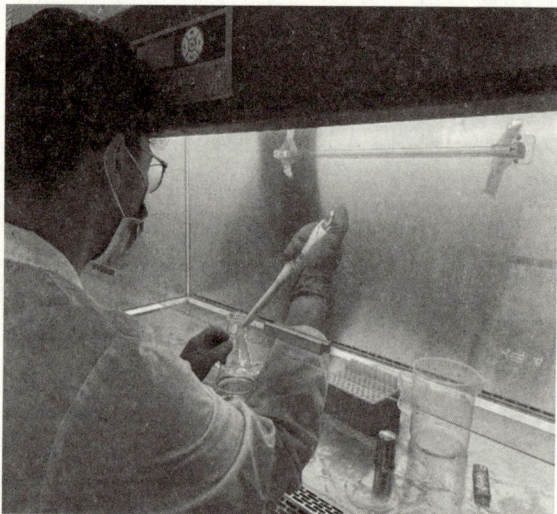

小组成员参赛照片

作为教育部认可的 57 项全国大学生学科竞赛之一的全国大学生生命科学竞赛是在教育部高等学校大学生物学课程教学指导委员会、教育部高等学校生物科学类专业教学指导委员会、教育部高等学校生物技术与生物工程类专业教学指导委员会等多单位共同倡议、指导下，由全国大学生生命科学竞赛委员会设立的大学生课外学术科技活动竞赛。比赛旨在引导和激励高校大学生实事求是、刻苦钻研，培养学生创新能力、科研素质，激发大学生创新创业热情，提高高校生命科学类专业人才培养质量。参赛队伍来自全国高校，如复旦大学、中国农业大学、厦门大学、武汉大学、北京师范大学、中山大学、广州大学等，数目众多，2020年仅广东省报名参赛的队伍就有400多支，竞争激烈。

此次大赛取得优异成绩离不开指导老师及参赛小组的坚持与努力，学院也给予了充分的支持与鼓励，有力地诠释了学院通过强化创新实验学科的专业特色，以提高实践能力为抓手，以提升科研技能为依托，培养具备现代自然科学基本理论，具有较宽科技视野和创新能力的新人才的理念。

（生命科学学院　学工办）

11月20日　音乐舞蹈学院首次登上央视舞台

11月20日，音乐舞蹈学院收到第八届丝绸之路国际电影节（福州）执委会的邀请，参加电影节开幕式表演，此事得到学校、学院领导高度重视。佟树声副院长带领舞蹈系老师们经过严格挑选，最终选派出舞蹈编导专业100名同学奔赴福建省福州市参加第八届丝绸之路国际电影节开幕式表演。

音乐舞蹈学院师生合影

按原计划，我们的队伍仅参演此次电影节开幕式中的《扬帆未来》《巨浪的交响》以及《月光光》三个节目，但是，一分耕耘，一分收获，同学们扎实的专业基础、认真的训练态度、刻苦的拼搏精神被导演组看到，在原本三个节目的基础上，增加了舞台剧《青春》、舞蹈《特别的爱给特别的你》以及表演方阵《旗帜》三个节目，顺利争取到闭幕式的演出机会，此次开幕式在中央电视台六套播出。

12月8日，随着第八届丝绸之路国际电影节落下帷幕，同学们的演出任务也圆满完成，大家认真的态度和娴熟的专业技能赢得了第八届丝绸之路国际电影节导演组的一致好评，完成央视首秀的同时，也向全国观众展示了属于广州大学音乐舞蹈学院学子的独特风采。

（音乐舞蹈学院）

十一月

181

11月20日　管理学院举行第二次学生代表大会

11月20日晚18时，广州大学管理学院第二次学生代表大会准时举行。参会人员有管理学院学生会及兄弟学院学生嘉宾代表、学生会委员会委员候选人和学生代表团。

在大会中，同学们慷慨激昂地合唱《广州大学校歌》，在悠扬的歌声中，广州大学管理学院开启新

参会人员合影

时代新篇章。相信无论前方将面对什么，管理学院学子都将满怀雄心壮志，挥洒青春豪情，奋发进取，继往开来，在挑战中前进。管理学院学生会也必将全心全意为学生服务，为打造具有管理学院特色的学生会而继续不懈努力，铸就新的辉煌！

（管理学院　新媒宣传中心）

11月23日　建筑与城市规划学院学生参加专业型信息化管理工作回顾及展望研讨会暨"OR平台"启用发布会

11月23日下午，专业型信息化管理工作回顾及展望研讨会暨建筑与城市规划学院设计学习与作业管理"OR平台"启用发布会在理南312室、理南313室、理南314室及线上举行。

本次发布会的线下参会人员有主持人李雪老

学生认真听取老师讲解

师，主题主讲人吴浩、庞玥、林彰平、骆尔提、蔡砥老师等，学院教职工李建军、王志明、赵阳、陈锦棠、姜省、周世慧、张东旭、宋立新、徐瑾、龙小明、席明波老师等，学院教务办王宥彬、易浪花老师等，学院各班学生代表现场听讲。

首先，由昆明理工大学建筑与城市规划学院"互联网＋建筑教育"实验室主任吴浩老师为同学们介绍什么是 OR 专业教学网络平台、OR 平台功能结构图、基于 OR 平台的建筑类专业教学改革实践及 OR 平台的功能，同时吴浩老师也介绍了联合毕业设计、教学资源共享平台等相关知识。

最后，吴浩老师补充了对于建设本院教学资源大数据库的介绍，建筑与城市规划学院参加线上研讨会的师生们也与吴浩老师进行了交流。

（建筑与城市规划学院　新媒体中心）

11 月 23 日　物理与材料科学学院学生在广州大学第十七届学术科技节之物理科技节活动中荣获一等奖

物理与材料科学学院团委举办主题为"科技之光照亮前方，究理之船扬帆起航"的广州大学第十七届学术科技节之物理科技节活动。本次活动形式丰富多样，有各种科技作品的展示，有富含物理、天文等知识的游戏环节，让学生全面地接

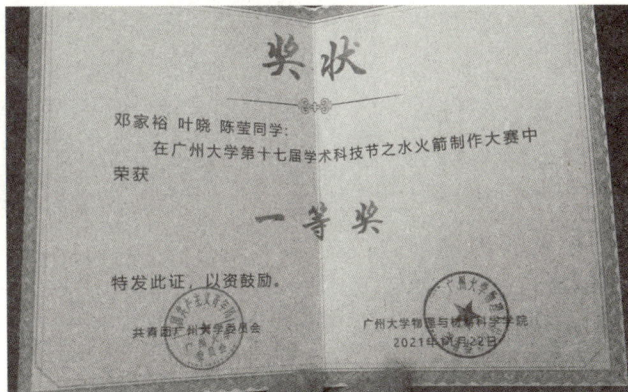

邓家裕、叶晓、陈莹同学的获奖证书

触科技、了解科技，还有"剑指苍穹"水火箭制作大赛、三维设计比赛、"奋斗百年路，点亮新征程"主题焊灯大赛等活动，切实培养了学生的实践动手能力。活动吸引了广大师生参与，反响热烈。

物理学院的邓家裕、叶晓、陈莹同学在水火箭制作大赛中表现突出，荣获大赛一等奖，充分展示了物理与材料科学学院学生的青春风采，真正做到将所学所得融入具体的实践中。

邓家裕同学在赛后分享获奖心得，表示自己进入大学以来，一直以"德才兼备、家国情怀、视野开阔，爱体育、懂艺术，能力发展性强"这二十四个字的人才培养目标为指引，在学习、生活中注重提升自身的综合素质，参加这些比赛不仅能够丰富课外生活，更重要的是能够锻炼动手能力，将自己所学的知识真正运用起来。此外，邓同学认为自己能取得不错的成绩，并不是因为个人能力有多么地突出，而是有一个强大的团队，每一份沉甸甸的荣誉，都离不开大家的努力。邓同学表示今后会在更多有挑战性的舞台上展示自己，锻炼自己，让自己拥有一个充实的大学生涯。

（物理与材料科学学院　何海盛）

11 月 23 日　经济与统计学院举行"经济学专业群创新实验班建设"专题交流活动

为促进同学们的全面发展，切实提升同学们的创新精神和学科素养，经济与统计学院统筹规划、整合资源、分类施教、结合专业，把创新教育理念融入学生培养全

同学们认真聆听傅元海院长的讲话

过程，于 11 月 23 日举行"经济学专业群创新实验班建设"专题交流活动。

经济与统计学院院长傅元海在交流活动中指出，学院以立德树人为根本任务，以提高人才培养质量为出发点和落脚点，以创新人才培养机制为重点，面向 2021 级学生开办创新实验班。他鼓励同学们勇于尝试，积极加入创新实验班，踏踏实实练好基本功，提高自己的专业水平和能力，为继续深造打下基础。

经济系主任谢小平和国贸系副主任黄国宾两位老师表示，创新实验班将按照"专创融合"和"思创融合"的要求，以高水平课程为导向，配备长江学者等优秀师资进行教学，实行导师制，旨在更好地培养学生的独立创新能力，全面提升学生的科研素质。

通过本次交流活动，同学们不仅对经济学专业有了更深入的了解，而且能以更加积极的心态面对接下来四年的学习，不断刻苦钻研、开拓创新，真正成长为一名敢做时代先锋、勤于追逐梦想的新时代大学生。

（经济与统计学院　2021 级级委会）

11月23日　化学化工国家级实验教学示范中心开放日活动成功举办

为充分发挥广州大学化学化工国家级实验教学示范中心的独特优势，引领在校学生深入了解化学化工学科的专业魅力，加强学科间交流互动，探讨实验室开放新模式，化学化工国家级实验教学示范中心开放日活动于11月23日下午在生化实验楼顺利举办，共有来自化学化

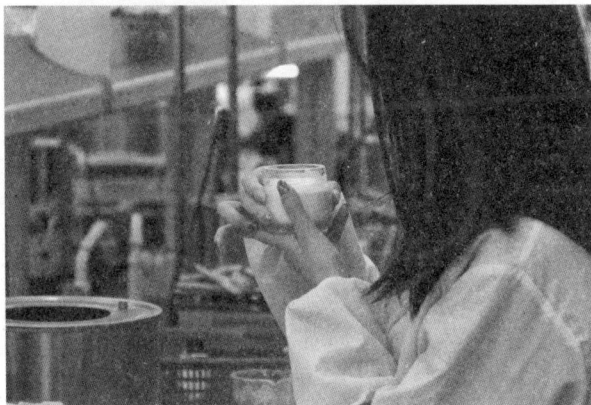

学生在制作润肤露

工学院、数学与信息科学学院、地理科学与遥感学院、管理学院等的37名同学参与本次开放日活动。

本次实验室开放日活动分为化工专业实验室和分析化学实验室两大专场，化工专业实验室的实验为润肤露与洗洁精的制作，分析化学实验室则是 DIY暖手宝、蓝瓶子趣味实验，分别由李树华老师和刘汝锋老师带领同学进入化学实验的奇妙世界体验。老师们详细地为同学们讲解实验原理、实验步骤以及安全注意事项，并耐心解答同学们提出的疑问。

同学们在认真听取了老师们的讲解后，有条不紊地进行实验。经过老师们的悉心指导，同学们最终得到了自己亲手制作的产品。活动结束后，同学们纷纷表示，本次开放日活动使他们受益匪浅，既开拓了知识视野，又培养了科研兴趣。

化学化工实验教学中心是广州大学唯一的国家级实验教学示范中心，中心充分利用科研和教学资源优势，通过开展本次科普性、示范性、体验性的活

动，向全校学生提供了近距离接触化学化工类实验的机会，充分发挥了国家级实验教学示范中心在科学知识宣传与普及中的示范作用，圆满完成活动。

（化学化工学院　新媒体中心采编部）

11月24日　人文学院"慧人和谐音，经典润心灵"领导、教授联系班级活动暨经典百书导读活动顺利开展

11月24日，广州大学人文学院"慧人和谐音，经典润心灵"领导、教授联系班级活动暨经典百书导读活动顺利开展。出席本次活动的领导、老师有广州大学人文学院党委书记王琼、副院长马喆以及语言学系主任张迎宝老师。

活动伊始，主持人向同学们简要介绍本次活动

"慧人和谐音，经典润心灵"活动师生合影

的流程。活动主要分为两大环节：班级表演经典书目、师生共读经典。在班级表演经典书目环节中，汉语211班表演《围城》选段，汉语212班表演《傲慢与偏见》，历史212班朗诵《热风》选段。随后，在师生共读经典环节中，马喆副院长与汉语212班同学一同表演《茶馆》方言小品，汉语214班同学与张迎宝老师共同探索阅读经典的奥秘。最后，王琼书记、马喆副院长及张迎宝老师分别对活动进行总结。王琼书记向同学提出"精读、泛读、共读、分读、选读、导读"六个读书建议，马喆副院长希望大家读书要找到兴趣点并不断深入，张迎宝老师叮嘱同学阅读的关键在于自我解读。

至此，广州大学人文学院"慧人和谐音，经典润心灵"领导、教授联系班级活动暨经典百书导读活动圆满结束。

（人文学院　学习联络部）

11月25日　电子与通信工程学院本科生吴添贤在IEEE APCCAS会议上获得 Best Student Presentation Award

2021 年 IEEE 亚太电路与系统国际会议（IEEE Asia Pacific Conference on Circuits and Systems，APCCAS）于 11 月 22—25 日在马来西亚槟城线下线上结合举行。电子与通信工程学院 2018 级物联网专业本科生吴添贤同学作为第一作者的论文 $A\ 2.8\mu A$, $sub-1\mu s\ output-capacitorless\ LDO\ with\ Transient\ Detecting\ Control$ 被会议接收，吴添贤同学作了分组报告。

吴添贤同学获奖证书

该论文利用带动态偏置的 Class-AB 运放及瞬态检测控制电路（Transient Detecting Control Circuit）在不消耗额外静态电流情况下实现低压差线性稳压器（Low Dropout Regulator，LDO）快速瞬态响应，获得了与会专家学者的广泛关注和认可。

经过评委的评审，在日本、韩国、美国、新加坡、欧洲，以及中国台湾和大陆中国科学院大学、南方科技大学等著名高校近 70 名作者中，作为本科生的吴添贤同学最终脱颖而出，获得 Best Student Presentation Award。该奖项面向全体演讲者进行遴选，仅设有 3 个名额。同时，该论文排名在所有接收论文中的 TOP 7，将受邀参加 CASS Program 训练营并获得模拟集成电路领域知名专家路延教授的深入指导。

APCCAS 每两年举办一届，是电路设计实现、系统开发研究，以及固态器件工艺等方面在亚太地区规模最大、影响最广的国际会议。吴添贤同学表示参加此次会议受益良多，不仅开阔了眼界、增长了见识，学到了很多先进的技术方法和科学理念，内心世界也得到了极大的升华。

（电子与通信工程学院　学工办）

十一月

11 月 27 日　机械与电气工程学院组织新老校友开展足球队 20 周年庆典活动

11 月 27 日，"德国 IHSE 杯"广州大学机械与电气工程学院足球队 20 周年庆典活动在我校举办，广州大学的校友们纷纷回校参加庆典活动。本次比赛按年级分为四队：青龙队（2000—2003 级校友）、白虎队（2004—2006 级校友）、朱雀队（2008—2017 级校友）、玄武队（在校生）。四队在我校的东区足球场展开了激动人心的足球友谊赛。

机械与电气工程学院党委副书记周臻对校友回校表示了热烈的欢迎，并且感谢各位校友能够在百忙中抽出时间来参加这次比赛。他简述了广州大学这几年的飞速发展，表示学校的发展离不开每一位校友的支持，希望大家以后也能多多关注广大未来的发展。

比赛为车轮制，每一支队伍都有迎战其他队伍的机会，通过比赛累计积分，最后积分多的队伍获胜。在比赛的过程中，每一个人都打起精神，奋力奔跑，在今日的绿茵场中又重新找回了当年在校的青葱时光。进球时的欢呼，场外加油的呐喊，还有现场的解说，让人热血沸腾。

最后，白虎队夺得了冠军，青龙队为亚军，玄武队为季军，朱雀队为殿军。虽然比赛已经结束，但是对于校友们来讲，这次重新回到校园，能够再一次与曾经的同学或者队友踢球，这样的记忆绝对难以忘怀。这场比赛的球员，虽然有的刚刚毕业，有的早已成家立业，但当他们踏上那片绿茵球场的时候，他们都是曾经那最热爱足球的少年！期待他们的下次重逢。

（机械与电气工程学院　高惟祎）

各队伍合影留念

11月27日　教育学院新发展团员进行入团宣誓仪式

11月27日下午，广州大学教育学院新发展团员举行了入团宣誓仪式。

经过对入团第一课、乡村振兴的现实意义、五四精神、北大荒精神、"一带一路"与青年使命、《党旗下的人民海军·第一集："船"奇——永不褪色的忠诚信仰、土地改革保家卫国》、《平"语"近人——习近平喜欢的典故》等的认真学习，教育学院产生了10名新发展团员。

教育学院新发展团员合影

入团宣誓仪式上，所有新发展团员举起右手，在教育学院团委组织部部长王浩宇的领誓下庄严宣誓，正式成为光荣的共青团员。在未来，相信新发展团员们会更严格地要求自己，充分发挥模范带头作用，争做同学的榜样，时刻牢记入团誓词，做一名合格的共青团员，用实际行动为团旗增光添彩。

（教育学院　团委组织部）

11月28日　美术与设计学院学生参加"海珠志爱餐"独居长者探访项目

美术与设计学院青协实践部的同学们来到海珠区昌岗街道家庭综合服务中心，加入了海珠区志愿者的队伍，根据志爱探访锦囊手册指引前往长者家中，送上爱心大厨志愿服务队亲手制作的爱心午餐。爱心餐后，同学们为长者表演节目、打扫卫生，陪伴长者聊天，拉近与长者的距离，让独居长者感受社会关爱，丰富他们的晚年生活。

志愿者通过上门探访见面的形式与独居长者进行交流，建立尊重而坦诚的分享与倾诉渠道，为独居长者送去一份关爱和陪伴，恢复和增强独居长者的社会支持网络。老吾老以及人之老，树敬老之风，促社会文明。

志愿者每次上门探访，都耐心聆听独居长者的生活故事，志愿者们暖心陪伴他们度过周末和传统节假日。每次听到志愿者说的那句"我来看您了"，独居长者都会露出温暖的笑脸。

美术与设计学院学生参加"海珠志爱餐"独居长者探访项目

不忘初心，志愿同行，感谢有你。相信同学们在参与探访的过程中一定会收获感动和喜悦，体验到志愿服务的意义，更好地陪伴身边的长者！

（美术与设计学院　学工办）

11 月 28 日　"青马工程"外出拓展——南汉二陵博物馆

11 月 28 日，广州大学土木、生科、物理、美设四院联合青马工程，开展了第一次户外拓展活动，青马班的同学们一起参观了南汉二陵博物馆的"红色印记 羊城烽火——广州革命史迹图片展"，走进历史现场，感受峥嵘岁月。

学生认真倾听讲解员讲解相关革命史迹内容

配合着讲解员的讲解，革命展图片上的广州农民运动、黄花岗起义等革命情景仿佛重现在同学们的眼前，中国共产党在广州领导革命群众争取独立解放的历史再一次生动地展现在同学们面前。

此次青马工程的外出拓展，把从社会主义青年团的组建到广州解放的历史镜头拉到百年后的我们面前，或许其间的辛劳血汗只有长眠的革命先辈们能体会，但在这段漫漫艰苦岁月中，他们始终不屈的傲骨精神却是同学们在参观过程中能深刻体会到的。

2021 年我国以"十四五"开局，开启了全面建设社会主义现代化国家的新征程，此外，全面小康社会的建成、"天问 1 号"着陆火星……这些人民满意、世界瞩目的成就无不与百年前革命先辈的舍身奉献息息相关。"看今朝一百华诞风华正茂"，却更要"忆往昔风雨兼程岁月如歌"。在和平年代成长的当代人，更应铭记历史，接续先辈开创的局面，为实现中华民族伟大复兴的中国梦而贡献自己的青春力量，继续书写新的历史答卷。

（土木工程学院　梁艳玲）

11 月 30 日　物理与材料科学学院举办"为群众办实事"心肺复苏紧急救护培训活动

为了更好提升学生的急救意识，增强学生自救互救能力，达到"人人学急救、急救为人人"的科普目的，11 月 30 日下午，物理与材料科学学院学生党支部联合广州医科大学基础医学院研究生党支部的党员同志们在理科南 304 室举办了"为群众办实事"心肺复苏紧急救护培训活动。

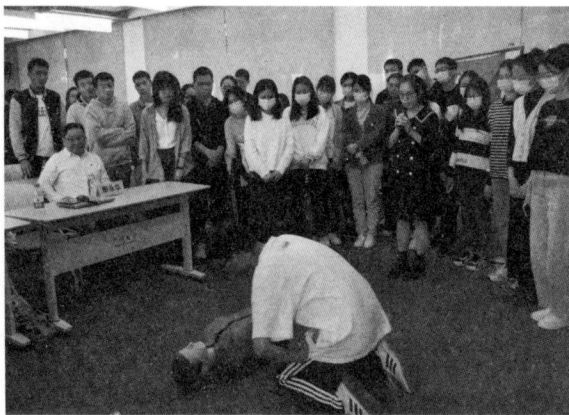
同学们观摩心肺复苏紧急救护演示

培训伊始，物理与材料科学学院党委书记曾学毛对此次活动致辞。曾书记首先对广州医科大学基础医学院研究生党支部党员同志的到来表示由衷的欢迎。曾书记指出，本次培训活动不但能够让同学们学到急救的相关知识，提高急救技能水平，还能让同学们树立基本的急救意识，当危急情况发生时，能够救人救己。

广州医科大学基础医学院研究生党支部书记廖永华对我院的邀请表示感

谢，希望大家能够在培训当中学到知识，在紧急时刻能够用得上、用得好，同时也希望未来能够将活动常态化、品牌化，常办常新。

广州医科大学基础医学院研究生党支部的庄雪芬博士是本次紧急救护培训的主讲人，她首先强调了心跳呼吸骤停黄金救援四分钟的重要性，然后讲解了什么是 CPR（心肺复苏术），为什么要学习 CPR，并从 CPR 的五个步骤细分开始，为我们详细展示了 CPR 的一系列流程。形象生动的讲解，让在座的同学都受益匪浅。

广州医科大学基础医学院研究生党支部的青宁同志详细地为我们演示了心肺复苏施救的具体举措，位置要选对，力度要到位，姿势要规范，时间要记牢等。在广州医科大学基础医学院研究生党支部党员同志的悉心指导下，我院同学既学习了心肺复苏的理论知识，也进行了实操，初步掌握和了解了 CPR 的方式方法。

同学们获益良多，纷纷表示这场实践活动提升了自己的自救互救能力。期待疫情尽快过去，后续两院学生党员之间能有更深入的交流，一起开展志愿活动、科技辅导等实践活动。

（物理与材料科学学院　学工办）

11 月 30 日　计算机学院召开防诈骗宣讲会

11 月 30 日下午，计算机学院于行政西 428 会议室召开计算机学院学生干部座谈会暨防诈骗宣讲会，学院副院长汤茂斌、学院党委副书记吕延明、学工办全体老师和计算机学院全体学生干部参加了此次会议。

汤茂斌副院长就目前学院同学的学习情况进行了以下总结和建议：同学们要有目标地学习自己的专业；表扬大一新生晚自习；合理安排自己的精力；每个阶段安排不同的任务。

吕延明副书记针对目前网络诈骗等相关问题进行强调：

（1）学校多次向同学们宣传网络诈骗相关知识，但是身边还时常发生各种诈骗事件，这提醒我们：目前广大的网络防诈骗宣传工作仍有不足之处，同学们应当给予重视。

（2）同学们不仅要提高自己防诈骗的能力，而且切记不可参与这类活动，做守法的好学生。请记住，天上只会给你掉陷阱，而不会掉馅饼，同学们要擦亮自己的眼睛。

辅导员肖章益老师给同学们做防诈宣讲：

（1）反诈骗的重要性。

（2）网络诈骗容易给同学们带来金钱的损失和身心的伤害。

（3）同学们需要知晓常见的网络诈骗手段，如重金求子、刷单诈骗、裸聊诈骗等。

此次座谈会有助于提高同学们对各类诈骗方式的鉴别能力和自我防范意识，切实保护自己的人身、财产安全。老师们最后呼吁：班干部应该密切关注班级同学动向，积极组织开展反诈宣传活动，力争做到人人知晓，人人防范，提高警惕，防止各类诈骗发生，共同构筑起防范诈骗的自身防线。

学生干部认真听吕延明副书记发言

十一月

班干部在宣讲会上提问

（计算机科学与网络工程学院　学工办）

我们的大学

December 十二月

12月3日　电子与通信工程学院师生走进广州知名企业参观交流学习

12月1—3日，电子与通信工程学院团委书记、多位专任教授以及辅导员带领学院部分学生先后前往广州市锐丰音响科技股份有限公司、励丰文化科技股份有限公司参观交流学习。

12月1日下午，电子与通信工程学院师生参观

电子与通信工程学院师生参观广州市励丰文化科技股份有限公司

了校友企业广州市锐丰音响科技股份有限公司。调研考察期间，公司团支部书记梁志对广大师生的来访表示了热烈欢迎，并希望校企双方今后能在人才共同培养、科技成果转化、党团校地共建等方面开展深入合作。同时积极向师生们介绍了锐丰科技的发展历程，以及企业的发展过程中积极承担社会责任，做中国人自己的民族品牌的企业观。

12月3日上午，电子与通信工程学院师生走访了广州市知名企业励丰文化科技股份有限公司。参观调研中，励丰公司的专业讲解员带领大家进入企业展厅，参观企业文化墙，介绍公司参与的很多国家级大工程的建设。在座谈交流环节，公司副总裁凌子斌主持会议，介绍了励丰公司的企业情况，转型发展的时代背景，分享了文化科技深度融合的做法和成效。

通过此次走访，学院进一步了解了企业对毕业生的要求，对学院教学、科研和人才培养有借鉴意义，有助于进一步做好毕业生精准就业、精准服务工作，为强化"产学研"合作、助力人才培养、加强教师与企业的了解搭建桥梁。同学们也纷纷表示此行收获颇丰，不但感受到企业的文化魅力，对理论与实践的高度统一结合有了深层见解，而且通过与工程师们的对话，进一步了解目前的市场需求和发展趋势，能够在以后的学习生活中树立更高的目标，不断追求，挑战自我。

（电子与通信工程学院　学工办）

12月4日 Ocean Talks 广州站在广州大学举行

12月4日，Ocean Talks 主题报告"海生人的日与夜"在广州大学图书馆副楼5楼报告厅举行。此次活动由广州大学环境科学与工程学院联合中国公益组织无境深蓝举办。活动邀请了无境深蓝创始人王淼、汕头大学教授刘文华、水下纪录片导演周芳、自由潜水运动员杨光出席活动。

环境学院院长肖唐付受邀上台致辞。肖院长对本次活动举办致以热烈祝贺并希望在场的同学们能通过嘉宾们的讲述将海洋环境保护的意识建立起来。

嘉宾们围绕自己与海洋的故事，向同学们讲述海洋环境保护、保育工作的情况。王淼女士讲述她自己这些年从事海洋公益工作的独特体验，让我们看到了她对海洋的探索、对热爱的追求。刘文华教授结合自己的科研经验，以通俗易懂的形式生动形象地为大家科普了中华白海豚的知识，并分享了自己与中华白海豚打了二十多年交道的科研故事。周芳导演则讲述了自己用镜头记录下的人与海洋生物或美好或伤痛的瞬间。自由潜水运动员杨光作为静态闭气曾经的全国纪录创造者，他的独特经验让在场的听众对水下运动有了更多的了解。环境学院副教授金鹏从沙特阿卜杜拉国王科技大学的博士后生涯讲起自己与海洋结缘的故事，这也激发了同学们对海洋保育事业的热情。

五位主讲人在接受主持人采访

（环境科学与工程学院）

十二月

12月4日 管理学院获得校运会年度总积分全校第一等多个奖项

12月4日，"广大管院，志在千里。管院青年，再续辉煌！"响彻操场。伴着响亮的口号和轻快而灵动的舞步，仙气满满的管院方阵引起了全场热烈的欢呼。一柄柄红伞先后拼凑成了100、GZHU和鲜红的爱心的形状。寓意丰富，情感真挚，真切动人！

管理学院学生年度体育活动总积分909分，位居全校第一；田径运动会甲组团体总分第三；获得体育道德风尚奖和开幕式入场方阵一等奖！

一路的欢笑，一路的汗水！在为期两天的运动会上，管理学院学子诠释了"博学笃行，与时俱进"的校训含义，在本次校运会赛出了水平和风尚。时间在流逝，赛道在延伸，愿广大管院青年不为刹那的荣耀，持着运动场上拼搏的信念，去实现人生的梦想。

（管理学院　新媒宣传中心）

学生方阵精彩表演

颁奖现场

我们的大学
大学生文化素质发展日志年编（2021）

12 月 7 日 孙延明副校长为数据 211 班学生开展主题班会

12月7日下午，经济与统计学院数据211班第一班主任、广州大学党委常委、副校长孙延明教授以"大数据时代下数据学子的机遇与挑战"为主题，为数据211班学生开展主题班会。

孙延明副校长结合自己的研究经历，向同学们阐释了"云计算""数字经济"在现实生活中的应用，同时强调数据科学与大数据技术是充满机遇的专业，叮嘱同学们既要注重理论学习，也要注重实践，这样才能学以致用，无惧挑战。

同学们认真聆听孙延明副校长讲课

此外，孙校长还鼓励同学们要学会独立思考，善于并敢于提出疑问。大数据方兴未艾，想要在这个领域勇攀高峰，需要努力学习、勇于创新，在课余时间多培养自己的兴趣，积极开展体育活动，努力成为一名"德才兼备、视野开阔，爱体育、懂艺术，能力发展性强"的新时代广大青年。

经由本次主题班会，同学们不仅对大数据专业的发展机遇有了更深入的理解，而且能以乐观的心态迎接各种挑战，坚持不懈地超越自我，成为一名全面发展的大学生、勇于担当的新时代青年。

（经济与统计学院 2021 级级委会）

12 月 7 日 生命科学学院举行 2021—2022 学年"97 生本奖（助）学金"颁奖仪式

12月7日，我院2021—2022学年"97生本奖（助）学金"颁奖仪式于图书馆附楼讲学厅举行。学校党委常委、统战部部长、校友办主任卢捷，学生工作部（处）副处长刘军，生命科学学院院长黎家，党委书记陈筠，党委副

十二月

书记刘晓亮，班主任代表，全体辅导员以及获奖学生，各班学生代表出席活动。

会议伊始，陈筠书记宣读表彰决定。随后，卢捷部长、刘军副处长分别为获得"97 生本奖学金"的 6 个先进集体、18 个先进个人代表颁奖，黎家院长为"97 生本助学金"的 21 个获奖者颁奖。

接着，获得助学金的三位学生代表发言，汇报一年来的优异表现与取得的成绩。"97 生本奖（助）学金"捐助人、我院 2001 届校友余恋恋女士通过视频祝愿母校越办越好，祝愿同学们学有所成。

最后，由黎家院长总结。他对校友余恋恋的热心捐助表示衷心感谢，对获奖的集体和个人表示肯定。黎家院长希望生科学子们谨记"97 生本奖（助）学金"设立的初衷"将爱传承，助力成长"，做到"为学先为人"，秉承诚信、严谨、创新的科学精神，让"强国有我"根植于心。

"97 生本奖（助）学金"设立于 2021 年，是我院 2001 届

卢捷部长、刘军副处长为"97 生本奖学金"先进集体、先进个人颁奖

黎家院长为"97 生本助学金"获得者颁奖

校友、广东省统力电源科技有限公司副董事长余恋恋女士捐赠并以其当时所在班级名义设立。余女士每年无偿捐赠 5 万元，用于奖励我院先进集体及先进个人，资助家庭经济困难学生顺利完成学业。此次会议是"97 生本奖（助）学

金"首次的颁奖，学院希望通过本次表彰激励全院班级和学生，以学校"优良学风班"创建、"学年礼"指标体系为抓手，各班级努力创建优良的学风、班风，自觉践行学校人才培养目标，成为德智体美劳全面发展的新时代青年。

（生命科学学院）

12月8日　公共管理学院"考研送温暖"活动举行

12月8日，在全国硕士研究生入学考试即将来临之际，广州大学公共管理学院在梅苑B4党团活动室开展"考研送温暖"活动，为2018级考研学子加油鼓劲。党委书记刘向晖、副书记万朝春、团委副书记陈亚楠、新媒

"考研送温暖"活动现场

体中心副主任兼18级辅导员谭宇轩、兼职辅导员陈颖及部分考研学生代表参加活动。

爱心接力和传递一直是学院工作重点与光荣传统，除了师生间的关爱，更有师兄师姐对师弟师妹的关爱，当天活动正是其生动体现。本次活动的顺利开展，离不开兼职辅导员陈颖老师的周到安排。陈老师是公共管理学院社会学系在读硕士，作为师姐的她精心组织，悉心策划，从江西赣州空运新鲜脐橙等物品包装成盒，诚挚希望学弟学妹们"一战成硕"。团委副书记陈亚楠仔细介绍了礼品的寓意："盒装未来"礼盒表达了学院对考研学生的美好祝愿，希望用满满"橙"意，祝同学们"脐"开得胜、马到"橙"功，一举"橙"名；橙子又是硕果，期待辛勤备考的学子都能开花结"果"。两支棒棒糖是助力大家考试倍儿"棒"、"榜"上有名。铅笔寓意下"笔"成章，取得好成绩。盒子里精心准备的一张张卡片蕴含了师生们对考研学子的最真挚祝福，为考研同学后期冲刺征途加油打气，桌上的礼盒更是被贴心地摆成"上岸"字样，希望所有考研学生都能成功"上岸"！

学生从老师手中接过礼盒，感受到了暖暖的爱与祝福。本次活动让考研学

子倍受鼓舞，真切感受到学院和老师们的关爱与期望，他们表示将全力以赴、驰而不息，朝着梦想奋勇前进，不辜负自己的付出，努力书写更加美好的未来。

（公共管理学院　杨芊）

12月10日　广州大学教育学院举办"千名教工党员联系千个团支部工程"活动

12月10日，为提升基层组织活力，夯实高校基层团组织的基础，着力破解基层团组织活力不足的重点难点问题，广州大学教育学院各班级团支部相继举办"千名教工党员联系千个团支部工程"（以下简称"千千工程"）活动。各班团支部积极与教工党员对接工作。

李思齐老师正在为青年团员们讲解爱国主义精神

本次"千千工程"活动以教工党员为团支部讲授党团课为主要形式，重点学习习近平新时代中国特色社会主义思想和党的十九大精神、深入学习团的十八大会议精神。结合专业特点和青年发展现状，引导青年团员正确认识时代责任和历史使命、发扬以爱国主义为核心的民族精神以及其他有助于青年团员提高思想水平和政治觉悟、提升专业技能和素质能力的专题党团课。

在活动中，老师不仅带领青年团员了解历史，更是引导他们学习英雄们的精神。通过讲述作为新时代青年应该具备的素养，作为大学生应该背负的责任，以及大学生该怎么去做等内容，让青年团员时刻谨记自己是祖国未来的建设者和接班人，要坚定理想信念，努力提升能力，用实际行动报效祖国。同学们在课后也积极讨论了自己的收获，大家纷纷表示在此次"千千工程"活动中收获了许多。

此次活动在老师的谆谆教导下结束了，后续相信教育学院的同学们一定会谨遵老师的教诲，紧跟中国共产党的步伐，厚植爱国主义情怀，用知识充实自己的大学生活，用心守护与弘扬优秀的传统文化，同学们未来可期。

（教育学院　团委组织部）

12 月 11 日　机械与电气工程学院团委组织开展学院微团课视频课件设计评比活动

为全面落实"三会两制一课",落实共青团中央全团开展"青年大学习"行动部署,以"团课"为切入点,严紧落实规范团组织生活,提高基层团员思想水平、政治觉悟,不断提升基层组织活力,机械与电气工程学院组织开展了团支部微团课视频课件设计评比活动。我院各学生骨干代表于 12 月 11 日下午 14：00 在文新楼 113 室进行了微团课线下评比。

机械与电气工程学院微团课视频课件设计评比活动演讲现场

在初选阶段,我院各团支部都积极参与到微团课视频的制作中,提交了许多精彩的作品。经过激烈的角逐,共有 9 个团支部从众多对手中脱颖而出,进入微团课视频课件设计大赛决赛。伴随着共青团团歌的奏响,微团课视频课件设计大赛线下评比徐徐拉开帷幕。各团支部通过设计制作微团课视频课件,用青年的语言开展理论学习,围绕自己的作品为我们带来了精彩的解说,也以不同形式为我们展示了他们支部的学习成果。大赛最终产生了六个优胜团支部。

本届大赛充分展现了我校教师立德树人、培根铸魂的使命感和责任感。"微团课"以极强的感染力和吸引力,与广大团员青年同频共振,引导广大青年学子增强团员意识,规范道德品行,坚定理想信念,厚植爱国情怀。通过这次大赛,不少精彩的团课与团课讲述者被发掘,一些经典内容也因团课教学而重回大众视野。同学们学以致用,不断夯实"三会两制一课"制度,汇聚广大青年建功新时代的青春力量。

（机械与电气工程学院　刘颖琦）

十二月

12月12日　地理科学与遥感学院举行第三届经典百书朗诵比赛

12月12日，地理科学与遥感学院第三届经典百书朗诵比赛在理科教学楼南楼522室顺利举办。学院团委副书记刘裕杰、潘妍艺老师，学生会执行主席谢旻圣以及团委文娱部负责人李雨珂作为评委嘉宾出席了本次比赛。

为贯彻习近平总书记关于青少年教育的系列重

地理科学与遥感学院第三届经典百书朗诵比赛现场

要指示，广州大学致力于培养"德才兼备、家国情怀、视野开阔，爱体育、懂艺术，能力发展性强"的高素质创新人才。地理科学与遥感学院响应校方大力开展"经典百书"阅读活动的要求，引导大学生养成爱读书、读好书的习惯，营造格调高雅的校园文化氛围，特开启"经典百书"专栏，呼吁同学们积极参与到阅读活动中。

本次比赛以"共读经典百书，共颂时代之歌"为主题，旨在让学生们感受底蕴深厚的民族文化和源远流长的经典诗文，并发挥想象将创意元素融入表演之中，丰富学生们的课余活动。

（地理科学与遥感学院　许榆琳）

12月12日　广州大学人文学院第一届"孔武杯"新生拔河比赛顺利开展

12月12日，广州大学人文学院第一届"孔武杯"新生拔河比赛于广州大学桂花岗校区后山运动场顺利开展。

比赛正式开始前，参赛选手在各班领队带领下于场外树荫处进行赛前热身准备运动。比赛伊始，选手们摩拳擦掌，场外气氛活跃，一声声鼓气呐喊激情四射，点燃选手们的必胜决心。"长绳系日住，贯索挽河流"，各班参赛队伍蓄势待发，只等裁判一声令下，一决高下。"一二三，拉！一二三，拉！"参赛选手全力拼搏，场外观众呐喊助威。左右移动的红布凸显战况激烈，力与力的拉扯间，似是度秒如年。经过激烈角逐，历史 211 班夺冠。齐心协力拧成一股绳，参赛选手用坚持诠释青春与热血，彰

裁判讲解比赛规则

显团结与凝聚力，他们拼搏的身姿与冬日的暖阳交织成为一幅动人画卷。

至此，广州大学人文学院第一届"孔武杯"新生拔河比赛圆满落下帷幕。

（人文学院　新媒体编辑部）

12 月 14 日　外国语学院本科生党支部举行"观红色长廊，读百年党史"主题党日活动

12 月 14 日下午，外国语学院党委委员、教师代表连同本科生党支部全体党员到广州大学新地标——党建红色文化长廊开展师生联动的党日活动。

活动以"观红色长廊，读百年党史"为主题，由该院党委书记李暖均介绍了红色长廊的建设目的，并对全体党员坚持

学生党员正在为师生讲解党史

学习党史、传承红色基因表达殷切期望。活动伊始，李书记带领大家重温入党誓词，不忘初心、牢记使命。随后在本科生党支部杨嘉玥、张韵妍等同志的引

领和讲解下，师生共同走过红色长廊，重温革命先烈开辟红色热土的热血激情，学习中国共产党矢志不渝、英勇不屈、奋发前进的革命精神，加强师生党员对红色文化的认识，增进文化自信和民族自豪感。

活动最后，党委副书记许多恬、本科生党支部书记徐慧进行活动总结，高度赞扬本科生党支部学生党员为此次活动做的准备工作，红色长廊以"沉浸式"的方式引导师生党员学党史、知党情、跟党走。学生党员表示不仅需要从党史学习教育中汲取信仰之力，补足精神之钙，更需要学会讲好中国故事，讲好中国共产党的光辉历史。

（外国语学院　杨宝莹）

12 月 14 日　第十六届"百化齐放，知物由学"化学节顺利举行

为丰富广大学子校园文化生活，进一步展现化学魅力，化学化工学院于12月14日在红棉路举办广州大学学术科技节系列活动之第十六届"百化齐放，知物由学"化学节，活动积极响应学校人才培养方案，深化广大学生的学习与生活的联系。化学化工学院副院长邹汉波、

"百化齐放，知物由学"活动后师生合影

副院长吴旭、党委副书记杨艺、化工系主任乔智威以及学工办全体老师及专业指导教师出席。

本次活动共设有 31 个摊位，实验操作人员共 160 余人来自学院团委学生会全体部门及全院新生班级，学院班级参与覆盖率达 85%。现场摊位共划分为六大区域，分别是趣味化学实验（CBM）展示区、师生共创学科区、趣味游戏区、兑换奖励区、展示投票区、班级摆摊展示区。当天，老师们热情加入学生实验，提供指导意见，大大提高了本次化学节的专业程度与学生实验规范意识。

化学节现场游园会以四大化学（无机化学、有机化学、分析化学、物理化学）为主进行化学展示，奇特的化学现象、有趣的化学原理，吸引了全校2 000多名同学前来参与。在工作人员的科学指引下，大家纷纷动手体验各种趣味实验。

此次活动面向广大师生展示化学实验的趣味与魅力，为同学们揭开了化学现象的神秘面纱，科普了化学反应的独特原理，展现了化学应用的广阔领域。本次活动的圆满结束充分展示了化院学子的专业素养及积极向上、乐于钻研的精神风貌。

（化学化工学院　新媒体中心采编部）

12月21日　广州大学音乐舞蹈学院原创舞剧《待到山花烂漫时》首演圆满成功

12月21日晚，由广州大学音乐舞蹈学院与广州大剧院联合出品的原创舞剧《待到山花烂漫时》在广州大剧院隆重首演，观看演出的嘉宾对舞剧创作的意义以及同学们的表演给予了高度的肯定。

《待到山花烂漫时》团队合影

该舞剧采取倒叙结构，以云南省丽江市华坪女子高中校长张桂梅为创作原型，讲述张桂梅克服重重困难，在华坪县建立中国第一所免费女子高级中学，带领无数贫困女学生走出大山，撒播下希望的故事。舞剧通过舞蹈再现了对教育初心不改、对梦想永不言败、对事业执着追求的时代楷模张桂梅，艺术化形式表现了她的人生态度和家国情怀。

12月29日晚，该舞剧在广州大学的演艺中心舞台上再度上演，除了演员们细腻动容的表演外，该舞剧在舞美等设计上也更加丰富多元，为观众营造了一场视觉盛宴。在舞剧的最后，广州大学音乐舞蹈学院副院长佟树声再次带领学子们对张桂梅老师表达了崇高的敬意，并诚挚邀请张老师来到广州观剧、治病。"张老师，我们在广州等候您。""张老师，我们在广州等您！"学子们一

十二月

句句的呼唤，流露出了最为真挚的情感，一张张纯真的脸庞在期待着，期待着张桂梅老师的到来。

（音乐舞蹈学院）

12 月 25 日　新闻与传播学院耿昊然同学荣获第十三届海峡两岸电视主持新秀会最佳新秀金奖

12 月 25 日晚，"声耀平潭·第十三届海峡两岸电视主持新秀会"落幕，新闻与传播学院播音 192 班耿昊然同学在来自全国各地的电视主持新人中脱颖而出，荣获最佳新秀金奖。

第十三届海峡两岸电视主持新秀会是第十届海峡两岸电视艺术节系列活动之一，原名为"海峡两岸电视主持新人大赛"。比赛覆盖两岸近百所高校，以传承和弘扬中华优秀传统文化为主旨，培养和选拔两岸融媒体主持界后备人才，拓展两岸电视主持交流合作空间，推进两岸融媒体相互借鉴、共同发展。

耿昊然同学获最佳新秀金奖

此次新秀会吸引了海峡两岸大量主持新秀报名参与，经过多轮选拔、竞逐，22 名大陆选手与 3 名台湾选手进入决赛。两岸决赛选手通过云连线以代言平潭、模拟主持、即兴演讲三种主题展示才艺，交流比拼。最终，新闻与传播学院播音与主持系 2019 级的耿昊然同学凭借自身过硬的实力和优秀的临场应变能力脱颖而出，获得金奖，成为本次比赛三名"最佳新秀"之一！

耿昊然同学在赛后媒体采访中说道："此次比赛最大的收获就是锻炼了自己的专业能力，毕竟这次比赛所有的环节都是一环扣着一环的，每一个环节对我来讲都是一种历练。"

耿昊然同学充分发挥自身专业素养，展示了当代青年的青春风采，同时也为海峡两岸文化交流与新媒体发展起到了积极的推动作用。学院希望大家能够以耿昊然同学为榜样，发挥专业优势，积极挑战自我，在奋斗中实现自我价值，将知识内化于心，外化于行，用社会实践去照亮理想信念的青春灯塔。

（新闻与传播学院　张悦庭）

12月　广州大学少数民族学生工作办公室"中华民族一家亲、同心共筑中国梦"民族团结系列实践活动圆满结束

7月30日至8月5日，广州大学"中华民族一家亲、同心共筑中国梦"民族团结实践团在广州大学学生工作部部长黄志凯、少数民族学生工作办公室副主任蔡强、易班发展中心主任俞健三名指导老师的带领下，前往新疆维吾尔自治区乌鲁木齐市和阿勒泰地区，开展主题为"民族团结我践行"的暑期社会实践活动，先后走进新疆维吾尔自治区博物馆、阿勒泰博物馆、乌鲁木齐市革命烈士陵园、毛泽民故居、沙里福汗公园、中国工农红军西路军总支队纪念馆和八路军驻新疆办事处纪念馆等爱国主义教育基地，聆听新疆的历史和故事、了解烈士的事迹、学习英雄的精神，用特殊的足迹，推动党史学习教育走深走实。

广州大学"中华民族一家亲、同心共筑中国梦"民族团结实践团赴新疆进行暑期实践调研

大学生文化素质发展日志年编（2021）

实践团还探访了广州大学暑期返乡新疆籍维吾尔族和哈萨克族学生，和学生一家亲切交流，通过丰富多彩的形式，让多民族交流、交往、交融由浅入深，汇聚民族团结的磅礴力量，架起新粤两地民族团结之桥梁。

广州大学民族团结实践团在实践中感悟、思考、辨析，通过影像、图片、文字等形式，记录总结实践内容，联动各大新媒体平台，展示宣传民族团结一家亲，多维度夯实党史学习教育成果，引起社会广泛关注，连续2次登上"学习强国"、多次被"广东高校网络思政中心""广东省高校名辅导员李敏工作室""广州市民族团结进步协会""广大学工"等官方微信公众平台转载报道，累计阅读量超22 000次，获得校内外师生同行的广泛好评和赞誉。

9月28日，广州大学少数民族学生工作办公室组织师生前往广州起义烈士陵园，开展题为"缅怀革命先烈，弘扬爱国情怀"的烈士纪念日主题活动。

青山矗立、翠柏长青，苍松翠柏掩映下的烈士陵园庄严肃穆。广州大学师生纷纷向革命烈士敬献鲜花，瞻仰烈士纪念碑，共同铭记历史、缅怀先烈，弘扬和传承烈士精神，凝聚谱写中国梦的强大精神力量。

师生参观辛亥革命纪念馆

参加活动的党员干部和群众纷纷表示，铭记历史才能开创未来，我们要以习近平新时代中国特色社会主义思想为指引，秉承先烈遗志，不忘初心、牢记使命，以革命先烈为榜样，大力传承革命精神，以优异的成绩告慰革命先烈。

10月2日，广州大学少数民族学生工作办公室

师生在深圳前海石头公园合影留念

组织各民族师生前往影院观看红色影片《我和我的父辈》，向曾经保家卫国的革命先烈、为祖国发展燃烧生命的英雄祖辈致以节日的问候和崇高的敬意。

红色电影唤起家国记忆，将鲜活生动的几代中国人形象呈现在师生们眼前，给大家上了一堂生动的党史教育和爱国教育课。观看《我和我的父辈》后，师生们被电影中父辈们的奋斗精神所触动，纷纷表示身为社会主义接班人和建设者，应该继续发扬革命传统，不忘初心、牢记使命，矢志不渝走好新时代的长征路，为实现中华民族伟大复兴的中国梦而持续奋斗。

10月8日，广州大学少数民族学生工作办公室组织各民族师生前往广州辛亥革命纪念馆，重温历史，缅怀先烈。

参观结束后，师生们在雕刻"革命尚未成功　同志仍须努力"的白墙前拍照留影，以此坚定我们将孙中山先生"博爱"的思想传承下去的决心，脚踏实地地贯彻革命先烈"爱国爱民"的爱国主义精神、"舍我其谁"的革命精神、"勇立潮头，敢为人先"的首创精神、"革命尚未成功，同志仍须努力"的团结奋斗精神，为践行党和国家赋予的光荣使命而努力。

11月，广州大学少数民族学生工作办公室组织各民族师生开展了"聆听'春天故事'，培育爱国情怀"主题实践活动、"冬日暖阳"——各民族学生冬游交流、"环境适应"——心理团体辅导课、"遇见彩虹"——戏剧团体辅导等活动，丰富各民族学生的校园生活，促进各民族学生交往交流交融，营造学生共同团结友爱、共同学习进步的良好校园氛围。

在新的形势和环境下，当代大学生不仅要具备扎实的专业知识、优秀的思想道德素质、良好的身体素质，还需有过硬的心理素质。各民族学生团建交流活动的开展有利于增强同学们对于各种环境的适应能力，推进同学们综合素质协调发展，促进各民族学生交往交流交融。

（广州大学少数民族学生工作办公室）

十二月

开展各民族学生团建活动

我们的大学

杨子曦：何妨吟啸且徐行

杨子曦，中共预备党员，新闻与传播学院广电 182 班班长，学院媒体《新窗报》总编辑，导生组长，现已被保送至中国传媒大学新闻学院深造学习。杨子曦综测三年排名专业第一，多次获国家奖学金、一等奖学金、优生优干及先进个人等荣誉；曾赴中国传媒大学、重庆大学、澳门大学访学交流，主持哲学社科项目获"挑战杯"省赛决赛特等奖、"大创"省级立项，以第一作者身份于国家内参刊物《网络舆情》发表学术报告，被《中国青年报》评为"2020 年全国优秀校媒记者"；现于国际顶尖广告集团奥美实习，曾为《国际金融报》实习记者并主笔多篇登报新闻；本科期间获"网编大赛"国家级二等奖、"大广赛"省级一等奖、"金犊奖"等奖项。

杨子曦

全力以赴，问心无愧

杨子曦综测总排名专业第一，连续三年获一等奖学金，荣获优生优干及先进人等荣誉。当谈到分享自己的学习经验时，他表示，自己的专业实践性强，在创作作品过程中端正态度尤其重要，一定要坚定"我做出的是印上本人姓名的优秀作品"的决心与信念，绝不能为了赶作业而敷衍或"划水"。每一个作品之所以能被称为"作品"，正是因为它们是我们精心准备、精雕细琢出来的。保持对作品的敬畏之心，也将是自己收获丰盈知识与开阔眼界的过程。

跳出舒适圈，开拓新天地

在大学里，很多作业和任务都需要小组合作完成。在团队合作中，杨子曦认为，大家要找准自己在团队中的定位，小组成员各司其职，发挥自己所长，一起向同一个方向努力。对待作品、对待学习都需要大家心往一处想，劲往一处使，精准地完成学业规划与任务，才能收获意料之外的惊喜。

杨子曦建议各位同学在组队选队友时不要只把目光放在周边好友圈，比如，在课程分组时，可以跳出宿舍这一小小的范围，接触更多专业甚至是各领域的同学，这样能帮助大家发散思维、扩充知识面，从而激发创作灵感。他认为，上大学的重要意义之一，就是跟不同领域、不同性格、不同爱好的人打交道，让原本独立的个体齐心拧成一股绳，变成同质的力量并协力完成同一件事情。

多方尝试，勇于探索

大学四年是一段不用计算成本、可以尽情试错、挖掘自身潜能的美好时光。杨子曦提到，在大一的时候，他选择不断尝试新鲜事物、参加比赛，然后他幸运地发现自己有能力协调、均衡地发展德智体美劳，于是通过这三年的学习和实践，夯实自己综合发展的基础与能力。所以，广大学子们，如果你们还没找准自己人生的方向，不妨勇敢一点，多多尝试，感兴趣的事就去做，让自己的兴趣点变成自己的强项，并让这个强项变为自己的闪光点与照耀未来道路的光芒。因为人的精力总是有限的，并不是每个人都可以兼顾所有的事情，所以你可以先集中力量往一个地方冲，也许你就能找到自己的强项。

做时间的管理者，学会协调与取舍

杨子曦担任《新窗报》总编辑、校党委宣传部副主编、班长等多个学生干部职位，参与过大大小小的实践活动。在谈到如何兼顾课外活动与繁重学业的时候，杨子曦表示，大学是一个需要学会管理时间的地方，他的大部分任务是阶段性或周期性排列在时间表里，并不会遍布学期的每一天。"凡事预则立，不预则废"，有计划、有取舍地安排各项事宜，偶尔遇到紧急又不可避免的任务时，就学会科学地改动计划，当多个任务撞在一起时，要懂得拒绝且再次合理协调时间，在拒绝和协调中逐步接纳自己内疚、失望等正常情绪，做时间的管理者。

胜不骄，败不馁

在本科期间，杨子曦曾获"网编大赛"国家级二等奖、"大广赛"省级一等奖等国家级与省市级竞赛奖项共计 50 余项。关于比赛和荣誉，他告诉我们，荣誉与成果并非一蹴而就，每个人最开始参赛时如幸运得奖，只是侥幸，失败才是常态。我们只能从比赛和"越挫越勇"中不断积累经验，一次次重新出发。从某种程度上说，成功只会给人留下盲目的喜悦，而失败换来的却是机会。新闻学专业的同学在向媒体投稿时，头几次投稿一定不会被录用，我们需要不断精读登报的稿件，并研究其选题的意义、文笔的风格等差异，才能在学习中慢慢进步。胜不骄，败不馁，任何比赛和投稿都应是一个研究失败、"看着后视镜前进"的过程。

面对荣誉，杨子曦表示除了欣喜与欣慰之外，更多的是一种坦然。学院的张爱凤教授对他在本科时的成长有巨大影响。张教授曾对他说，人在顺境中应多批评自己，如果总是带着洋洋得意的姿态与心态，因星点荣誉心满意足，那大概率止步于此。他也认为，无论是失败还是成功，重要的是下一步如何走好，像张教授所说的"逆境时用鼓励法，顺境时多作自我批评"，这样的成长，才会更加立体而有力量。

感受差异，期待新事物

杨子曦曾赴中国传媒大学、澳门大学、重庆大学访学交流。在谈到访学交流有什么收获时，他表示最大的收获是体验到了新生活、新环境和新文化。正因感受到不同地区之间的差异，他才坚定选择了到北方读研。未来，他还想感受更多的差异，收获更多新鲜感。杨子曦提到，自己在澳门大学访学时交到一个不同专业的好友，两人相谈甚欢，在讨论偏学术的问题时，总会在思维碰撞中发现不同思维里别样的闪光点。同时，他在这里也提醒广大学子，记得关注广州大学出国留学等公众号，在大学期间多申请访学。

王林欣：心之所向，素履以往

王林欣，中共预备党员，教育学院心理学 2019 级学硕班班长，连续两年综测专业排名第一。王林欣专注科研，曾参与国家自然科学基金青年项目、广东省自然科学基金面上项目、广州大学校内科研重大项目等课题，发表 SSCI 论文 5 篇，均为 JCR 一、二区，曾获国家奖学金、校一等奖学金、第十六届"挑战杯"广东大学生课外学术科技作品竞赛

王林欣

特等奖、第十七届"挑战杯"广州大学大学生课外学术科技作品竞赛一等奖等。

为心中那份热爱，严于律己

王林欣在硕士研究生期间保持了优异的学习成绩，连续两年综测专业排名第一。对此，他讲到，本科时更注重基础知识的记忆，而硕士研究生时期更多的是撰写论文，论文的应用性很强，更能够锻炼学生的创新能力。他还特别强调了论文格式的重要性——本科期间，他的老师一次又一次地向他重申规范格式，也正是在老师的严格要求下，他养成了注重细节的好习惯，这个习惯帮助他在硕士研究生的学习中更加有序高效、如鱼得水。

王林欣向我们分享了学习突出的学生所具备的三种关键能力：第一种是时间管理能力——在面对众多事情时，我们应该判断事情的优先级，分清楚哪件事情更加重要与迫切，再妥善安排好时间完成这些事情。同时，他建议先把目标分解成可完成的任务，再去逐一攻破，不能盲目制订计划并盲目执行，这样只会适得其反。第二种是主动获取知识与独立思考能力——在这个信息发达的时代，在网上能够找到许多学习资源，我们应该把握好机会，多听、多看、多

读、多问，遇到问题时要学会自己主动寻找解决方案，对新知识始终怀有一颗旺盛的好奇心。同时，在获取新知识后，我们应该要有足够的判断力来判断获取的知识的价值。第三种是自我表达能力——表达对于当代青年学生来说是时刻存在的，无论是课程汇报还是写论文，都需要较强的表达能力，我们需要正确、简练、流畅地表达出自己的所思所想，在这个过程中我们也会有所进步、有所成长。

为心中那份热爱，斗志昂扬

两年前，王林欣以专业第一的成绩考取了广州大学心理学硕士。他的考研之路并非一帆风顺，成就他最后突出的考研成绩的，是坚毅的决心和昂扬的斗志。决定考研后，王林欣便为自己制订了科学精细的考研计划。他意识到自己的英语和政治科目较为薄弱，于是他从大三开始背单词、背政治；由于平时认真学习，他的专业课基础扎实；在暑假复习期间，他会在朋友圈打卡，记录自己考研路上的点点滴滴，也督促自己第二天以同样积极的姿态面对学习上的种种挑战。

王林欣认为，学习过程中最重要的是有效学习时间。备考期间他每天会保持至少八小时的有效学习时间，并且拒绝诱惑，把手机扔到书包里。他笑称，考研时最开心的事便是小憩时玩手机，但是玩了一会后，他就会提醒自己赶紧调整状态，回到高强度的学习中去。"脚踏实地"是王林欣考研路上的主旋律，他说，复习时不要和别人攀比复习进度，因为最终看的不是复习了多少轮，而是有没有真正吸收到知识。

为心中那份热爱，一路相伴

王林欣曾兼任心理咨询师，这段经历让他收获颇多。当他真正接触到这个职业时，他才发现，现代社会很需要心理咨询师，心理咨询师可以利用自己的知识帮助他人振作与成长，走出心理阴影、提高生活质量。他认为，前来进行心理咨询的人们就像是在登山的时候遇到了拦路石，心理咨询对他们来说是一种帮助，心理咨询师提供陪伴和支持，助他们攀登到山顶。"我在这里，我看见你了，我愿意在这里陪伴你"，这是王林欣的初衷和信念。同时，这段经历对他而言也是一种成长，他从来访者身上学到了很多精神，并被他们深深鼓舞。

因为疫情，很多人原本的生活轨迹被打乱，这时候他们需要一个倾诉的渠道，而王林欣便是倾听者中的其中一员。疫情期间，王林欣参与了线上疫情心理援助工作。在工作中，他接触到了很多需要心理咨询的人，有的人因为长时间居家学习、工作，与父母起了矛盾；有的学生在家没有同伴，无法找到学习状态，成绩明显下滑，情绪也逐渐低落……他认为，宣泄是排解心理压力最有效的方法。心理咨询师不应该高高在上，指导来访者该做什么、不该做什么，而是要静静倾听，引导来访者去发现出路。

王林欣在兼顾学习与科研之余，还曾经运营过公众号，向公众传播心理小知识，如孩子为什么叛逆、如何应对拖延症等，对人们好奇的问题一一进行解答。他表示，做科研，"既要顶天，也要立地"。"顶天"需要青年人突破科研的边缘，不断创新；"立地"则是把晦涩的心理知识以简单有趣的方式呈现在公众面前，并针对问题提出切实的建议。王林欣用自己的实际行动对这句话做出了生动诠释。

为心中那份热爱，走向远方

王林欣连续参加了"挑战杯"的省赛和国赛，都获得了不错的成绩。那么，是什么让他不断追求创新，迎接不同的挑战呢？他讲道，自己并不是为了拿奖才参加比赛，而是出于对心理学的兴趣。在他看来，每一个学科都不应该闭门造车，而是要迎合社会的发展，抱着为社会服务的心，让自己所学的知识发挥出应有的作用。

竞赛那么多，哪一个更值得参加呢？王林欣建议同学们，应该选择能够充分发挥自己长处、培养爱好的比赛。他也希望同学们不要抱着功利心去参加比赛，而是要以诚恳的态度对待每一个比赛和项目。

空闲时间，王林欣喜欢听歌、看脱口秀和搞笑视频来放松自己。遇到问题时，王林欣不会陷入沮丧的情绪中，而是选择直接解决问题，不让问题困扰自己。谈到未来，王林欣希望自己能够继续从事科研工作。他说："对我来说，过去的荣誉都已经是过去的事情了，未来还需要我继续努力。我希望能够在心理学领域深耕，继续探索未知的边界。"渴望正反馈，不断学习新知识，王林欣带着满腔热情，坚定地走向了自己的诗与远方。

王誉潼：学无止境，善在心中

王誉潼，经济与统计学院 2018 级统计 181 班学生。在过去三年内担任过班长、团支书，导生组长，连续三年综测、绩点均排名专业第一；曾获得国家奖学金、校一等奖学金、创彬奖学金；参与疫情防控志愿活动、创城志愿活动等累计 382 个志愿时长；在过去三年的全国大学生英语竞赛中均有获

王誉潼

奖；曾获得增强综合素质先进个人、增长知识见识先进个人等荣誉。在数学建模方面，王誉潼曾在 2020 华数杯全国大学生数学建模竞赛、2021 年 Mathor-Cup 高校数学建模挑战赛、全国大学生数学建模竞赛等多项竞赛中获奖，共计获得国家级奖项 21 项，省级奖项 5 项，发表论文两篇，注册实用型专利一项。

求知问学，全面发展

王誉潼对于学习有着超乎常人的执着和坚持，连续三年综测、绩点均排名专业第一。在大三这一年里，"唯一一位满绩点的学生"这一荣誉成果是对她长期以来坚持刻苦学习最好的展示与反馈。在学习道路上遇到困难时，她都能保持一颗迎难而上的心，在挑战中提升自我，让自己变得更加强大。王誉潼在各类英语竞赛上斩获一等奖，就是她勇于追求与拼搏的证明和回馈。她向我们介绍，曾经的她也不喜欢英语，但她幸运、执着地选择迎难而上，没有兴趣就创造兴趣，在英语学习中她找到了属于自己的快乐，自此便一发不可收拾。如今，她的英语能力已经更上一层。对于在各类竞赛获奖，她认为，并不是要规避自己的短板而去选择比赛，更重要的是，要明白竞赛是我们学习知识的机会，这样才能巩固知识、提升自我。在本科三年学习中，王誉潼无论是在数学、英语等学科，还是在建模、演讲等众多方向都取得了优异成绩，真正做到了全面发展。

热心公益，助人为乐

王誉潼的志愿时长长达 382 个小时，这样惊人的时长，正是因为她真诚地对待并全身心地投入到每一场志愿活动中。被问及为什么如此热衷于志愿活动时，她讲到，自己之前并不能体会参加志愿活动的乐趣，直到有机会参加"善行 100"公益活动，之后便对公益活动爱得深沉。在那次活动中，她全力以赴，为山区儿童们筹集到了 400 元的善款，她第一次感受到了做公益的快乐，从此，广州大学又多了一位全心全意投身于公益的志愿者。王誉潼认为，帮助他人是一件很快乐的事情，在做志愿的过程中，我们能够看到很多在学校中看不到的事情，可以对社会有多样化的了解。

对于那些正在纠结是否要成为一位志愿者的同学，王誉潼想对他们说，曾经的她也认为将自己的事情做好就够了，不必过多参与其他事务，但是当你参加了这些活动，你会发现，这不仅仅是在帮助别人，也会让我们自己的课余生活变得更加充实。通过参加志愿活动，我们可能还会找到人生的发展方向，通过接触各色各样的人并和他们交流学习，我们可以获得很多知识，提高眼界。

心中有路，学习有方

王誉潼认为，自学是大学生非常重要的一个能力，平常要习惯自己看书，遇到不懂的再去询问老师。学习最重要的是提高效率，每天在图书馆待多少个小时并不是最重要的，关键是在上课的时候，能否把老师讲的重要知识点掌握，这将节省很多课余时间。当我们问到王誉潼同学有什么学习秘籍时，她慷慨地分享了她的独门技巧——给自己列一个学习计划表，这个计划表要从每一个月细分到每一个星期、到每一天，甚至到每一天的早中晚。当我们有了一个明确的目标时，就会督促自己不断前行。当她在学习上遇到困难时，她会首先向舍友寻求帮助，无法解决时再向老师寻求帮助。她认为，与老师沟通是非常重要的，因为我们的老师也曾身处大学时代，他们一定会明白、理解我们的想法，并以过来人的角度给我们许多专业的见解，所以要相信，老师的鼓励对我们是有着莫大帮助的。

四年大学，不止于学

"真正的大学应该是课堂之外的部分"，王誉潼对于这句话的理解是，大学课堂上的学习，考试肯定是很重要的。但是，大学不应该仅仅是这些东西，最重要的事情是拓展自己的交际圈。在大学，她结识了很多优秀的同辈与师长。在刚进入大学的时候，她也曾困惑于寻找前行的方向，是优秀的学长、学姐如闪耀的灯塔一般，为她照亮前行的道路，在他们的帮助下王誉潼快速融入了大学生活，并顺利找到了自己真正感兴趣的事情。她建议我们一定要勇于尝试，可能很多事情我们刚开始很犹豫，但是去尝试以后就会发现它们其实没有那么可怕，并且可以让你更充分地了解自己。大学是一个广阔的平台，我们应该始终抱着积极向上的态度与人交往，这样我们才能更好地融入大学，同时也能尝试到许多以前从来不敢尝试的事物。

连续三年担任班级委员，王誉潼对于班委有着自己的看法。她认为一个班级里的凝聚力是特别重要的，作为班委可以起到带头的作用，多组织一些班级活动，活跃班级的气氛。而且，班委最重要的也是起带头作用，不挂科，不迟到，不早退，否则会给班级的同学带来不好的影响。王誉潼严于律己，带头做好表率，为团结班级、建设班级做出了自己的贡献。

心怀感恩，勇往直前

当谈到王誉潼同学的成长经历时，她说她最想感谢她的父母，因为无论她做出什么选择，父母都选择支持，为了让她向自己的梦想不断前行，父母担当了她的坚实后盾。她也十分感激学院书记、辅导员和老师们的支持与信任，感谢陪伴她一路走来的朋友们。带着父母的殷切期望，王誉潼在自己喜欢的道路上乘风破浪，开辟出属于自己的世界，创造出属于自己的精彩。

作为十佳学生，王誉潼想对广大学子说：这一届的十佳学生，每个人都有各自的突出之处，都有各自的特长，除了学习以外，还可以在各个方面发展，所以每个人的成功都是独一无二的，学弟学妹们都可以有自己的发展方向。希望各位同学能在保证学习的前提下，不断挖掘、发现自己的特长，并在自己擅长的领域努力发展下去，发光发热！

叶定远：心平气定，登高望远

叶定远，中共党员，人文学院 2018 级级长，汉语 188 班副班长，省一流在线课程"语文课程实践技能"助理。叶定远连续三年综测排名第一，发表论文两篇，参与 3 个科研项目，获国家奖学金、校一等奖学金，"挑战杯"国赛三等奖、"挑战杯"省赛一等奖、广东省第九届本科高校师范生教学技能大赛一等奖、广东省第二届"南粤师魂杯"教师演讲大赛一等奖等奖项，连续两年被评为校"优秀学生""优秀学生干部"和"先进个人"，获国家级、省级、校级等奖项和荣誉共计 40 余项。目前，叶定远已保研至华南师范大学，攻读教育硕士。

叶定远

把握时光，高效学习

叶定远认为，时间是非常宝贵的。他把自己利用时间的经验总结为"扩充时间容量，提升时间质量"。扩充时间容量，就是我们要学会规划自己的时间，学会在生活中挤时间。叶定远对自己的每一天，甚至每一个小时都有具体的规划。除此以外，他有写便签的习惯。他会把一天中每个小时要做的事情写在便签上，如果遇到突然变动的情况，他也会相应地做出更改，保证自己了解接下来要做什么事；提升时间质量，就是我们要提高时间利用率，用最短的时间完成质量最高的事情。他告诉我们，他在学习时会将手机设置为静音，避免分心，从而提高时间利用率。叶定远还强调，不要随意参与活动，要学会选择，比如，可以选择参加和学业有关的活动或者对人生发展有帮助的活动。此外，他建议同学们要分清主次，在保证学业成绩的前提下再参加其他活动，绝对不能因为其他事情而影响了学业。

用努力定义优秀

什么是优秀？什么样的人才是优秀的人？每个人对这个问题都有不同的回答。而叶定远的回答十分简单："只要一个人没有选择安逸，而是选择奋斗，我认为这个人就是优秀的。只要他能够有理想、有目标、有行动，他就是优秀的。"叶定远热爱学习，在平日里，他绝大部分时间都在图书馆或者教室学习，尽最大的可能提升自己，让自己每天进步一点点。闲暇时刻，他还会学习视频剪辑，这既能够帮助自己放松身心，也能学到一门新技术。此外，他还积极参加各种社会活动，到各处进行调研，在社会上学习课堂以外的知识。优异的成绩和无数的奖项证明了叶定远的优秀。

家是力量的来源

每个人都在努力前进，每个人都有不同的人、事、物给予他们前进的力量，而在叶定远的世界里，家人便是他的精神支柱。他说，他的家人一直在背后支持着他，激励着他不断前进。叶定远的母亲是一位人民教师，对叶定远的要求十分严格，这也促使他养成了良好的学习习惯，并且为他未来的学习生活打下坚实的基础。现在，叶定远还会在每天的空闲时间和家人沟通交流，把自己的近况告诉他们。他表示："每个人都有一个精神支柱，可能你们的精神支柱不是家人，而是你们的朋友，或者是某一种信念信仰，每个人都不一样。我在亲人的微信群里非常活跃，我会拍照告诉我的家人我在吃什么、做什么，来增进我和家人之间的感情与联系。"

积极向上，笑对生活

叶定远认为，拥有积极向上的心态是非常重要的。一直以来，积极的心态帮助他更加高效地学习，高质量完成任务。同时，他认为在遇到困难、心态不良时，一定要学会调整心态，快速地恢复自己的状态。叶定远在采访中说："一定要远离消极情绪，要多笑，哪怕是假笑也好。心情不好的时候可以和信任的人倾诉，宣泄自己的情绪，这样会让你感觉好一些。此外，在生活中不要想太多，感觉到压力很大、情绪很低落时要冷静下来，好好分析压力和情绪的来源，想明白让你感到困难的究竟是什么，然后针对这些问题做出计划，再一步步地解决它们。"这种积极的心态对叶定远的学习与生活有着巨大的帮助。

大学生涯，不只是学

叶定远是汉语 188 班副班长，他表示，自己身为班干部，就应该以身作则，成为同学们的榜样。在谈到班级的管理经验时，他告诉我们："群众基础是非常重要的，而群众基础又来源于我们自己的榜样示范作用。我们班干部开展工作时，和同学们相处得融洽是非常有利的。"此外，他还表示，担任班干部最重要的一点就是要民主，凡事都要征求同学们的意见。叶定远十分赞成学习中的"同伴效应"。他认为，在大学生涯中多和优秀的人交朋友，多和他们交流，对自己的发展是非常有利的。他非常喜欢与其他人交流，尤其是优秀的师兄师姐。他感受到，自己从不同的人身上学习到了不同的经验，这些经验会帮助自己少走很多弯路。

黄昌侨：披荆斩棘，全力以赴

黄昌侨，中共党员，物理与材料科学学院 2018 级光电信息科学与工程专业 1 班学生，曾任光电 181 班的班长、团支书，荣获校创新达人、校级优秀学生等 32 项荣誉。他所在的团队发表了一篇 SCI 论文、已获一项国家发明专利，其本人也多次获得省市级荣誉。他不但敢于挑战自我，还乐于奉献社会，多次参加志愿者活动，赢得教师与同学的一致肯定。

头角峥嵘，好学不倦

在大学期间，黄昌侨凭借自身的努力，荣获 2019—2020 学年国家励志奖学金、2020 年广州大学优秀学生，并取得第十六届"挑战杯"广东省大学生课外学术科技作品竞赛一等奖。

黄昌侨

黄昌侨认为，作为有担当的中国青年，努力在多方面提升自我、突破自我很重要。学习是大学的重中之重，成绩与实力才是王道，大学四年时光不应沉迷于玩乐，而应好好珍惜学习的时间和机会，努力提升学习成绩。

谈到如何学习，黄昌侨向我们分享了他的心得：首先，我们要给自己设立一个目标，既要脚踏实地，也要仰望星空，牢记自己的"诗和远方"，始终保持学习的热情，才会有源源不断的动力。其次，我们要敢于试错，平时注意小错，才能在关键时刻规避大错。当出现错误时，还要总结自己犯错误的原因。最后，要注意理论和实践相结合，可以多查阅一些资料，加深对所学内容的理解。

钻坚研微，潜精研思

黄昌侨醉心于竞赛之旅，躬耕于创新之壤。进入大学的三年以来，他积极参加"挑战杯""互联网＋""青创杯"等竞赛项目。同时，他涉猎广泛，积极参加光电技能大赛、摄影大赛、经典诵读比赛等各类竞赛，斩获三十余项荣誉，在提高自身综合素质的同时，也为自己的履历增添光彩与荣耀。

在创新方面，黄昌侨同样硕果累累。作为负责人，他带领团队研究的柔性阻变仿生神经网络器件将助力我国攻克芯片"卡脖子"大关；他所参与研发的新型太阳能电池将助力我国碳中和战略。

在科研之路上，黄昌侨也得到了师长们的帮助，他回首过往，说道："在此期间，万分感谢团队指导老师葛军老师和大学期间曾教导、帮助过我的老师们的悉心教诲，以及马泽霖、范梓豪、林绮静等师兄师姐无微不至的帮助。"

提到自己的创新之旅，黄昌侨回忆起自己有一次参加竞赛，屡战屡败，虽然进行了多次实验，但最终还是没有取得成功。对此，他认为：在通向成功的道路上，困难是必然存在的，困难会使我们沮丧，但须知"宝剑锋从磨砺出，梅花香自苦寒来"，我们应当愈挫愈勇，一步步迈向终点。

黄昌侨也有自己的制胜法宝：当我们失败时，一方面应该要借鉴他人成功的经验，寻找自己失败的原因；另一方面要认清自己的定位，没有一蹴而就的成功，只有持之以恒的胜者。戒骄戒躁，多一份沉稳，多一份思考。

热心公益，乐于助人

在大学期间，黄昌侨还积极参加志愿服务活动。他多次走进社会，如"三下乡"、拜访慰问养老院的老人等，并号召同学们一起进行社会志愿活动。其中，参加江门"三下乡"活动的经历给黄昌侨留下了格外深刻的印象，使他牢记青年一代背负着的责任与使命，并促进了他的蜕变与成长。

目前，他已累计了300余小时的志愿服务时长。在服务过程中，他认识了经历过战争的老奶奶、迷茫的单亲家庭困难学子……这些使他更加明白中国青年任重而道远，让他的心能与国家相连，他相信，这正是这个时代所需的奋斗者。他还致力于回到高中母校积极宣传广州大学，吸引数百人次咨询报考广州大学。

从群众中来，再到群众中去，做志愿服务的经历触动着黄昌侨的心，激励着他不断奋进，也支持着他创造更美好的未来。

卫雯奇：以梦为马，不负韶华

卫雯奇，共青团员，机械与电气工程学院机器182班学生，担任团支书和机器202班导生；连续三年获得校一等奖学金，多次被评为优秀学生，荣获优秀团支书和优秀班委等荣誉称号；以第一作者的身份发表一篇 SCI 论文，积极参加竞赛活动并斩获国家级、省级奖项；积极参与志愿服务活动，自行组建了志愿者服务社，组织号召同学们参与，播撒爱心，成绩斐然。

卫雯奇

学而不厌，脚踏实地

卫雯奇在学习上刻苦钻研，多思好问，打下了坚实的专业基础。在大学期间，她以优异的成绩入选广州大学机械与电气工程学院"智能制造卓越工程师班"和"智能制造拔尖班"，并以第一作者的身份发表一篇计算机大类 SCI 论文。除此之外，她还获得了 2021 年美国大学生数学建模竞赛 H 奖、2020 年全国数学建模大赛国家级二等奖、2021 年广东省"挑战杯"学术科技作品竞赛省级一等奖等奖项。

作为一名工科生，卫雯奇一直坚持学习英语。她说，要学好英语，语感很重要，平时看英文电影、背英语美文、看英语教材等，这些对英语的学习有很大帮助。她是一个学习自律的人，上课认真听讲，下课积极找老师问问题，作业按时完成，从不拖延。正是凭借着这种自律精神，她取得了优异的学习成绩，同时也有了更多的时间投入到科研项目中。在参加众多科研项目与比赛的过程中，她认为，团队的组建与合作十分重要。与志同道合的人聚在一起，再困难的问题都可以凭借大家的力量去解决，再困难的工作都可以凭借大家的力量去完成。这些科研项目与比赛，不仅让她取得了成就，还收获了珍贵的友谊。

运动青春，热爱体育

卫雯奇平时很注重体育锻炼，每天都会坚持运动一个小时以上。在大学期间，她养成了在傍晚 5 点到 6 点锻炼的习惯。同时，考虑到季节因素，她会选择在操场跑步、环大学城骑行、在健身房运动等不同的锻炼方式。在日复一日的坚持下，卫雯奇的身体素质不断提升，更代表机械与电气工程学院摘取了首届广州大学划船大赛的冠军。

卫雯奇之所以这么热爱体育锻炼，是因为她知晓体育运动的重要性。她表示，在大学期间，大多数学生总是免不了因为作业、设计、论文而熬夜，而熬夜不仅会影响人的大脑，还会伤害身体，导致免疫力下降。这时候，通过运动来提高身体素质便显得尤为重要。不仅如此，还可以借助体育锻炼来释放学习与生活上的压力，结交同样坚持锻炼的朋友，从而达到身体与精神上的双重满足，让学习变得更加主动。在体育锻炼中，她收获了强健的体魄与昂扬的斗志，为自己的未来奠定了坚实的身体基础，向梦想稳步前进。

奉献社会，牢记使命

卫雯奇在学习与科研之余，也会充分利用自己的课余时间奉献社会、服务同学。她担任了机器 182 班团支书、机器 202 班导生等多项职务，在工作岗位上做到认真负责、一丝不苟，积极高效地处理好各项事务，并因此获评2018—2019 学年、2019—2020 学年优秀班干部等荣誉称号。

卫雯奇也热心于公益。在大学期间，她坚持参加志愿活动，即使在疫情期间也没有停下自己的脚步。她于河南省洛阳市组建"微爱"志愿服务社，用爱心感染他人，以行动回报社会。

提到担任学生干部和参与志愿工作给自己带来的收获时，卫雯奇说道："参与学生干部工作，可以帮助自己获取知识、增长见识、锻炼胆识。例如，担任团支书一职，提高了我的组织能力；参加志愿服务能让我在帮助他人的同时更深入地了解社会，明白自己能够为社会做些什么，这些都很难从书本上学到。"

黎泽鹏：以武为梦，鹏程万里

黎泽鹏，共青团员，体育学院体育教育专业183班学习委员，曾担任2019年广东传统武术锦标赛广州大学代表队教练、广东省特警技能大赛教练员等职务，连续三年综测成绩班级排名第一，负责省、校级课题各一项，获得三个省级论文奖；曾发表论文一篇，连续两年荣获国家励志奖学金和一等奖学金，获得第八届世界传统武术锦标赛一金一银、第十届大学生运动会武术拳术第三名、广东省武术公开赛个人全能第二

黎泽鹏

及优秀运动员称号、岭南武术比赛优秀裁判员、2021年广东省学生武术公开赛优秀裁判员等荣誉。黎泽鹏珍惜每一次学习机会，曾于2019年前往伊朗马赞德兰大学孔子学院交流访问。在课外，黎泽鹏积极参加专业比赛，现已获得世界级、国家级、省级、校级荣誉共计50余项。

武侠梦起，坚定前行

黎泽鹏从小便有一个武侠梦，在看完武侠电影后，甚至萌生了到少林寺习武的想法。

后来的他跟着村里的拳师学习拳法，虽未能如愿前往少林寺，但他也没有忘记自己的初心，将习武坚持了下来。家人也非常支持他的决定，认为习武可以提高身体素质。后来上了高中，他成了一名体育生，在教练的熏陶和帮助下，他萌生出想成为一名体育老师的想法。高考结束后，他也如愿报考了体育教育专业。

坚持锻炼，突破自我

作为体育学院的学生，黎泽鹏长期保持适当的运动量。他认为长期的体育锻炼有利于提高身体的免疫力以及睡眠质量，同时也可以提高学习记忆和精力恢复等能力。并且，在完成每天的学习训练的基础上，他敢于走出自己的舒适区，不断突破自我，超越自我。黎泽鹏在大学期间多次参加武术比赛，其中也不乏国家级和国际性的赛事。黎泽鹏同学曾在第八届世界传统武术锦标赛中获得一金一银，也曾获得广东省武术公开赛个人全能第二及优秀运动员等荣誉称号。

黎泽鹏不仅在武术比赛上获得许多奖项，在学术领域上也有诸多成就。他曾连续三年综测成绩位列班级第一，也负责过省、校课题各一项，获得三个省级论文奖等。

黎泽鹏不仅热衷于参加各种武术赛事和学术研讨，还积极参与实践活动，曾于2019年前往伊朗马赞德兰大学孔子学院进行交流学习。

黎泽鹏认为，作为一名大学生，我们要勇于走出自己的舒适区，不断地拓宽自己的视野，打开窗，看见世界；走出门，了解世界。

脚踏实地，学会和解

黎泽鹏觉得在大学的学习生涯中最重要的是要培养脚踏实地的态度，一步一个脚印，而不能好高骛远，一心二用。尽管平常的学习和训练任务重，他还是会按规划分配好任务，比如，如果是在比赛训练阶段，他会将重点放在训练上；如果训练效果比较好的时候，他则会将更多时间花在理论知识的学习上。关于评选上十佳学生，黎泽鹏感慨道：能评选上十佳学生是一种幸运，同时也是对自己努力的一种认可。在这条路上也不是一帆风顺的，他也遇到过很多挫折，而面对挫折，他认为最重要的是学会自我和解。与自我和解，才能走出逆境，迈向成功。他很感谢在这条路上一直默默支持他、鼓励他的老师、家人和同学们。

温颖：视野开阔，笃行致远

温颖，中共预备党员，法学院 187 班学生。她曾担任过导生和英文模拟法庭集训队队长；平均绩点高达 3.97，连续两年绩点年级第一、综合测评班级第一；曾获得国家奖学金、校一等奖学金、登峰奖学金及步云奖学金等；在省级刊物发表文章 3 篇；曾参加德国海德堡大学暑期项目，在北京高勤律师事务所实习并参与翻译欧盟第 29 条工作组《关于匿名化技术的意见》，经常活跃在各类志愿活动中。温颖现已保研至华东政法大学。

温颖

践行公益，传递温暖，将自己的价值发挥到极致

温颖平时积极参加各种公益活动，她认为，在帮助别人、给需要帮助的人带去温暖和快乐的过程中，她也能获得成就感和满足感，这也是她实现自己价值的一种方式。她参加了广交会志愿者、广州地铁志愿者等志愿活动，还在假期参加了"三下乡"，给留守儿童送去温暖。她从这些志愿活动中体会到，世界上有很多人需要帮助，我们不应该把自己局限在自己的小小天地里，而应该创造更多的机会将自己的价值发挥到极致。

漫漫长路，感恩相助，感动付出

谈及当选十佳学生的感触时，温颖最大的感触就是感恩以及感动。感恩，是因为一路走来，不管是评选上十佳学生，还是保研到华东政法大学，自己得到了父母的支持以及很多良师益友的帮助和鼓励；感动，是觉得自己的付出得到了回报，大学四年来为梦想付出的努力与汗水都是值得的。崎岖长路，有得有失，有起有落，在身边人的帮助下，温颖咬牙坚持走过这一路，她对此感到十分欣慰。十佳学生既是对自己努力的一种认可，也是对自己勇于面对未来路上的更大困难的一种鞭策。

常怀一颗感恩之心，以一种感动自我的拼搏精神去奋斗，路再崎岖，终能到达胜利的终点。

保持良好习惯，制定个人目标，把握人生方向

温颖跟我们分享了一些个人的学习经验。她表示，最重要的一点就是让优秀成为一种习惯，保持良好的习惯能够帮助我们更有效率地学习。习惯是别人带不走的，不管你到哪一个地方，这些习惯都将烙印在你身上。日常生活中，我们要找好自己的作息规律，清楚自己在什么时间段学习效率高，劳逸结合，保证睡眠质量；学习习惯上，温颖会给自己制订长期和短期计划。在睡觉前，她会在本子上记下第二天要做的事，第二天就能有的放矢。温颖强调，做计划不是为了保证计划百分百实现，很多时候也会有不能按时完成计划的情况，但是坚持做计划能让自己对生活有所把握，有所反思。

志不立，如无舵之舟，无衔之马，飘荡奔逸，终亦何所底乎！没有目标的人生，如同一艘无舵之舟，漂浮不定，永远无法到达成功的彼岸。制定好个人目标，才能更好地把握人生的方向，走向成功的彼岸。

稳扎稳打，未雨绸缪，不至最后一刻不罢休

温颖现已保研至华东政法大学。当谈及她的保研之路时，她感慨万千，其中最大的感触就是：不到最后一刻千万别放弃，坚持就是胜利。"细致的规划＋长久的坚持＋一点点运气＝你的梦想学校"，温颖表示，她的保研之路并非一帆风顺，起初她也遇到了各种各样的挫折，这些事情都给她带来了很大的考验，但她始终没有放弃，而是在遭遇挫折后及时调整心态，最终以强劲的实力拿到了通往更高学府深造的敲门砖。遭遇挫折，我们一定要保持自信，不断给自己做心理建设。温颖最后总结道："无论结果如何，这都不是我们大学生活的重点，而只是一个节点，更广阔的社会还在等待我们积极探索。"

不放弃、不气馁，自信且坚定地向着目标出发，未来再多的挫折都将被战胜，成为成功路上的垫脚石而非绊脚石。正如尼采所言，"那些杀不死你的，终将使你变得更强大"。

读万卷书，行万里路，以开阔的视野拥抱世界

温颖曾参加过德国海德堡大学暑期实践项目，她建议我们利用好大学这个平台，锻炼自己的综合素质能力，同时保持开放包容的心态，接受和尝试新事物，探索专业前沿的领域。另外，兴趣爱好、书籍、行走实践也非常重要。她强调，我们不应该拘泥于一个观点和认识，也不要排斥自己并不熟悉的领域，而应是包容地看待与交流，这样才能够做到以开阔的视野看世界、以包容的心态接受新知识。"读万卷书，行万里路"是很好的开阔视野的办法。首先，在书海中畅游，可以看到别人用一生经验凝结出的精华，也相当于是站在别人的肩膀上看世界。其次，身体和灵魂总要有一个在路上，旅游是开阔视野的另一途径，路上的所见所闻所想都会更加充实我们的人生知识储备。"广阔天地，大有作为"，读书与旅行极大地开阔了温颖的视野，让她在迈向新征程的过程中更加坚定。

我们的大学

大学生文化素质发展日志年编（2021）

曹杰龙：脚踏实地，做实干家

曹杰龙，中共预备党员，环境科学与工程学院环科 182 班学习委员，曾担任院团委组织部部长等职务。连续两年综测第一，获得国家奖学金、校一等奖学金以及广州市优秀共青团员、校优秀学生、优秀学生干部等荣誉称号。在学术科研方面，他曾参与大创、"挑战杯"项目，以第一作者发表 1 篇 SCI 论文，以第三作者参与发表 1 篇 SCI 论文。他还积极参与各项国家级比赛，荣获全国大学生数学竞赛二等奖、全国英语阅读大赛校赛三等奖等奖项。在课余时间，他还热

曹杰龙

心公益，积极参与志愿服务，并获得"善行100"二星级志愿者证书。

坚定目标，脚踏实地

大学期间，曹杰龙通过不断努力与奋斗，连续两年综测第一，获国家奖学金、校一等奖学金、校优秀学生称号等。

曹杰龙认为"作为一名学生，学习是我们的首要任务"。在谈到学习动力时，曹杰龙表示，由于高考成绩不理想，他始终在心中憋着一股劲，所以上大学前他就立志要变得更优秀，弥补之前的遗憾。秉承着这颗坚定的初心，曹杰龙在大学期间花费大量时间在学习上，通过努力收获了如今的耀眼成绩。他坦言，自己并不属于天资聪慧的类型，是靠着一步一个脚印做出了改变。

"不仅是学习，做任何事情都要有逻辑，这会帮助自己把路走明白。"曹杰龙向我们分享自己的学习方法，"在知识脉络复杂的地方，可以做思维导图，理清自己的思路"。从大一开始，曹杰龙对自己的要求就是尽最大的努力提高分数，并且学习要有条理。关于如何提高成绩，他提出了三个"法宝"：课前预习、上课认真、课后复习。"这些道理说起来容易，但日复一日地坚持却绝非易事。"要克服自己的惰性，主动积极地去学习，课余时间多去图书馆，才会让自己不虚度光阴、有所作为。

"我们要有甘坐冷板凳的精神"

在科研方面，曹杰龙与我们许多同学一样，刚开始面对英文文献和论文撰写时感到十分痛苦与吃力。但他在分享中说到，面对晦涩难懂的文献，他会把经常出现的专业词汇摘抄出来并翻译，反复记忆这些词汇，长此以往，阅读英文文献便会得心应手。此外，学习环境科学专业的他，在科研过程中离不开做实验这一环节。在实验中，他经常会遇到实验结果不理想的情况，彼时他也会感到失落沮丧。但他能重新调整心态，坚持"永不放弃"的信念。他告诉我们："做学术研究，第一重要的是拥有扎实的专业知识，第二重要的便是心态。我们在做科研的过程中要有耐心、要有批判精神，更要有甘坐冷板凳的精神。"在采访中，曹杰龙告诉我们，他一开始是被调剂到环境科学专业的，但随着学习的深入，他发现环境科学是一个十分有意义的学科。他本科阶段参与了去除工业废水中剧毒重金属元素铊的研究，在环境保护方面贡献出自己微薄的力量，这也更加坚定了他继续走下去的信念。其实我们每个人都可以找到自己感兴趣的领域，并为之不断努力奋斗。

德才兼备 全面发展

在校期间，曹杰龙不仅在学习科研上表现突出，还活跃于学生组织和志愿活动中。在大一期间，他策划并参与了多项志愿活动，如"善行100"、美化校园、励志课堂等，并荣获"善行100"二星级志愿者证书。

在寒假期间，他也会去医院做志愿者，用自己微薄的力量向这个社会传达无限的温暖。在做志愿者的过程中，他不仅感受到了帮助他人的快乐，更是结识到了一群志同道合的好朋友。

曹杰龙表示，他也是从零开始做起。通过不断地试错和努力，一步一个脚印地收获了属于自己的果实。在学生工作中，他的策划能力、表达能力和组织能力都不断增强，综合素质能力得到了质的提升。

课余时间，曹杰龙喜欢打乒乓球和跑步，他认为，运动既能锻炼身体，又能愉悦身心。而与多数同学一样的是，他也喜欢打游戏。但在他看来，游戏只是一个排解压力的出口，他不会让自己沉迷于游戏的虚拟世界中。

有了合理的规划，才不会让自己迷失前进的方向。曹杰龙认为大学生活中有很多事情，学习、开会、参加活动，为了把每一件事做好，他有一个习惯，就是在每晚睡前理清楚第二天需要做些什么，并将其记录在备忘录中，让自己每一天都过得清楚且有意义。

李博贤：唱响未来，不负青春

李博贤，中共党员，音乐舞蹈学院音乐181班学生，连续三年学业成绩第一，获得中国国际合唱节专业组、女声组金奖等其他专业奖项十余项，后加入2018级创新人才实验班，多次获得校级一等奖学金和"优秀学生"等荣誉称号。大学期间，她曾前往北京中央音乐学院、首都师范大学等高校进行第二校园访学活动。她在班级担任团支书，并获"广州大学优秀学生共青团干部"荣誉称号，其

李博贤

所在的团支部获得"广州大学五四红旗团支部"荣誉称号。李博贤积极参加文艺演出，在大学三年期间参与文艺演出共计二十余次。除此之外，她在寒假返程高峰期间主动报名参加防疫志愿活动，协助核酸检测，为抗疫工作献出自己的绵薄之力。

博学笃行，贤而达之

山可以很高，但高不过勇于攀登的人；路可以很长，但长不过不停迈动的脚步。正值青春年华，李博贤总问自己能做点什么，能多做点什么，能不能做得更好一点？她享受追逐梦想，她敢于承担责任，她越战越强。她用学识与素养打造了自己辉煌的人生，以实践和勤奋增添了自己的经验。她，是我们的榜样，坚守以学习为首要任务的理念，以刻苦钻研、积极进取的精神，探求新知，完善自我，把自己锻炼成具有综合素质和能力的人才，掌握搏击青春、创造精彩人生的能力。

信仰坚定，一心向党

在李博贤的家中有两位老党员，她经常听他们讲述以前的故事。耳濡目染下，李博贤也立志成为一名党员。李博贤谦虚温谨、严于律己，她说："成了一名光荣的中共党员，我更要以身作则，树立榜样作用，去辐射身边的同学。"

李博贤在大一刚入学时就递交了入党申请书，她十分清楚自己想做什么、要做什么。虽然她不知道前方会有多少艰难险阻，但她始终坚持把爱党爱国爱人民的信念作为自己最高的信念，始终清楚自己的担当与责任。通过自身努力，种下一粒信仰的种子。面对各种挫折，李博贤经常说一句话："身为一名中共党员，就要时刻不忘初心、牢记使命，砥砺前行。"

我们生在红旗下，长在春风里。李博贤坚信，青年一代必将是新时代的推动力，我们不应辜负党和国家对青年一代的希望。人民有信仰，国家有力量，民族才有希望。

以身作则，勇于担当

李博贤像漫漫黑夜中的一盏灯，闪耀着自己，更照耀着别人。作为班级团支书和学院团委副书记，尽管平常的工作十分繁忙，但李博贤仍保持着一颗热忱的心，并收获每一份感动。她说："我身为班级团支书，是有使命感存在的，不会轻易去放弃，放弃是对支部团员的不负责。"所以她经常呼吁班上的同学，不论是党员、团员还是群众，都应积极地参与团日活动。

李博贤会根据事情的轻重缓急一一排序，有规律、有计划地去完成。虽然开始时她也会迷茫，不知道如何着手，不知道从何管理，但在一次次梳理，一次次回顾中，她慢慢地摸索出了前进的道路。从开始的不知所措、毫无头绪到现在的踌躇满志、从容不迫。在2020年，李博贤组织了一次微团课录制活动，结合自身专业拍摄了《续写春天的故事》微团课视频，获得了学院微团课视频大赛一等奖；2021年，她又动员全班同学参加了团支部合唱比赛，合唱《我的祖国》，献给最可亲可爱的党和国家，并且荣获2021年广州大学团支部合唱大赛优秀作品奖。

披荆斩棘，乘风破浪

李博贤今天的成绩并不是唾手可得的，而是靠自己的拼搏和努力去创造的。成功的花儿，人们只惊羡她现时的明艳，然而当初她的芽儿，浸透了奋斗的泪泉。每周每日定时定量的训练，李博贤一直坚持高质量地完成。因为热爱，所以她不辞劳累。

在每次准备比赛或是演出的同时，李博贤还要兼顾自身的学业。把时间当作海绵里的水去挤压，她说："刚开始是吃不消的，后来慢慢就习惯了，万事总要有个循序渐进的过程。面对各种困难、各种坎坷时，学院也会帮助我们，非常感谢学院。我们也会尽自己最大的努力去坚持自己所热爱的。"

心系公益，为民服务

疫情给中国人民带来了严重的损失。在疫情期间，李博贤心怀时代使命感和无私奉献的精神，主动申请参加在寒假返程高峰期间协助核酸检测等志愿活动。用青春的力量，扬起希望的风帆；她用真诚的爱心，托起明天的太阳。当被问起为什么要去协助核酸检测时，她回答道："单纯是出于自己本身的想法，没有任何外界因素的推动，我想要去做些对社会有利的事情，为社会建设做出自己的贡献。"

除此以外，李博贤还在寒假返乡期间去做社区服务志愿者，积极地帮助那些需要帮助的人，共同抵抗疫情。让爱心汇成海洋，让真情放飞希望。

规划人生，展望未来

现在的荣誉不代表未来，而是对过去学习和工作的肯定。李博贤身上有着积极探索、精益求精的精神。问及未来的道路时，她说道："从我进入创新班的那一刻起，我就已经确立了自己今后的选择方向——升学读研。"目前，李博贤也顺利拿到了广州大学优秀应届推免生的资格，获得了来之不易的广州大学"十佳学生"称号。未来的道路上，李博贤会继续不忘初心、砥砺前行。希望是隐藏在群山后的星星，探索是人生道路上执着的旅人。李博贤在自己的人生道路上翻山越岭、戴月披星，在自己的人生夜幕上挂满了闪耀着荣誉光辉的星辰。

我们的大学

优良学风标兵班

人文学院汉语193班

广州大学人文学院汉语193班共有学生37人。班级思想先进跟党走，互帮互助争上游，目前班级共有中共预备党员2人，入党积极分子18人。汉语193班坚持"法乎其上、先人一步、博观约取、厚积薄发"的建设理念，积极践行班级"六个一"文化，在各方面取得优异成绩。

班级积极推进组织建设，开展团日活动、千千工程，在微团课大赛和红歌合唱比赛中斩获二等奖。

班级法乎其上，先人一步。学习上创建"三百学霸班"，班级出勤率100%，各门课及格率100%，成绩优良率100%，其中优秀率约为60%。本学年学业成绩平均分在90分以上的同学约占比32%。大学英语四级的合格率约为86%，大学英语六级的合格率约为42%；普通话水平测试达到二甲的约占比75%；全国计算机二级考试的通过率为61.5%。

班级博观约取，厚积薄发。班级共有13名同学参与创新创业项目并获得立项，其中一位同学获校级和省级一等奖，在省级期刊上发表了两篇论文。

班级心怀大爱，回报社会。班级同学热心公益，班级人均志愿时长达85小时，最高志愿时长达427小时。班级中24人担任各级各类干部，考核优秀率高达92%，为学院、学校的建设贡献了自己的力量。

汉语193班定当肩负强国重任，敏学笃行，持之以恒，胸怀群山，心向高峰，创造青春的无限可能！

化学化工学院化学183班

广州大学化学化工学院化学183班是一个由32名同学组成的不断追求卓越的大家庭，其中有中共党员6人，团员26人（含入党积极分子7人）。

追求卓越，班级推进组织建设。通过开展政治学习、团日活动和主题班会，学习新思想，争做新青年，同学们的思想水平不断提高，养成良好品格。

追求卓越，班级锻造优良学风。班级整体成绩稳步上升，2020—2021 学年班级学业平均分为 88.12 分，学科优秀率平均值为 71.31%，平均学分绩点 3.9 以上者占 34%，其中 1 人满绩点。大学英语六级的累计合格率为 65.63%，意向考研率达 81%。

追求卓越，班级坚持创新创造。班级科研参与率达 100%，论文发表合计 23 人次，参与项目获立项 78 人次，其中，王玲、钟嘉欢两名同学先后两次参加"挑战杯"课外学术科技竞赛，并两次闯入国赛。

追求卓越，班级打造多彩生活。在球场赛场上乘风破浪，在舞台幕布前尽情演绎；开展多项技能训练，提升专业素质；作为大学生代表，参加广州市庆祝新中国成立 70 周年升旗仪式；疫情期间敢于奉献，展现中国青年的担当；多项班级荣誉及个人荣誉是能力发展性强的最好证明。

化学 183 班，用习惯和智慧创造奇迹，用理想和信心换取动力，不忘初心、牢记使命；追求卓越、化梦为实！

地理科学与遥感学院地理 183 班

广州大学地理科学与遥感学院地理 183 班是一个共有学生 37 人的大家庭，其中有中共党员 1 人，中共预备党员 6 人，入党积极分子 20 人。

在思想教育方面，班级通过丰富多彩的团日活动，对班级成员展开思想政治生活上的教育，大家接受度高，活动参与率高，真正做到在活动中学习，在活动中成长。

在学习方面，班级学习氛围浓厚，学风优良。班级的出勤率达 100%。课程的平均合格率为 99.75%，大学英语四级的累计合格率达到 100%，大学英语六级的累计合格率约为 86%，普通话水平测试二乙及以上的通过率 100%，班级 6 人入选澳门大学访学计划，2 人赴西藏自治区林芝市波密县支教。

在生活方面，绝大部分同学都参加过校或院学生会、社团联合会等组织，并在里面用心工作，在锻炼自己的能力、丰富课余生活的同时，为学院、学校建设贡献了自己的一份力量。

在班级荣誉方面，在全班同学的团结奋斗下，班级共获多项荣誉，曾获 2019—2020 学年广州大学先进团支部、2019—2020 学年易班优秀班集体、2019—2020 年地理科学与遥感学院优良学风班、2019 年三院联合团日活动设计大赛二等奖、2019 年广东省高校"活力在基层"主题团日竞赛活动百优项目、微团课大赛院级第一、2020 年省级及国家级五四红旗团支部提名等荣誉。正是大家的不懈努力，铸就了地理 183 班今天的成绩！

物理与材料科学学院物理 181 班

广州大学物理与材料科学学院物理 181 班是一个由 29 位女生和 26 位男生组成的团结友爱的大家庭。物理 181 班一共 55 位同学，中共党员和团员合计 53 人，党团比例高达 96.3%，中共党员和中共预备党员为 12 人，学生党员比例高达 21.8%，班级平均学习强国积分在 2 100 分以上。

物理 181 班同学成绩优异，各学期的到课率达到 99.12%，大学英语四级的合格率为 87.27%，大学前三年班级加权平均分 80 分以上的有 43 人，加权平均分 85 分以上的有 21 人。此外，物理 181 班有 89.1% 的同学参与过学生工作，其中团委、学生会 20 人，导生 9 人等。

物理 181 班连续三年获得广州大学五四红旗团支部称号，获 2019—2020 学年优良学风班称号，班级同学获得院级以上奖项达四百五十多项。同学们努力学习，奋勇向前，共同营造了一个积极进取的班级氛围。

土木工程学院土木 191 班

广州大学土木工程学院土木 191 班是一个共有学生 28 人的大家庭，其中有入党积极分子 12 人，入党发展对象 3 人，团员 26 人。

思想教育方面，全班同学广泛开展思想政治教育，经常组织丰富多彩的团建活动，积极参与、认真学习，通过活动获得知识与成长。

同学们学习态度端正，2020—2021 学年度本班学生到课率、出勤率均为 100%。班级班风优秀，各门学科及格率达 99.5%，成绩优良者 28 人，成绩优良率达 91%，必修课和专业选修课优秀率达 55.4%，大学英语四级考试的累计合格率达 100%。过去一学年中，班级 28 位同学全部获得各类奖学金，其中 4 人获得国家励志奖学金，14 人获得校一等奖学金，5 人获得广州大学"李玉楼奖学金"，绝大多数同学获得了广州大学优秀学生、广州大学优秀学生干部及广州大学优秀先进个人等荣誉称号。

土木 191 班是个团结向上、互帮互助的大家庭。通过班级全体成员的努力奋斗，同学们不仅在各类学科竞赛中获得荣誉，还共同斩获了属于集体的奖项，包括广州大学土木工程学院五四红旗团支部、广州大学土木工程学院红歌合唱大赛三等奖、广州大学土木工程学院"微团课"课件设计大赛三等奖等。班级将继续砥砺前行，更上一层楼。

教育学院小教 183 班

广州大学教育学院（师范学院）小学教育专业 183 班是本学院首届定向班，共 28 名同学，其中有 1 名中共党员，4 名中共预备党员，8 名入党积极分子。定向班的同学虽来自五湖四海，却因为共同的目标相聚在广州大学。毕业后，班级同学都将成为光荣的人民教师，服务于粤西北的乡村教育，到连山、连南、阳山等地从事教育行业。

入学三年来，班级以"笃实好学"为准则，严格自律，始终秉持"学高为师、身正为范"的专业传统，致力于打造名牌班级，探索立德树人、全面发展的班级建设模式，积极践行我校人才培养目标。

小教 183 班学风优良，积极向上，班级建设成果突出。三年来，本班的专业课程通过率为 100%，成绩优良率为 100%，优秀率接近 60%。曾获广州大学优良学风班、广州大学学生学年礼"坚定理想信念"先进集体、广州大学学生学年礼"培养奋斗精神"先进集体、广州大学优秀团支部等 5 项荣誉；学生个人奖项达 140 余项，其中国家级 7 项、省级 9 项、市级 4 项、校级 70 余项、院级 45 项。

小教 183 班坚定理想信念，把个人的理想与祖国的命运相连，"用自己留下来的坚守换大山孩子走出去的梦"，让希望扎根在粤西北广袤的土地上，共同谱写动人的乡村教育新篇章。

数学与信息科学学院数学 185 班

广州大学数学与信息科学学院数学 185 班是一个共有学生 60 人的大家庭，其中有中共党员 1 人，中共预备党员 4 人，入党积极分子 11 人，团员 55 人。

在班级成员教育情况方面，班级通过丰富多彩的团日活动，对班级成员展开思想政治生活上的教育，大家接受度高、活动参与率高，真正做到在活动中学习、在活动中成长。

在学习方面，同学们学习态度端正。2020—2021学年度本班学生到课率、出勤率均为100%；各门学科及格率达99.77%；成绩优良者57人，成绩优良率达95%；必修课和专业选修课优秀率达73.64%；大学英语四、六级的累计合格率分别超80%。

在生活方面，几乎所有的同学都参加过校或院学生会、社团联合会等组织，并在里面用心工作。在锻炼自己能力、丰富课余生活的同时，为学院、学校建设贡献了一份力量。

数学185班是个团结向上的集体，通过全体成员的努力，班级成功斩获许多属于集体的荣誉，包括大二学年的广州大学优良学风班、黄埔军校旧址纪念馆团日活动入选2018年广东省高校"活力在基层"主题团日竞赛活动（第二赛季）"千人围"项目、三院联合田径运动会团体总分第二名等。这累累硕果，正是数学185班努力的见证！

马克思主义学院思教191班

广州大学马克思主义学院思教191班是一个共有学生43人的大家庭，其中有2名中共预备党员，19名入党积极分子，其余同学均为团员。

在学习上，同学们学习态度积极。在大二学年，本班学生到课率为99.85%，各门学科及格率达99.62%，成绩优良率达100%，必修课和专业选修课优秀率达43.80%，大学英语四级的合格率88.40%。

在思想上，同学们思想品行端正。通过开展千千工程和团日活动，指导同学们不忘初心、牢记使命，认真学习先进思想，并内化于心、外化于行，成为有内涵、有品行的马院青年。

在实践上，同学们诠释知行合一。大家积极参加社团工作、各类文体和志愿活动，锻炼自己的能力，收获一系列个人和集体荣誉奖项，展现出不一样的青春风采。

思教191班是个团结上进的集体，通过班级成员的共同努力，斩获不少个人和集体的荣誉，包括广州大学五四红旗团支部、广州大学优良学风班、广东省高校"活力在基层"入围项目、2020—2021年度广州大学活力团支部等。思教191班会继续激扬风采，扬帆起航，向着更远大的理想目标坚定前行！

生命科学学院生科183班

广州大学生命科学学院生物科学（师范）183班是一个共有学生40人的大家庭，其中有中共党员3人，中共预备党员1人，入党积极分子9人，团员36人。

在班级教育方面，班集体通过开展形式多样、内容丰富的团日活动和千千工程，对班级成员进行思想上的教育。活动的参与率高，全班成员皆能在活动中明确自身的目标和使命，树立坚定的责任感。

在学习方面，全班成员学习态度端正且成绩优秀。在2020—2021学年度，

班级学生到课率、出勤率均为100％，各门学科及格率达99.36％，成绩优良率达95.21％，必修课和专业选修课优秀率达33.33％，大学英语四级的累计合格率达92.5％。

在生活方面，绝大部分班级成员有过担任校级或院级学生干部的经历，班级成员的工作能力高、责任心强。此外，全班成员在课余都能积极参加各级各类的比赛和活动，以丰富课余生活、拓宽自身视野、提升自身能力。

生科183班团结一致，积极向上。班级曾获得广州大学五四红旗团支部、广州大学2019—2020学年优良学风班的称号，也曾斩获三院联合田径运动会团体项目第二名、三院联合团日活动设计大赛三等奖、生命科学学院黄文秀征文比赛参与率第一的"优秀组织奖"、生命科学学院团支部红歌合唱大赛三等奖等荣誉。

管理学院（旅游学院/中法旅游学院）旅游191班

广州大学管理学院（旅游学院/中法旅游学院）旅游管理专业191班是一个共有学生32人的大家庭，其中有中共预备党员2人，入党积极分子20人，团员29人。

在班级成员教育方面，班级共开展了12次团日活动，围绕"青春向党，奋斗强国""文化自信，经典传承"等主题对班级成员展开思想政治生活上的教育，大家接受度高，活动参与率高，真正做到在活动中学习、在活动中成长。

在学习方面，同学们学习态度端正。在2020—2021学年，班级无考试作弊现象，无学生受违纪处分。班级学年到课率为98.75％，学年全勤率为93.75％，全年早读（锻炼）出勤率为100％，各门课的及格率达96.88％，成绩优良率达96.88％，必修课和专业选修课优秀率达33.21％，大学英语四级的累计合格率达81.25％。

在生活方面，全班同学都参加过校或院学生会、社团联合会等组织，并在里面用心工作，在锻炼自己的能力、丰富课余生活的同时，为学院、学校建设贡献了自己的一份力量。

旅游191班是个团结向上的集体，通过班级全体成员的努力，成功斩获不少属于集体的荣誉，包括大一学年的广州大学优良学风班、广州大学管理学院微团课大赛一等奖、易班优秀班集体、旅院 & 外院联合辩论赛冠军、新生男篮第一名、女篮第二名、三院联合运动会女子 4×100 米第四名等。这累累硕果，正是旅游191班过去努力的见证！

我们的大学子

大学生文化素质发展日志年编（2021）

我们的大学

国家奖学金获奖学生名录

广州大学 2020—2021 学年
本专科生国家奖学金获奖学生名录

学生姓名	院系	学生姓名	院系
周　怡	经济与统计学院	罗瑞玉	管理学院
林　宇	经济与统计学院	陈梦晴	管理学院
黄钰怡	经济与统计学院	吴苏里江	管理学院
钟国金	经济与统计学院	董雨琪	管理学院
刘倩妍	经济与统计学院	李　颖	管理学院
温　颖	法学院（律师学院）	罗一凡	管理学院
骆晓腾	法学院（律师学院）	林钰铃	管理学院
陈漫玲	马克思主义学院	黄思镁	管理学院
韩梦茹	教育学院（师范学院）	郭倩桦	管理学院
罗浩诚	教育学院（师范学院）	李英祥	公共管理学院
沈坤敏	教育学院（师范学院）	何雯洁	公共管理学院
黎泽鹏	体育学院	任婉婷	公共管理学院
洪雅佳	体育学院	李坤洋	美术与设计学院
张洵颖	人文学院	梁倩彤	美术与设计学院
李奕锦	人文学院	唐菁鞠	美术与设计学院
温莹禧	人文学院	叶　卉	数学与信息科学学院
钟　敏	人文学院	马思婕	数学与信息科学学院
麦　彤	人文学院	姚安怡	数学与信息科学学院
李永强	外国语学院	张洁婷	数学与信息科学学院
陈利霞	外国语学院	邵紫曦	地理科学与遥感学院
李拓东	外国语学院	李晓诗	地理科学与遥感学院
谭宇洋	新闻与传播学院	王晨禾	地理科学与遥感学院
王译玄	新闻与传播学院	黄心怡	生命科学学院
杨子曦	新闻与传播学院	陈依灵	生命科学学院
李少洋	机械与电气工程学院	肖嘉敏	市政技术学院
吴家淳	机械与电气工程学院	马　腾	市政技术学院
龙新谋	机械与电气工程学院	任广晴	市政技术学院
严彦成	机械与电气工程学院	黄渊楠	纺织服装学院

（续上表）

学生姓名	院系	学生姓名	院系
卫雯奇	机械与电气工程学院	谭宗良	纺织服装学院
陆庚有	电子与通信工程学院	谢惠妙	纺织服装学院
吴添贤	电子与通信工程学院	杨　宁	纺织服装学院
王坤辉	电子与通信工程学院	谢圳廷	纺织服装学院
陈虹桥	计算机科学与网络工程学院	黄秋燕	纺织服装学院
彭少淇	计算机科学与网络工程学院	李佩珊	纺织服装学院
程日强	计算机科学与网络工程学院	肖智慧	化学化工学院
卢科达	计算机科学与网络工程学院	彭子林	化学化工学院
陈开炳	计算机科学与网络工程学院	黎智轩	物理与材料科学学院
谢治东	计算机科学与网络工程学院	王子煌	物理与材料科学学院
陈梓聪	建筑与城市规划学院	李博贤	音乐舞蹈学院
周文婷	建筑与城市规划学院	谭智善	音乐舞蹈学院
陈雨露	土木工程学院		
罗容玮	土木工程学院		
赵烽尧	土木工程学院		
唐川宇	土木工程学院		
陈致心	土木工程学院		
张　尤	环境科学与工程学院		
曹杰龙	环境科学与工程学院		

国家奖学金获奖学生名录

我们的大学

学年礼

广州大学关于表彰 2021—2022 学年学生学年礼先进集体和个人的通报

校属各有关单位：

为全面贯彻党的教育方针、落实立德树人根本任务，激发全体教师担负起更多的教书育人使命，引导学生追求卓越，根据"德才兼备、家国情怀、视野开阔，爱体育、懂艺术，能力发展性强"广大特色学生核心素质发展指标评价结果及我校学生先进集体与个人评选及奖学金评定的有关规定，经学校评审小组评定，决定如下：

授予经济与统计学院本科生第一党支部等 21 个集体"坚定理想信念"工作先进集体称号，黄倩瑶等 69 名同学"坚定理想信念"先进个人称号，马克思主义学院"党史青年宣讲团"等 24 个集体"厚植爱国主义情怀"工作先进集体称号，李博贤等 56 名同学"厚植爱国主义情怀"先进个人称号，教育学院（师范学院）应用心理学 193 班等 16 个集体"加强品德修养"工作先进集体称号，陈颖敏等 47 名同学"加强品德修养"先进个人称号，法学院（律师学院）学生会等 23 个集体"增长知识见识"工作先进集体称号，林泳彤等 66 名同学"增长知识见识"先进个人称号，人文学院学生会等 18 个集体"培养奋斗精神"工作先进集体称号，温颖等 75 名同学"培养奋斗精神"先进个人称号，体育学院广州大学校学生艺术团啦啦队等 31 个集体"增强综合素质"工作先进集体称号，吴欣潼等 96 名同学"增强综合素质"先进个人称号，管理学院（旅游学院/中法旅游学院）等 10 个学院"德才兼备　家国情怀"工作先进单位称号，音乐舞蹈学院等 27 个单位"十大育人"工作先进单位称号。

授予地理科学与遥感学院等 11 个学院"体育发展"工作先进学院称号，吴永珊等 10 名同学"体育发展"十佳个人称号，黄安琪等 10 名同学"运动达人"称号，朱冠霖等 100 名同学"跑步达人"称号。

授予新闻与传播学院等 10 个学院"艺术发展"工作先进学院称号，袁琛沂等 10 名同学"艺术发展"十佳个人称号，程浩鑫等 29 名同学"声乐达人"称号，黄彦君等 17 名同学"器乐达人"称号，溪浩冰等 32 名同学"舞蹈达人"称号，刘杨洋等 18 名同学"语言艺术达人"称号，龙泳海等 10 名同学"书法达人"称号，陈浩羽等 10 名同学"摄影达人"称号。

授予生命科学学院等 10 个学院"视野拓展"工作先进学院称号，罗怡翔等 10 名同学"视野拓展"十佳个人称号，叶晶莹等 50 名同学"经典阅读之星"

称号，袁林均等 50 名同学"学习之星"称号，周颖等 50 名同学"晨读之星"称号，方乐慧等 50 名同学"志愿之星"称号。黄杰珊等 60 名同学在经典百书征文比赛中获奖，方伊凰等 58 名同学在中华经典诵读知识竞赛中获奖。

授予土木工程学院等 10 个学院"能力发展"工作先进学院称号，任婉婷等 10 名同学"能力发展"十佳个人称号，李英祥等 30 名同学"创新达人"称号，柏仕林等 30 名同学"创业达人"称号，王玲等 10 名同学"科研达人"称号，刘泽霖等 20 名同学"文创达人"称号，大学城校区梅苑 2 栋 225 等 9 间宿舍"优良学风型"（考研专项）标兵宿舍称号，大学城校区梅苑 1 栋 219 等 47 间宿舍、桂花岗校区南 A 栋 904 等 12 间宿舍、黄埔研究生院广州绿地城 C2 栋 501 等 3 间宿舍"优秀示范型"标兵宿舍称号，大学城校区梅苑 1 栋 230 等 116 间宿舍、桂花岗校区南 A404 等 12 间宿舍、黄埔研究生院广州绿地城 C2 栋 705 等 3 间宿舍"文明守纪型"标兵宿舍称号，李长荣等 71 名同学"优秀学生楼层长"称号。

授予化学化工学院化学 183 班等 10 个班级"优良学风标兵班"称号，外国语学院英语 185 班等 140 个班级"优良学风班"称号。

授予杨子曦等 10 名同学"广州大学十佳学生"称号并给予镇泰奖学金，授予吴添贤等 16 名同学"广州大学十佳学生入围奖"称号。

授予谭杨柳等 1 071 名同学"优秀学生"称号、吴晓鹏等 891 名同学"优秀学生干部"称号，给予曾子娟等 1 121 名同学一等奖学金、朱冬婧等 1 805 名同学二等奖学金、张谊乐等 2 708 名同学三等奖学金。

给予麦嘉懿等 163 名同学考研优秀一等奖、郭泰延等 169 名同学考研优秀二等奖、黎晓琳等 166 名同学考研优秀三等奖。

给予简子钊等 274 名同学学业进步奖。

给予罗浩诚等 74 名同学论文发表奖。

给予陈梓聪等 4 名同学发明专利奖。

给予郑楚群等 9 个团体或个人思想品德奖，邓昊琳等 111 个团体或个人文体优秀奖。

希望受表彰的集体和个人不忘初心、砥砺前行，将更多的精力和心血倾注到学生的培养中，培养出更多具有中国人的志气、骨气、底气，不负时代，不负韶华，不负党和人民的殷切期望，堪当民族复兴重任的时代新人。

广州大学

2021 年 10 月

学年礼

广州大学 2020—2021 学年学生
"德才兼备 家国情怀"工作先进集体和个人名单

一、"坚定理想信念"工作先进集体和个人

先进集体（21 个）

经济与统计学院本科生第一党支部
法学院（律师学院）本科生党支部
马克思主义学院青年志愿者协会
教育学院（师范学院）团委
人文学院南越支教志愿服务队
外国语学院团委组织部
外国语学院英语 201 班
管理学院（旅游学院/中法旅游学院）学生第五党支部
管理学院（旅游学院/中法旅游学院）党建理论研究会
公共管理学院本科生党支部
音乐舞蹈学院音乐学 181 班团支部
数学与信息科学学院本科学生联合党支部
物理与材料科学学院物理 181 班
化学化工学院团委
生命科学学院团委
机械与电气工程学院机电工程系学生党支部
电子与通信工程学院团委
计算机科学与网络工程学院本科学生党支部
建筑与城市规划学院建筑 192 班
土木工程学院团委
环境科学与工程学院科技辅导团环境分团

先进个人（69 名）

黄倩瑶	黄清楠	邹 娟	溪浩冰	卢百麒	李瑶瑶	陈伟彬	谢伟康
黄碧容	杨燕霞	蔡元海	祝梓博	何海盛	邓乔力	甘梓莹	刘玉芬
何梓倩	杨榕宜	张 悦	姚婉琳	杨可欣	孔泓懿	曲芷萱	嵇正中
陈舒婷	麦伟健	杜晓楠	王家创	罗子航	黄 龙	李坤洋	黄晓敏
陈峻浩	林上豪	杨 灼	徐伊桦	马鑫婷	林泽嘉	何熙敏	雷 昊
田宏皓	廖俪莹	邓舒婷	邓美娜	李妍宁	刘启杰	刘杨洋	黄宝怡
粟永宏	袁思薬	黄祯鸿	陈乐瑶	章浩楠	张 黎	陈廷涛	张柏珊
钟思怡	欧阳宇文	周文婷	吕姚霏	林芷欣	邓晓君	郑泽昆	谢治东
刘 洁	林沐青	陈依灵	黄桂欢	叶少婷			

二、"厚植爱国主义情怀" 工作先进集体和个人

先进集体（24 个）

马克思主义学院"党史青年宣讲团"
经济与统计学院金融 191 班团支部
教育学院（师范学院）新疆少数民族预科班 201 班
体育学院广州大学龙狮队
人文学院志愿讲解队
外国语学院新媒体中心
外国语学院英语师范 189 班
新闻与传播学院"红音传唱"调研团队
新闻与传播学院新传分党校
管理学院（旅游学院/中法旅游学院）学生第六党支部

学年礼

管理学院（旅游学院/中法旅游学院）青年志愿者协会
公共管理学院新媒体中心
数学与信息科学学院信计 191 班
化学化工学院化学 204 团支部
地理科学与遥感学院学生党总支
生命科学学院生物制药学生党支部
生命科学学院辩论队
生命科学学院生科 193 班
机械与电气工程学院"义教推普，强国有我"肇庆支教队
电子与通信工程学院电子信息工程专业 181 班团支部
计算机科学与网络工程学院团委
建筑与城市规划学院城规 171 班
土木工程学院本科生第一党支部
环境科学与工程学院环科 191 团支部

先进个人（56 名）

李博贤	谢君玥	廖恩惠	郑旭芸	黄容婷	苏倩平	区慕容	刘洁兰
杨靖斐	黄芷茵	林 桐	黄昌侨	黎智轩	周泽楠	刘玉蓉	吕凌炜
杨宝莹	林丹璇	林梓豪	江卓飞	余俊佩	梁嘉俊	谢玉婷	李悦祺
王嘉轩	周格妃	甘其斌	刘 淇	陈家昕	黄钰怡	邝俊毓	李梓欣
龚 旺	吴晓燕	张颖文	曾雅婧	吴彦妍	林 杰	黄翠仪	杨碧芬
魏华彬	陈方蕊	林金腾	曹杰龙	余剑新	吴绮雯	林 韵	陈梓博
郑 敏	林 楠	李灵奕	吴子欣	叶定远	王艾琳	木也沙尔·沙塔尔	
ZHU CHU YI JASMINE							

三、"加强品德修养"工作先进集体和个人

先进集体（16 个）

教育学院（师范学院）应用心理学 193 班
经济与统计学院"心苑"
马克思主义学院学生党支部
体育学院社体 202 团支部
管理学院（旅游学院/中法旅游学院）"阳光义工团"
公共管理学院行政管理 201 班
数学与信息科学学院"尚行社"
物理与材料科学学院物理 202 班
化学化工学院红十字会
机械与电气工程学院电气 193 班团支部
电子与通信工程学院物联 201 班
计算机科学与网络工程学院青年志愿者协会
土木工程学院给排 182 班团支部
建筑与城市规划学院园林 172 班
广州大学团委青年志愿者协会
广州大学团委学生艺术团

先进个人（47 名）

陈颖敏	郭紫柔	钟嘉欢	刘伟杰	刘思欣	洪育懋	连雨昕	邓焯琳
陈楷燊	陈茂亮	郑晓丹	李沅滢	何胡杰	陈仪臻	林文杰	胡抒文
杨绮翠	董 彦	李烨恒	钟芷瑶	袁淦浇	吴雪玲	黄晓露	张翔淞

蔡彬彬	范玉锋	杨　涵	张宁宁	陈　怡	许　缘	肖乐琦	黄　欣
林妙龙	叶坤裕	江沐鸿	马坚林	伍蓓茵	肖　瑶	张煜文	蔡健鑫
戚梅琳	郑晓燕	刘洁美	张柳清	张　莹	杨　虹	陈诗丽	

四、"增长知识见识"工作先进集体和个人

先进集体（23 个）

法学院（律师学院）学生会
经济与统计学院"从心出发"队
法学院（律师学院）法学 191 班
马克思主义学院"观书苑"读书会
教育学院（师范学院）小学教育专业 183 班
人文学院汉语 204 班
新闻与传播学院新窗报
管理学院（旅游学院/中法旅游学院）房地产研究学会
管理学院（旅游学院/中法旅游学院）双百引航项目团队
公共管理学院社会学 181 班
数学与信息科学学院数学 191 班
物理与材料科学学院青年志愿者协会
化学化工学院科技辅导团
地理科学与遥感学院地理 181 班
地理科学与遥感学院天文爱好者协会
机械与电气工程学院创客协会

（续上表）

电子与通信工程学院广州大学集成电路与系统实验室
计算机科学与网络工程学院义修服务队
计算机科学与网络工程学院软件 193 班
建筑与城市规划学院城规 181 班
建筑与城市规划学院园林 201 班
土木工程学院红十字协会
广州大学团委学术科技中心

先进个人（66 名）

林泳彤	骆晓腾	杨 芸	严基杰	罗怡翔	李少筠	李奕锦	郑家怡
黄颖瑜	沈坤敏	沈 沁	刘泽霖	张意岑	耿雨馨	陈月月	邱琪涵
胡 娟	吴添贤	林静旖	庄晓萱	曹许优	洪泽宁	林婷婷	钟楚鹏
黄佳胜	吴浩凡	刘炳荣	江泽铖	邓鑫坤	蒋心怡	陈 实	郭易之
明泳娴	吴鸿澜	张师师	易 鸿	唐诗容	潘锦辉	李永强	黄思隆
王译玄	王鑫轶	陈玉淳	阳莹艳	许文睿	许丽够	夏铭泽	梁铭珊
赖禧瑶	危安平	许金晟	张 洋	石铱敏	李雨薇	廖晓桦	茅立燊
刘书航	李 雯	裴鑫振	刘 浩	张冉冉	孙 政	刘凯源	韦彩鸿
林楚瑶	刘盈莹						

五、"培养奋斗精神" 工作先进集体和个人

先进集体（18 个）

人文学院学生会
经济与统计学院统计 192 班

学年礼

（续上表）

马克思主义学院思想政治教育专业 191 团支部
教育学院（师范学院）广州大学师范技能协会
新闻与传播学院媒体 201 班
管理学院（旅游学院/中法旅游学院）会计 185 班
管理学院（旅游学院/中法旅游学院）综合办公室
公共管理学院行政管理 195 班
数学与信息科学学院数学 185 班
物理与材料科学学院物理 191 班
化学化工学院星火燎原组
生命科学学院学生会
机械与电气工程学院电气 204 班
电子与通信工程学院通信 202 班
计算机科学与网络工程学院励学工作站
建筑与城市规划学院园林 181 班
土木工程学院 19 级福霖班
环境科学与工程学院沧浪水清 2.0

先进个人（75 名）

温 颖	肖尔轩	吴臻臻	邱富城	黄爱雯	庄榕婷	罗宇泰	张慧怡
林志伟	罗颖瑶	韩梦茹	梁淑瑜	张欣懿	王煜煊	方 谦	梁伟健
王晓冰	肖海韵	王彩婷	刘美瑜	廖玟皓	黄沂枫	林锐淇	黄嘉慧
张妤婷	彭子林	陈丽婷	苏 彤	夏韵銮	周晓霖	谭思颖	罗秋燕
王嘉琪	蔡晓莹	黄晓静	王誉潼	吴铎翰	吴雨晴	郑利豪	龙泳海

（续上表）

黄　颖	康鑫鑫	马神冠	林旭斌	唐楚晖	谢　拂	刘曦琳	李卓霖
肖　欣	徐芯玥	张子澜	曾兰斐	钟　俏	洪俊旺	刘源东	张剑航
梁健晖	王菁菁	张宇新	董雨琪	罗瑞玉	杜倩平	冯韵程	张小蔚
林钰铃	沙　敏	刘宇涵	黄　旻	谢梓聪	马鹏腾	黄莉珊	张楚曼
朱雅婷	古雯惠	欧阳媛源					

六、"增强综合素质"工作先进集体和个人

先进集体（31 个）

体育学院广州大学校学生艺术团啦啦队
经济与统计学院经济 182 班
法学院（律师学院）2020 级导生组
法学院（律师学院）181 班
法学院（律师学院）203 班团支部
马克思主义学院学生会
教育学院（师范学院）青年志愿者协会
人文学院汉语 187 班
人文学院汉语 194 班
外国语学院英语 192 班
外国语学院英语 183 班
新闻与传播学院新传网
新闻与传播学院广电 193 班
管理学院（旅游学院/中法旅游学院）党员服务站"飞粤计划"航模科普教育团队

学年礼

管理学院（旅游学院/中法旅游学院）ERP 学术交流协会
公共管理学院学生会文体部
数学与信息科学学院信计 181 班
物理与材料科学学院物理 203 班
化学化工学院学生会
地理科学与遥感学院地理 183 班
地理科学与遥感学院地科青年志愿者协会
生命科学学院兰苑 2 栋五室一站
机械与电气工程学院机械 186 班
机械与电气工程学院广州大学创客协会
电子与通信工程学院学生会
计算机科学与网络工程学院筑梦工作站
计算机科学与网络工程学院软件 181 班
建筑与城市规划学院城规 191 班
建筑与城市规划学院寻旧融新·海傍村河涌空间设计工作坊
土木工程学院广州大学结构设计协会
环境科学与工程学院环工 193 班

先进个人（96 名）

吴欣潼	林 婷	叶圣莛	彭少淇	李九辉	杨志远	赵宣博	杨家豪
叶林浩	骆仕煜	陈 悦	谭叶桐	廖佳雨	陈嘉敏	林冬娇	蔡璇英
朱玲珑	方雪如	卢思言	胡琳淳	孙启超	张淦基	杨 沛	李浩铃
程 杰	杨境璇	师文君	许智蕴	何 煜	李妍妍	麦倩雯	薛 蓉
陈梓聪	陈 妍	钟炜婷	王奕萱	陈东濠	黄爱新	李中杰	刘昊麟

大学生文化素质发展日志年编（2021）

（续上表）

谷春鸣	梁灏楠	蔡宁茵	梁雅作	张梓敏	吴楚丹	陈利霞	龙文迪
陈 灵	杨佳烨	杨子曦	莫 炜	周昱含	刘楠楠	江美艺	王彦婷
杨芷康	陈舒琪	邝钰坤	任婉婷	杨景昊	黄楚仪	林佳仪	黎泽鹏
陈碧霞	张祎宁	陈华倩	张 翔	王玥玲	罗诗棋	李晓琳	王亦韦
田睿蕴	何国鸿	杨子倩	麦悦瑶	陈雨露	黄心怡	陈 容	郭莹若
罗容玮	翟心瑜	赖思聪	唐伯俊	孙竹好	秦 冰	张骢润	古镇添
曹珏宇	梁钧健	李 颖	施 然	聂 琳	卢泳潼	陈漫玲	程钰婷

广州大学 2020—2021 学年
"德才兼备　家国情怀" 工作先进单位名单

管理学院 （旅游学院/中法旅游学院）	马克思主义学院	公共管理学院
美术与设计学院	音乐舞蹈学院	物理与材料科学学院
化学化工学院	机械与电气工程学院	计算机科学与网络工程学院
土木工程学院		

广州大学 2020—2021 学年
"十大育人" 工作先进单位名单

一、课程育人先进单位

音乐舞蹈学院　数学与信息科学学院　土木工程学院　教务处

二、科研育人先进单位

物理与材料科学学院　地理科学与遥感学院　土木工程学院　大湾区环境研究院

学年礼

三、实践育人先进单位

新闻与传播学院　公共管理学院　建筑与城市规划学院

四、文化育人先进单位

法学院（律师学院）　人文学院

纪委（监察专员办公室）综合室　纪委（监察专员办公室）　纪检监察室

五、网络育人先进单位

地理科学与遥感学院　实验中心　网络与现代教育中心

六、心理育人先进单位

经济与统计学院　美术与设计学院

七、管理育人先进单位

人事处　保卫处　武装部

八、服务育人先进单位

基建处　后勤服务处　黄埔研究生院

九、资助育人先进单位

教育学院（师范学院）　人文学院

十、组织育人先进单位

公共管理学院　生命科学学院

广州大学 2020—2021 学年学生
"体育发展"工作先进学院和个人名单

广州大学 2020—2021 学年学生"体育发展"工作先进学院（11 个）

地理科学与遥感学院	体育学院	生命科学学院
外国语学院	化学化工学院	经济与统计学院
教育学院（师范学院）	管理学院 （旅游学院/中法旅游学院）	数学与信息科学学院
物理与材料科学学院	计算机科学与网络工程学院	

广州大学 2020—2021 学年学生"体育发展"十佳个人（10 名）

吴永珊	张泽天	伍宏科	邓昊琳	郑颖槟	吴竞悦	邝钰坤	麦子晴
马神冠	叶林浩						

广州大学 2020—2021 学年学生"运动达人"（10 名）

黄安琪	麦子晴	郑颖槟	黄金生	吴钰欣	黄育雯	练依浩	吴芳芳
陈梓俊	秦艺榕						

广州大学 2020—2021 学年学生"跑步达人"（100 名）

朱冠霖	陈炜	罗力	甘启柏	付洪宇	伍旭民	马家驹	李柯霖
陈卫佳	毕亚瞳	石桂渝	杨昊天	宋品豪	廖伟浩	梁熙	陈煦
郭岳荣	温志坚	李灏	李俊聪	章骏杰	邹晟	张颂研	陈启海
王智能	褚宇豪	蔡金鹏	何熙平	杨肇源	赖骏超	李建辉	梁易
贺鹏	何永康	陈少桓	吴迪垚	张俊辉	朱致杰	黄伟强	段小荣
苏泰杰	梁建友	李开骏	李法全	王则刚	马圆科	魏帅	曾子尧
刘汶霖	罗梓烨	张祝凤	黄雯静	王燕柔	王亦韦	郭静	房嘉儿
廖开静	陈妹	郑泽泽	陈晓敏	周颖	吴泽欣	倪云	邓文慈
练湘洳	王晓敏	周兰	陈家甜	阮晓晴	徐晓怡	凌如敏	邓颖琪
陈烨琳	陈颖坚	袁梦琪	韩妙娜	许婷婷	许棋茵	蔡璇英	吴华焱
谭妍菲	柴亚平	尤圻	林雅婷	黎施乐	魏榕	路梦娟	徐丽婷
陈宝仪	陈琪玲	谭梦蝶	李诺	谢燕	刘郦莹	何盛莉	江思霖
林翠群	方静	李诺	张若彤				

学年礼

广州大学 2020—2021 学年学生
"艺术发展" 工作先进学院和个人名单

广州大学 2020—2021 学年学生"艺术发展"工作先进学院（10 个）

新闻与传播学院	外国语学院	音乐舞蹈学院
环境科学与工程学院	美术与设计学院	物理与材料科学学院
教育学院（师范学院）	计算机科学与网络工程学院	地理科学与遥感学院
生命科学学院		

广州大学 2020—2021 学年学生"艺术发展"十佳个人（10 名）

袁琛沂	杨志远	陈沼宇	许小榕	杨语晴	刘凯源	吴尚阳	肖凯丹
陈 槿	万予哲						

广州大学 2020—2021 学年学生"声乐达人"（29 名）

程浩鑫	杨志远	莫烨莹	陈沼宇	曾思月	杨语晴	邹经纬	袁世业
万 玥	邹 娟	黄佳欣	陈冰滢	杨灵曦	廖坤垚	缪国玲	柯锦瞳
陈炜楠	沈婳懿	刘雨晴	郑睿娜	陈心妍	丁金铭	蔡玮庭	朱文雅
何永杰	李泳裕	欧阳雪柔	买肉甫·吐逊	古丽达娜·热合木吐拉			

广州大学 2020—2021 学年学生"器乐达人"（17 名）

黄彦君	袁琛沂	游方舟	黄靖茵	刘隽锐	柯 乐	黄贻徽	伍一杰
江 延	李钰盈	陈颖怡	张 黎	张 洋	袁 葳	王海峰	于 芊
陈宗含							

广州大学 2020—2021 学年学生"舞蹈达人"（32 名）

溪浩冰	林喜媚	王海东	练依浩	容佳仪	郑 锐	叶龙玉	钟楚慧

（续上表）

郑涔涔	梁天怡	张雅熙	何芷莹	区心玥	张紫彤	胡芷维	纪文聪
文乐之	隋珺珮	崔冰翔	丁嘉文	李晓劼	郭梓青	李悦	严烨
陈诗敏	陈薇彤	张诗颖	李敏瑜	邝钰坤	林乐儿	罗咏蕾	李佩洋

广州大学 2020—2021 学年学生"语言艺术达人"（18 名）

刘杨洋	田萍毓	黄显晴	麦晓婷	郭厚辰	董浩杰	余小璇	邝晓曼
李承昊	唐海珊	邱雨馨	曾熙瞳	邝梓豪	司晨欣	方子源	卢思琳
杨泽栋	黄婧						

广州大学 2020—2021 学年学生"书法达人"（10 名）

龙泳海	何丽萍	吴泳诗	王琦	郭莹若	周己滢	郭温廉	赵宣博
邓宇涛	舒钰璘						

广州大学 2020—2021 学年学生"摄影达人"（10 名）

陈浩羽	李颖	李明轩	黄冬雪	朱昊	佘甜好	陈钰妍	孙政
陈宝仪	王维佳						

广州大学 2020—2021 学年学生
"视野拓展"工作先进学院和个人名单

广州大学 2020—2021 学年学生"视野拓展"工作先进学院（10 个）

生命科学学院	人文学院	经济与统计学院
法学院（律师学院）	马克思主义学院	外国语学院
地理科学与遥感学院	公共管理学院	教育学院（师范学院）
建筑与城市规划学院		

学年礼

广州大学 2020—2021 学年学生"视野拓展"十佳个人（10 名）

罗怡翔	张 黎	王译玄	蔡璇英	温君悦	殷 俊	孙榕蔚	陈 容
黄观青	张 扬						

广州大学 2020—2021 学年学生"经典阅读之星"（50 名）

叶晶莹	黎亦文	麦婉柔	潘嘉莉	邓乔力	黄胜龙	陈绮颖	张晓林
庄伟贤	莫思欣	邹利苹	林剑威	陈朝楷	吴洁华	李锦杰	陈 鑫
欧铸锌	吴竞悦	蓝沁怡	封晓霞	陈活聪	林梓玲	柯若彤	罗业诚
李 帆	陈子康	廖文豪	张绮芬	庄锦芝	陈诗敏	余慧莹	王 琳
谢天富	林俐芩	马克骏	杨宗宾	黄嘉敏	夏 晶	周晓霖	谭晓莹
王贵权	于尚辉	李汉燃	郑锦楠	朱丫玲	张芙蓉	李春雨	吴钰婕
张洁婷	陈滨乐						

广州大学 2020—2021 学年学生"学习之星"（50 名）

袁林均	吴嘉文	王东星	贾高磊	曾晨媛	陈美雪	张馨悦	李 娜
陈鑫凯	王鹤润	姚浩彬	徐世浩	汤俊秀	许 佳	石浩伟	郑宇填
陈彦君	车前运	田 俊	曾绿婷	蒋 铃	周培雅	谢桂芳	李思苹
张国萍	邓家橦	陈璐茜	林嘉琪	陈嘉怡	严思思	钟宛谕	李忠英
夏智瑜	郭依诺	何淑韵	胡芮洁	黄昭岚	杨兴旺	钟 俏	冯心怡
陈嘉婧	徐璜楠	韩妙娜	王 雨	曾颖茵	陈嘉怡	郑佳燕	吴嘉祺
关志君	陈子康						

广州大学 2020—2021 学年学生"晨读之星"（50 名）

周 颖	严洁华	张 瑜	郑晓惠	徐心茹	陈 苗	杨青野	岳泽玉
杨子钰	王丽娟	李奕锦	李思苹	谷春鸣	梁艳姿	李春慧	黄 露

（续上表）

陈倩怡	魏韵玲	饶梦荣	裴晨然	林思奇	钟美娜	盛琳烁	邱建平
许婷婷	吴伟娜	彭思密	黄柏枝	杨爱江	李宇彤	庄思灵	朱夏萍
陈嘉敏	刘芷莹	袁逸文	冯佳建	陈颖婷	郭晓婷	梁美琪	林嘉琪
黄斯榆	朱悦灵	何慧娴	杨 沛	古浩杰	李雁婉	黎一帆	王慧敏
林董伟	夏日扎提·尼牙孜						

广州大学 2020—2021 学年学生"志愿之星"（50 名）

方乐慧	陈浩森	苏构利	古镇添	李燊楠	江 媚	杨松炜	吴 怡
郭渊源	李龙柱	张赐涛	朱爱琴	刘子骏	吴明捷	林嘉敏	夏立嵘
张培杰	索子洋	殷一鸣	李子聪	王智玮	陈怡凤	陈 阳	黄恩淇
杨喜端	胡小芬	刘东阳	廖俪莹	马 婕	罗敏仪	章榕烨	黄 滢
林虹君	谢嘉欣	陈彩姬	许志婷	幸雨婷	彭夏怡	曾泽玲	陆森婷
袁丽媚	莫敏怡	梁希霖	黄裕铭	廖家淇	程可欣	张 敏	戚梅琳
邵咏诗	肖宇琴						

广州大学 2020—2021 学年经典百书征文比赛获奖学生（60 名）

黄杰珊	吴安琦	郭喜清	蔡琪慧	曾子馨	陈华喜	段 岚	冯倩钰
韩希霖	胡薰匀	花明鉴	黄钧权	黄 滢	黄子琳	林翊民	卢金宁
骆 乐	庞竣元	沈 懿	徐乐萍	叶巧羽	叶圣琏	张巧灵	张思蕊
陈俊余	廖盈盈	刘彩鸣	徐思齐	杨景昊	钟 俏	陈绮媚	陈思盈
胡嘉莉	罗瑞玉	郑宝莲	朱家乐	黄佳瑜	赖堉帆	李 登	朱采虹
曾苑琳	杨允津	杜叔员	黄正平	江美欣	邝松楷	梁丽静	梁晓静
龙建甄	梁利玲	廖佳慧	莫海珊	吴健仪	郭 莹	莫晓芳	郑思妍
龚一晨	谭楚晴	王映骅	黎晓娴				

学年礼

广州大学 2020—2021 学年中华经典诵读知识竞赛获奖学生（58 名）

方伊凰	李夏端	李 帆	黄俞花	姜函希	林泳彤	林芷淇	卢金宁
沈 懿	杨森铄	陈俊余	钟娇文	钟禧儿	何昌平	黄张森	黎梓晖
林美怡	蔡璇英	曾苑琳	杜幸儿	罗颖瑶	邵一凡	吴灵灵	吴荣荣
高 瑜	邓 瑜	冯桉颐	李春瑜	刘 洁	刘昱彤	孙钰瑶	魏雨彤
温裕华	吴健仪	吴 越	叶冠宏	易楚婷	麦晓婷	张 靖	蓝 澜
梁 艳	林依婷	王 萍	郑 霖	黄昌侨	陈舒琪	李溢轩	林 芬
司晨欣	谭楚晴	萧子祺	肖思宇	熊秋鹏	张楚辉	郑思奥	郑忆熹
黄宇轩	叶鋈泉						

广州大学 2020—2021 学年学生
"能力发展" 工作先进学院和个人名单

广州大学 2020—2021 学年学生"能力发展"工作先进学院（10 个）

土木工程学院	化学化工学院	管理学院 （旅游学院/中法旅游学院）	
人文学院	经济与统计学院	生命科学学院	
教育学院（师范学院）	机械与电气工程学院	计算机科学与网络工程学院	
公共管理学院			

广州大学 2020—2021 学年学生"能力发展"十佳个人（10 名）

任婉婷	董雨琪	陈梓聪	李建龙	李坤洋	罗浩诚	邵紫曦	麦伟健
曾楚仪	陈树康						

广州大学 2020—2021 学年学生"创新达人"（30 名）

李英祥	朱哲桐	任婉婷	明泳娴	耿雨馨	杨煜琦	邵紫曦	李晨薇

（续上表）

杨子曦	吴添贤	古姗姗	黄昌侨	陈烨子	卫雯奇	钟振业	钟嘉慧
王 玲	韦林洁	冼思岐	邓碧松	刘伟谱	沙 敏	杨 冲	黄郁婷
连晓彤	李明浩	朱玲珑	李惠琳	吴辉前	林永弘		

广州大学 2020—2021 学年学生"创业达人"（30 名）

柏仕林	李欣原	肖 瑶	李瑶瑶	王智玮	杨煜琦	孙国山	黄舒嘉
吴晓燕	杨彬彬	吴添贤	李坤洋	陈 曦	许锦瑛	黄楚玲	杨 蒲
陈梓丹	梁楚妍	谢子宇	潘婉怡	陈禧儿	黄丽婷	苏佩婷	张天泉
黄毅龙	李 钰	梁倩彤	刘怡煊	刘乐怡	刘振涛		

广州大学 2020—2021 学年学生"科研达人"（10 名）

王 玲	郑淳坚	欧阳志昊	洪伟彬	麦伟健	陈虹桥	吴添贤	张 尤
汤翠仪	苏佩婷						

广州大学 2020—2021 学年学生"文创达人"（20 名）

刘泽霖	夏思思	朱文柯	李志川	张晓琳	江思霖	梁梓莹	黄浩佳
叶颖瑶	马韶敏	郭 润	陈佳玲	史妙欣	张欣彤	刘智盛	余珍妮
高灿键	刘河秀	黄日欢	司徒小娴				

广州大学 2020—2021 学年
"标兵宿舍""优秀学生楼层长"名单

2021 年广州大学"优良学风型"（考研专项）标兵宿舍（共 9 间）

梅苑 2 栋 225	梅苑 2 栋 322	梅苑 2 栋 314A	梅苑 2 栋 511

学年礼

竹苑 1 栋 313	竹苑 3 栋 327	兰苑 1 栋 533	兰苑 3 栋 705
菊苑 5 栋 718			

2021 年广州大学"优秀示范型"标兵宿舍（共 62 间）

大学城校区（47 间）			
梅苑 1 栋 219	梅苑 1 栋 302	梅苑 1 栋 501	梅苑 1 栋 530
梅苑 2 栋 701	梅苑 2 栋 713	梅苑 3 栋 603	梅苑 3 栋 703
梅苑 4 栋 604	梅苑 4 栋 631A	梅苑 5 栋 212	梅苑 6 栋 410
梅苑 7 栋 501C	梅苑 8 栋 514	梅苑 8 栋 226C	梅苑 9 栋 206
梅苑 9 栋 723	梅苑 10 栋 229	梅苑 10 栋 723	竹苑 1 栋 503
竹苑 1 栋 508	竹苑 2 栋 324	竹苑 2 栋 743	竹苑 3 栋 608
竹苑 3 栋 610	竹苑 4 栋 514	竹苑 4 栋 715	竹苑 5 栋 533
竹苑 5 栋 541	兰苑 1 栋 432	兰苑 1 栋 433	兰苑 2 栋 311
兰苑 2 栋 313	兰苑 3 栋 420	兰苑 4 栋 330	兰苑 4 栋 601
兰苑 5 栋 505	兰苑 5 栋 742	菊苑 1 栋 201	菊苑 1 栋 208
菊苑 2 栋 534	菊苑 2 栋 725	菊苑 3 栋 127	菊苑 3 栋 221
菊苑 3 栋 325	菊苑 4 栋 228	菊苑 4 栋 423	
桂花岗校区（12 间）			
南 A 栋 904	南 B 栋 901	南 B 栋 910	南 B 栋 911
南 C 栋 303	南 C 栋 903	南 D 栋 605	南 E 栋 202
南 E 栋 301	14 号楼 803	14 号楼 804	14 号楼 901
黄埔研究生院（3 间）			
广州绿地城 C2 栋 501	广州绿地城 C2 栋 918	广州绿地城 C2 栋 1001	

2021 年广州大学"文明守纪型"标兵宿舍（共 131 间）

大学城校区（116 间）			
梅苑 1 栋 230	梅苑 2 栋 631	梅苑 2 栋 715X	梅苑 2 栋 722
梅苑 3 栋 316	梅苑 3 栋 427	梅苑 3 栋 319B	梅苑 3 栋 601B
梅苑 3 栋 606	梅苑 3 栋 608	梅苑 3 栋 612	梅苑 4 栋 513
梅苑 4 栋 531C	梅苑 4 栋 601C	梅苑 4 栋 619A	梅苑 4 栋 622
梅苑 4 栋 631B	梅苑 4 栋 703	梅苑 4 栋 712	梅苑 4 栋 720B
梅苑 5 栋 409	梅苑 7 栋 201A	梅苑 7 栋 212A	梅苑 7 栋 408
梅苑 7 栋 607	梅苑 8 栋 207	梅苑 8 栋 217B	梅苑 8 栋 226B
梅苑 8 栋 422	梅苑 9 栋 212A	梅苑 9 栋 215	梅苑 9 栋 228
梅苑 9 栋 425	梅苑 9 栋 526	梅苑 9 栋 701	梅苑 9 栋 711A
梅苑 10 栋 409	梅苑 10 栋 419X	梅苑 10 栋 719	竹苑 1 栋 613
竹苑 1 栋 710	竹苑 2 栋 205	竹苑 2 栋 232	竹苑 2 栋 538
竹苑 2 栋 542	竹苑 2 栋 634	竹苑 2 栋 704	竹苑 2 栋 709
竹苑 2 栋 718	竹苑 4 栋 208	竹苑 4 栋 513	竹苑 4 栋 635
竹苑 4 栋 718	竹苑 5 栋 243	竹苑 5 栋 310	竹苑 5 栋 406
竹苑 5 栋 414	竹苑 5 栋 503	竹苑 5 栋 517	竹苑 5 栋 525
竹苑 5 栋 534	竹苑 5 栋 742	兰苑 1 栋 434	兰苑 1 栋 505
兰苑 1 栋 508	兰苑 2 栋 235	兰苑 2 栋 309	兰苑 2 栋 440
兰苑 2 栋 739	兰苑 3 栋 309	兰苑 3 栋 412	兰苑 3 栋 504
兰苑 3 栋 517	兰苑 3 栋 602	兰苑 4 栋 323	兰苑 4 栋 417
兰苑 4 栋 502	兰苑 4 栋 523	兰苑 4 栋 529	兰苑 4 栋 534
兰苑 4 栋 542	兰苑 4 栋 612	兰苑 4 栋 631	兰苑 4 栋 702
兰苑 5 栋 202	兰苑 5 栋 210	兰苑 5 栋 408	兰苑 5 栋 430

学年礼

兰苑 5 栋 528	兰苑 5 栋 534	兰苑 5 栋 733	兰苑 5 栋 735
菊苑 1 栋 417	菊苑 1 栋 724	菊苑 2 栋 201	菊苑 2 栋 234
菊苑 2 栋 444	菊苑 2 栋 603	菊苑 2 栋 628	菊苑 3 栋 425
菊苑 3 栋 429	菊苑 3 栋 541	菊苑 3 栋 714	菊苑 3 栋 720
菊苑 3 栋 725	菊苑 3 栋 727	菊苑 3 栋 729	菊苑 3 栋 739
菊苑 4 栋 220	菊苑 4 栋 229	菊苑 4 栋 230	菊苑 4 栋 416
菊苑 4 栋 432	菊苑 4 栋 536	菊苑 4 栋 608	菊苑 4 栋 702
桂花岗校区（12 间）			
南 A 栋 404	南 A 栋 802	南 B 栋 107	南 B 栋 812
南 C 栋 107	南 C 栋 110	南 C 栋 807	南 D 栋 505
南 E 栋 201	南 E 栋 606	14 号楼 702	14 号楼 906
黄埔研究生院（3 间）			
广州绿地城 C2 栋 705		广州绿地城 C2 栋 718	广州绿地城 C2 栋 816

2021 年广州大学"优秀学生楼层长"（71 人）

大学城校区（59 人）							
李长荣	黎健斌	李子文	张 露	马 熠	李小娣	李龙贞	林咏琪
刘洁兰	邓碧菁	张蓓诗	罗宇泰	卓致衡	唐楷骏	黄心怡	陈 悦
刘 龙	邹世杰	欧阳雍淇	林志聪	余 意	蔡智恒	黄林婷	邱琪涵
陈慧凤	郑杰莹	刘清颖	毛金萍	洪恩腾	梁天鳌	石 唯	周俊华
王嘉然	李逸欣	汪淑芳	庄康杰	刘铧荣	李嘉宜	李志强	李泽仁
潘嘉禧	毕倩文	李佳殷	吕媛媛	杨 涵	张海晴	徐燕珊	赖泉凤
庄雯雯	吴丽媛	樊子淇	刘镇刚	陈 警	陈炫志	陈 昆	杨创盛

（续上表）

吴秋文	马玥瑜	赖明杰					
桂花岗校区（12 人）							
周玉萍	陈静眉	范晶晶	李 莹	陈珊珊	谢妮君	施淇宝	郭赛迪
李晓鑫	林佳颖	朱 烨	黄奕添				

广州大学 2020—2021 学年
优良学风标兵班、优良学风班名单

广州大学 2020—2021 学年"优良学风标兵班"（共 10 个）

化学化工学院化学 183 班	人文学院汉语 193 班
地理科学与遥感学院地理 183 班	物理与材料科学学院物理 181 班
土木工程学院土木 191 班	教育学院（师范学院）小教 183 班
数学与信息科学学院数学 185 班	马克思主义学院思教 191 班
生命科学学院生科 183 班	管理学院（旅游学院/中法旅游学院）旅游 191 班

广州大学 2020—2021 学年"优良学风班"（共 140 个）

外国语学院（9 个班）				
英语 185 班	英语 186 班	英语 1810 班	英语 193 班	英语 201 班
英语 202 班	英语 205 班	日语 191 班	法语 191 班	
经济与统计学院（2 个班）				
经济 182 班			国贸 191 班	
法学院（律师学院）（5 个班）				
法学 182 班	法学 191 班	法学 192 班	法学 203 班	法学 206 班

马克思主义学院（1个班）				
思教181班				
教育学院（师范学院）（8个班）				
小教181班	小教191班	小教201班	小教203班	特教181班
特教191班	特教201班	应心192班		
体育学院（1个班）				
社体192班				
人文学院（8个班）				
汉语188班	汉语189班	汉语196班	汉语197班	汉语203班
汉语205班	历史192班	历史201班		
新闻与传播学院（9个班）				
广电181班	广电182班	广电183班	广电192班	广电193班
广编181班	广编191班	网媒183班	网媒201班	
管理学院（旅游学院/中法旅游学院）（21个班）				
工商181班	工商182班	工商183班	工商184班	工商1811班
工商191班	工商192班	工商193班	工商196班	工商197班
工商1910班	工商201班	工商205班	会计181班	会计185班
会计191班	会计193班	旅游182班	旅游184班	工程203班
物流181班				
公共管理学院（3个班）				
社会181班	行政195班		行政201班	
美术与设计学院（4个班）				
美术194班	美术202班	美术203班	设计201班	

（续上表）

数学与信息科学学院（5 个班）				
数学 183 班	数学 191 班	数学 192 班	数学 195 班	信安 191 班
物理与材料科学学院（3 个班）				
物理 191 班		物理 202 班		物理 203 班
化学化工学院（6 个班）				
化学 184 班	化学 194 班	化学 203 班	化工 181 班	化工 194 班
化工 203 班				
地理科学与遥感学院（6 个班）				
地理 182 班	地理 191 班	地理 192 班	地理 193 班	地理 203 班
地规 201 班				
生命科学学院（4 个班）				
生科 192 班		生科 193 班	生科 194 班	生科 202 班
机械与电气工程学院（9 个班）				
电气 181 班	电气 182 班	电气 192 班	电气 193 班	电气 202 班
机器 182 班	机械 185 班	机械 192 班	机械 203 班	
电子与通信工程学院（6 个班）				
电信 181 班	电信 183 班	电信 192 班	电信 193 班	电信 203 班
物联 192 班				
计算机科学与网络工程学院（10 个班）				
计科 181 班	计科 184 班	计科 201 班	计科 203 班	软件 181 班
软件 192 班	软件 201 班	网络 193 班	网络 201 班	网安 201 班
建筑与城市规划学院（7 个班）				
园林 181 班	园林 191 班	城规 171 班	城规 172 班	城规 202 班

学年礼

建筑 183 班	建筑 191 班			
土木工程学院（10 个班）				
土木 187 班	土木 198 班	土木 1911 班	土木 201 班	土木 205 班
土木 208 班	土木 2013 班	给排 182 班	给排 192 班	给排 193 班
环境科学与工程学院（3 个班）				
环科 191 班		环工 193 班		环工 201 班

广州大学 2020—2021 学年"十佳学生"名单

姓名	所在学院
杨子曦	新闻与传播学院
王林欣	教育学院（师范学院）（研究生院）
王誉潼	经济与统计学院
叶定远	人文学院
黄昌侨	物理与材料科学学院
卫雯奇	机械与电气工程学院
黎泽鹏	体育学院
温　颖	法学院（律师学院）
曹杰龙	环境科学与工程学院
李博贤	音乐舞蹈学院

广州大学 2020—2021 学年"十佳学生入围奖"名单

姓名	所在学院
吴添贤	电子与通信工程学院

（续上表）

姓名	所在学院
彭子林	化学化工学院
罗容玮	土木工程学院
任婉婷	公共管理学院
董雨琪	管理学院（旅游学院/中法旅游学院）
陈梓聪	建筑与城市规划学院
马思婕	数学与信息科学学院
李建龙	外国语学院
李坤洋	美术与设计学院
邵咏诗	新闻与传播学院（校团委）
彭少淇	计算机科学与网络工程学院
罗浩诚	教育学院（师范学院）
邵紫曦	地理科学与遥感学院
李　颖	管理学院（旅游学院/中法旅游学院）
陈漫玲	马克思主义学院
李浩铃	生命科学学院

广州大学 2020—2021 学年先进个人名单

经济与统计学院

优秀学生（65 人）							
谭杨柳	林　宇	朱雪冰	陈佩欣	潘玲玲	王　穗	黄　彦	吴晓燕
唐雨蝶	赖小燕	莫思欣	赵思蕊	李燕雨	马丽丽	黄钰怡	杨静怡

许 琳	钟 焯	尹若晗	陈志宏	陈珏宇	明泳娴	陈卓婷	戴 尔
彭佳怡	马怀欣	张师师	李胜涛	蔡玉婷	宋子欣	秦楚婷	邱颖欣
黄新意	赵琼珍	吴梓晴	史玉婷	陈绮欣	潘嘉欣	刘婷婷	颜抒淇
高惠仪	卢若婷	关茵茵	陈晓霞	廖晓静	姚润琪	余舒琪	曾子娟
曾颖茵	钟国金	周 怡	吴晓玲	韦沛文	蔡宁茵	易 鸿	王誉潼
钟晓潼	朱泳敏	潘 倩	刘倩妍	马滢滢	苏伊汶	岳 琪	郑茵桐
林梦琪							

优秀学生干部（52 人）

吴晓鹏	胡靖妍	陈映澄	王 穗	李欣然	林伊莱	吴晓燕	唐雨蝶
肖尔涛	谢滢蔓	李燕雨	黄钰怡	李青玫	钟 焯	吴 忆	尹若晗
郑浩东	王俊祺	谢子宇	罗彩盈	李胜涛	孙铠杰	宋子欣	钟嘉怡
秦楚婷	罗 立	罗 婷	苏钰雯	肖凯丹	马梓航	黎志良	刘力豪
黎思慧	黄荣锦	陈冠辉	吴立煌	曾 妍	黄婷婷	曾子娟	陈 怡
何浩扬	吴晓玲	丘永恩	黄 颖	钟晓潼	张嘉怡	谭晓莹	吴铎翰
黄诗雅	许乔森	郑茵桐	林涌涛				

一等奖学金（65 人）

曾子娟	曾颖茵	余舒琪	谭杨柳	陈佩欣	朱雪冰	林 宇	王 穗
潘玲玲	黄 彦	吴晓燕	唐雨蝶	赵思蕊	莫思欣	赖小燕	杨静怡
许 琳	马丽丽	黄钰怡	陈珏宇	陈志宏	钟 焯	明泳娴	李燕雨
尹若晗	宋子欣	马怀欣	蔡玉婷	戴 尔	李胜涛	彭佳怡	秦楚婷
陈卓婷	张师师	黄新意	赵琼珍	邱颖欣	刘婷婷	陈绮欣	史玉婷
潘嘉欣	吴梓晴	王誉潼	钟晓潼	刘倩妍	马滢滢	潘 倩	朱泳敏
苏伊汶	郑茵桐	林梦琪	岳 琪	卢若婷	颜抒淇	高惠仪	陈晓霞

（续上表）

关茵茵	廖晓静	姚润琪	周　怡	钟国金	韦沛文	吴晓玲	易　鸿
蔡宁茵							

<table>
<tr><td colspan="8" align="center">二等奖学金（104 人）</td></tr>
<tr><td>朱冬婧</td><td>任玉慧</td><td>田　俊</td><td>龙林烨</td><td>陈子康</td><td>许　佳</td><td>陈颖妍</td><td>刘旖淇</td></tr>
<tr><td>熊禧元</td><td>陈映澄</td><td>黄子娴</td><td>胡靖妍</td><td>谷春鸣</td><td>刘雅丽</td><td>马鑫婷</td><td>郭佳希</td></tr>
<tr><td>莫晓童</td><td>何雨君</td><td>陶怡然</td><td>谢滢蔓</td><td>陈绮颖</td><td>赖思怡</td><td>郭晓玲</td><td>肖尔涛</td></tr>
<tr><td>李春凤</td><td>曹子涵</td><td>刘芷莹</td><td>李善柔</td><td>李　娜</td><td>叶　暖</td><td>孔潘鸿</td><td>郭乐诗</td></tr>
<tr><td>林荣慧</td><td>陈诗颀</td><td>陈洪秀</td><td>李青玫</td><td>林永弘</td><td>李楷键</td><td>陈雪敏</td><td>杨相龙</td></tr>
<tr><td>骆晓璐</td><td>罗玉淇</td><td>陈　可</td><td>马晓庆</td><td>关梓滢</td><td>刘丽丽</td><td>潘　欣</td><td>黄佩妮</td></tr>
<tr><td>谭倚铃</td><td>谢子宇</td><td>叶紫惠</td><td>徐国龙</td><td>陈炜坚</td><td>王俊祺</td><td>沈婉灵</td><td>周芝漫</td></tr>
<tr><td>黎思慧</td><td>黄穗佳</td><td>李晓娜</td><td>蔡灿辉</td><td>黄芷泳</td><td>彭　可</td><td>周茵茵</td><td>罗　立</td></tr>
<tr><td>黎志良</td><td>施绮彤</td><td>李子扬</td><td>杨昊天</td><td>岳榕琪</td><td>刘子瑶</td><td>卢韬烨</td><td>曾婷芳</td></tr>
<tr><td>施炎鹏</td><td>曾凡瑾</td><td>张嘉怡</td><td>吴铎翰</td><td>黄詠心</td><td>钟凯名</td><td>魏潇童</td><td>黄诗雅</td></tr>
<tr><td>林涌涛</td><td>张敏纯</td><td>田宏皓</td><td>纪洁莹</td><td>黄荣锦</td><td>陈丹琦</td><td>邓凤怡</td><td>刘楚舒</td></tr>
<tr><td>吴立煌</td><td>曾勇豪</td><td>邵柔尘</td><td>曾　妍</td><td>蓝婉琳</td><td>陈一冰</td><td>何浩扬</td><td>游志铭</td></tr>
<tr><td>朱星龙</td><td>王文亮</td><td>马嘉林</td><td>刘喜月</td><td>李泽文</td><td>黄　颖</td><td>黄彦凯</td><td>黄欣欣</td></tr>
<tr><td colspan="8" align="center">三等奖学金（156 人）</td></tr>
<tr><td>张谊乐</td><td>何乐谊</td><td>罗颖欣</td><td>陈　怡</td><td>练湘汕</td><td>叶俊浩</td><td>邱晓敏</td><td>钟海庆</td></tr>
<tr><td>陈丹婷</td><td>张凤爱</td><td>汤思宇</td><td>唐芊琳</td><td>张婉怡</td><td>吴晓鹏</td><td>陈楚如</td><td>蔡雪云</td></tr>
<tr><td>李欣然</td><td>黄乐怡</td><td>肖　棋</td><td>吕淑欣</td><td>邓如廷</td><td>张汝宜</td><td>颜若欣</td><td>周楚楚</td></tr>
<tr><td>郑欣茹</td><td>翁靖斯</td><td>陈美娣</td><td>余慧莹</td><td>文　欣</td><td>林梓玲</td><td>徐卓怡</td><td>伍子隆</td></tr>
<tr><td>罗欣莹</td><td>骆泳锜</td><td>许露娟</td><td>吴建清</td><td>周桂香</td><td>张顺英</td><td>施永元</td><td>黄松娣</td></tr>
<tr><td>龚慧蓝</td><td>尚建华</td><td>蔡依彤</td><td>梁钰怡</td><td>吴　忆</td><td>吴咏薇</td><td>陈楚吟</td><td>吴鸿澜</td></tr>
</table>

学年礼

黄 嵋	郑浩东	梁丹丹	李莎莎	肖文鑫	张敏惠	黄业敏	武世航
谢 祎	林婉恒	张玉莲	方 炫	林金玲	魏文豪	李佩洋	刘雪玫
黄文楷	苏冰仪	林志伟	孙铠杰	王 瑶	罗彩盈	黄海龙	林诗彤
庞嘉恩	莫子吟	赖晓莹	张嘉琪	甘崇珊	梁灏楠	刘梓辕	钟姿雅
金雨辰	鄢启欣	莫 淘	周浩敏	邵俊朗	陈锦香	陈舒婷	黄诗萍
黄艳梅	罗 婷	叶淬宜	罗业诚	杨锦涵	魏 榕	黎晓玉	钟依雯
肖凯丹	黄敏桐	梁 琳	徐心茹	刘鸿琪	赖 婧	李诗莹	廖玉莹
江志浩	许 敏	匡峥峥	李梦填	郑佳烨	谭晓莹	曾丹威	马颖聪
马心怡	何隽璞	董 辉	陈嘉仪	许乔森	廖文豪	叶佳铃	王康蓓
王致远	谭灏鑫	倪宇豪	黄豪棣	陈冠辉	龚 旺	马源嘉	经 鹏
胡馨予	柯嘉雯	黄 芮	邓清清	林琪琪	陈健勇	刘芷韫	余雯茜
钟静怡	郑燕玲	林靖雯	马 秀	陈蔼彤	吴婷婷	黄沛瑶	朱诗语
林惠涛	丘永恩	欧光泉	柯卓颖	周思婷	黄 珊	胡芷程	欧阳禧彤
吴飞扬	陈杰来	赖俊隆	陈恭如				

法学院（律师学院）

优秀学生（36人）							
谢伟康	林泳彤	林培炜	金 婷	严金红	刘维澍	王梓欣	温 颖
陈枫琳	梁小敏	吴欣潼	简嘉亮	谢玉婷	黄 昊	巫岳峰	卢金宁
骆晓腾	古姗姗	沈 懿	李洁莹	陈仪臻	林 婷	肖尔轩	李香怡
李浩宇	蓝柳玲	李辉婷	何熙敏	林文杰	林 杰	叶圣莛	江佳颖
戴 博	段 岚	薛炜丹	郭炫君				

（续上表）

优秀学生干部（28人）							
卢嘉正	胡纪钛	金 婷	韩正章	王梓欣	湛凯敏	梁小敏	罗逸枝
徐明丽	魏新玉	潘晓澎	赖俊鑫	李悦祺	林芷淇	罗 茜	林泽嘉
董依娟	董松柏	冼冬妍	李 湘	林文杰	周雪敏	叶圣莛	杨 凡
江佳颖	李柏萱	段 岚	冯心怡				

一等奖学金（36人）							
谢伟康	林泳彤	林培炜	金 婷	严金红	刘维澍	王梓欣	温 颖
陈枫琳	梁小敏	吴欣潼	谢玉婷	徐明丽	黄 昊	巫岳峰	潘晓澎
骆晓腾	古姗姗	沈 懿	李洁莹	陈仪臻	林 婷	肖尔轩	李香怡
李浩宇	蓝柳玲	李辉婷	何熙敏	林文杰	林 杰	叶圣莛	江佳颖
戴 博	段 岚	薛炜丹	郭炫君				

二等奖学金（57人）							
卢嘉正	冯绮雯	洪敏耀	沈 韵	刘晓雪	陈智琳	许铭基	肖乐琦
莫海欣	张丹霞	毛 钰	严子惠	洪若榕	徐灿豪	罗逸枝	王湘元
李雨瑶	魏新玉	柴凌云	蔡杭静	冯子斌	林敏萍	李华强	梁雅琳
卢金宁	李悦祺	李惠仪	王文瑶	林芷淇	陈少蓉	江嘉嘉	廖洁虹
林泽嘉	王佳阳	董松柏	冼冬妍	姜函希	肖钦元	李泳裕	徐德方
胡丹好	刘锴亮	文乐之	周雪敏	谭颖欣	罗泽仁	梁艺琳	陈敏怡
魏加恩	李柏萱	杨 桢	彭依依	吴臻臻	张 来	周心月	袁乐明
杨 芸							

三等奖学金（85人）							
聂君怡	罗诗颖	牛莉珂	胡纪钛	李国炜	陈佳润	林佳欣	邱诗钰
华良彩	高逸曼	黄华胜	钟嘉丽	韩正章	谭小莉	陈皓滢	谢倩敏

吴婉琪	温君悦	何雨桐	古家玮	马雨欣	梁诗荣	谢淑源	褟嘉韵
吴淇其	吴可荻	朱 琦	王 妤	方婉楠	叶一飞	陈 莹	黄嘉俊
刘安妍	韩希霖	陈丽咏	郑冰莹	黄思晴	梁珠琳	吴伊雯	郭春意
庞竣元	朱 薇	钟柳莹	卓秋梅	朱嘉怡	廖佳雨	徐樱僮	刘文裕
叶巧羽	许嘉蕊	罗 茜	刘美岚	王智能	黄 滢	董依娟	李芷华
唐 皎	韩书颖	李婉瑜	李 湘	杜卓衡	梁晓琪	钟宛谕	张嘉娜
陈凯娜	邝泽林	杨 凡	傅了铭	谭梦蝶	林安丽	张巧灵	林恩如
冯倩钰	范嘉愉	魏 琳	许泽怡	李 雯	黄显晴	匡心怡	杨文婷
张 焜	黄晓婷	徐乐萍	王子睿	张馨悦			

马克思主义学院

优秀学生（11 人）							
乔 源	陈漫玲	叶少婷	孔德喆	邓昊琳	周津羽	冯佳彦	夏智欣
罗绮曼	程钰婷	孜拉丽·木合塔尔					
优秀学生干部（9 人）							
梁幸彤	韦彩鸿	盛汶倩	李欢心	聂 琳	刘嘉滢	林贝纯	蔡昀珊
伊拉拉·木合塔尔							
一等奖学金（11 人）							
孔德喆	古雯惠	邓昊琳	周津羽	冯佳彦	刘嘉滢	夏智欣	岑雅婷
罗绮曼	程钰婷	孜拉丽·木合塔尔					
二等奖学金（18 人）							
李 婷	朱建铭	林楚瑶	吴洁华	李双双	叶少婷	卢泳潼	韦彩鸿
郑燕婷	邓欣怡	冯颖雯	黄柳美	王家宁	蔡昀珊	伊拉拉·木合塔尔	

（续上表）

冯祖欣	许嘉炜	谢倩梅					
三等奖学金（26人）							
刘星雨	韦凯莹	钟珊珊	陈烨子	梁幸彤	梁晓雪	盛汶倩	杨 虹
郑金慧	郑 敏	陈垠熙	黄芷茵	蒋雨楚	谢育莹	陆翠娴	李欢心
张立峰	林贝纯	邓尚之	何怡心	陈粤湘	陈裕青	陆楚瑶	张凯琦
陈若琳	迪里热巴·阿不都克然木						

教育学院（师范学院）

优秀学生（47人）							
韩梦茹	张娆娆	黄妙婷	冯心茹	周嘉琳	易佩颖	刘祖儿	彭天雨
李 莹	陈 悦	罗颖瑶	李晓丹	莫钰嫦	沈坤敏	梁淑瑜	孔梓君
曾雅婧	邝松楷	黄晶莹	伍蓓茵	谭叶桐	邓美娜	江诗华	张欣懿
邓国伟	黄雪英	郑 煊	周思彤	朱海燕	梁宝怡	郭欣淇	郑筱星
罗浩诚	郭泽敏	陈妍秀	张沈琪	张曦月	朱彦霖	李承昊	刘泽霖
余 沁	刘一鸣	甘 甜	陈晓敏	廖佳雨	龙翘晖	杨田宇	
优秀学生干部（37人）							
沈 沁	颜舒琪	吴海璐	易佩颖	朱思雅	黄紫滢	王玥丹	陈 瑶
江芷晴	谭健宏	廖俪莹	梁淑瑜	雷欣渝	刘 哲	朱智超	冯美萍
张书仪	刘汉文	谢思忆	刘子晴	陈小霞	甘杰仪	罗予潇	陈思洁
李春艳	张绮倩	李颖芳	朱彦霖	郭凤翔	刘泽霖	张高深	刘一鸣
刘绮婷	江依霖	钟雨林	胡辛革儿	伊丽达娜·孜普卡尔			
一等奖学金（46人）							
韩梦茹	沈 沁	黄妙婷	冯心茹	周嘉琳	易佩颖	刘祖儿	彭天雨

李莹	陈悦	罗颖瑶	陈瑶	莫钰嫦	沈坤敏	梁淑瑜	孔梓君
曾雅婧	邝松楷	黄晶莹	伍蓓茵	谭叶桐	邓美娜	张欣懿	邓国伟
黄雪英	郑煊	周思彤	朱海燕	郭欣淇	郑筱星	罗浩诚	郭泽敏
陈妍秀	张沈琪	张曦月	朱彦霖	李承昊	刘泽霖	余沁	刘一鸣
陈晓敏	甘甜	付洪宇	廖佳雨	龙翘晖	江诗华		
二等奖学金（75人）							
史湘衣	张娆娆	刘淑涵	张浩	李小桦	李昂	刘子滢	黄佳欣
唐盈盈	朱思雅	刘东阳	王玥丹	曾萃如	李晓丹	杜叔员	杜海伦
李晓真	董晓芸	黄明佩	吴辉前	龙建瓴	邓舒婷	缪国玲	周欣祺
黄雪芬	刘哲	江慧筠	何培立	巫林清	张琳	李嘉颖	冯美萍
邓艺敏	黄嘉仪	刘汉文	区楚怡	谢思忆	张杰伟	李淑仪	叶培琪
庄广容	黄少媚	杨艺莎	罗予潇	林宏津	陈思洁	李春艳	周咏诗
马普江	林嘉敏	张绮倩	卢秋怡	吴晓婷	温晓红	尹李湘	谢璇
邵一凡	郭青青	朱文柯	魏芊	杨喜端	吴琪琪	蒋子琪	李晓琪
涂荧敏	杨田宇	刘绮婷	江依霖	陈燕柔	钟雨林	谢韵婷	陈荣航
胡辛革儿	古丽孜巴·玉苏因		阿力米热·依比布拉				
三等奖学金（109人）							
郝迈	王贝贝	杨宇辰	叶童	李倩卿	冯伟	闭翠灵	陈焕坚
刘轩	武钰婷	郑德晶	曾晓敏	黄芃兴	曾婷	彭依琪	陈漫娜
梁雅惠	何恺涓	林妙龙	梁丽静	朱珏琳	汪真仪	李艳	谢丽华
叶笑依	张丽珊	张晓雯	李芷琳	黄智锐	刘正康	钟锶敏	李君
李伟芳	陈洁莹	杜幸儿	周彦	雷欣渝	郭昄彤	李苑滢	曹颖媚
谭翔天	吴泽纯	王靖	石嘉璇	吴满桃	林莎	朱智超	何静宜

大学生文化素质发展日志年编（2021）

（续上表）

谭斐菲	卢婕	张慧怡	谢雅淳	梁柳瑜	朱志杰	吴文豪	邓伟鑫
陈小曼	钟洁旋	肖皓云	陈小霞	李燕妮	徐芳芳	刘海彤	钟沛枝
黄华穗	于雪婷	丁紫璇	欧阳宁	梁仕榆	王晓丹	石欣灵	刘玉娟
陈怡昕	陈雅瑶	陈映均	陈慧娜	徐顺清	陈任	李颖芳	杨芷澄
罗睿颖	郑雪清	黄静	张佳仪	黄正平	张高深	江美欣	林喆瑞
余丹韵	邓业彤	陈美玲	叶洁宇	曾一帆	梁诗晴	林泽强	张慧如
关琳琳	徐凤鹃	梁嘉怡	唐圆圆	陈丽庆	郑依婷	彭佳玲	吴沛然
钟苑琦	海热姑丽·依明江		吐玛热斯·艾亥提		伊丽达娜·孜普卡尔		
帕孜来提·喀迪尔							

体育学院

优秀学生（21人）							
陈家昕	朱颖琦	梁晋铭	叶钧元	刘浩	杨灼	赖明杰	莫丽珊
钱大榕	曾伟漳	罗鸣	梁伟东	范俊轩	萧慧娴	林杰世	黄观青
洪雅佳	黎子晗	蒋涛	莫世荣	李嘉欣			
优秀学生干部（23人）							
马晓华	朱颖琦	潘锦辉	梁晋铭	陈碧芳	黎泽鹏	罗秋燕	张丽
张维维	阮雪仪	曾堃	钱大榕	罗鸣	梁伟东	谢景亮	陈恒青
洪雅佳	李德维	林上豪	钟政琅	肖俊辉	江秋成	彭晓霖	
一等奖学金（28人）							
洪雅佳	黄观青	黎子晗	吴楚丹	林上豪	蒋涛	李嘉欣	莫世荣
江秋成	梁晋铭	陈碧芳	叶钧元	黎泽鹏	刘浩	陈家昕	朱颖琦
杨灼	曾伟漳	袁晓丹	钱大榕	莫丽珊	赖明杰	梁佩诗	林杰世

学年礼

（续上表）

罗 鸣	范俊轩	梁伟东	刘添豪				
二等奖学金（45人）							
钟强龙	骆民锋	李彤欣	叶杨杨	陈恒青	梁玮淇	朱楚依	吴伟杰
牟松超	吴智华	钟政琅	彭晓霖	沈文祺	杨春妍	彭乙桐	范琪昌
陈伟梁	邓建鑫	林建文	郭芷茵	刘芷莹	李海伟	张 鹏	马晓华
柯松文	殷华山	罗秋燕	张邦铭	孙锐强	陈琪冰	舒国兴	张维维
李金水	钟铭峰	胡淑纷	邝家文	周炽运	钟世强	萧慧娴	梁钰杏
曾成错	谢吉祥	吴传恩	林泽熙	罗志涛			
三等奖学金（68人）							
韩铖琳	李嘉敏	邓 杰	蒙振强	詹宇翰	宁远健	谢景亮	张 辉
李德维	何新锐	梁民锋	黄莹娜	黎石炎	胡 裕	何华生	陈澍丞
郭子濠	戚泽轩	李志杰	肖俊辉	张志城	李蕴荃	李逸友	冯伟国
翁曼丹	叶高翔	梁钧健	陈泽宏	冯颖聪	梁伙豪	陈日锐	吴添毅
丘翠凤	庞培春	陈春丽	李志标	吕鸿元	刘雨娟	姚鸿锋	黄 锐
冯祉瑶	曾 堃	黎灵芝	杨弘泓	何艳华	王志昊	阮雪仪	叶建豪
陈梓俊	刘家诚	黄成政	张 丽	许晓枫	宋俊珏	方 灿	李泽铠
钱春锋	范金燕	伍达康	刘彩萍	刘伟成	梁超彬	杨 晖	陈权文
郑斯沛	林家荣	陈浩贤	刘杰汉				

人文学院

优秀学生（62人）							
李奕锦	张锦林	田睿蕴	杨秋娴	张佳珑	秦凯欣	刘栩妍	林煜丹
郑晓燕	廖愿茹	余艳梅	郭嘉颖	沙 敏	叶冠宏	郑佳敏	陈燕美

大学生文化素质发展日志年编（2021）

（续上表）

钟国秀	郑深月	黄林婷	田美琪	黄婷婷	林沐青	谢嘉欣	卢妙雅
卢慧敏	张晓琳	何晓宇	尹杰怡	邱晓静	邹嘉湄	劳雨琪	钟　敏
王兆慧	陈泽君	许小燕	温莹禧	郭温廉	李雨薇	苏　晴	麦　彤
杨雯婷	杨子倩	廖晓桦	黄智敏	骆颖彤	黄翠仪	谭　妍	吴　越
黎懿庄	麦悦瑶	陈丽霖	梁洁楠	徐世浩	张洵颖	叶芊芊	李凯莉
黎晓茗	林诗艺	吴远航	杨　溢	李怡琳	努尔凯麦尔·安外尔		

优秀学生干部（51人）							
欧阳玮	邓桂萍	江韫源	肖博瀚	曾丽芬	符芷盈	唐洁漫	叶定远
谢洁晴	梁燕秋	胡益慧	黄　欣	吴雨轩	陈　婧	陈静如	谢佳雨
吴泳沁	余诗漫	何丽红	林裕心	曾钰乔	陈惠玲	梁舒惠	赵曼晴
郑家怡	唐泳昕	黄楚莹	陈华淋	李　柔	翁佳彤	颜凯诗	张景淳
胡颖琪	廖晓桦	李　立	刘振阳	骆颖彤	郭新洁	陈晓环	张博瑞
庄婉宜	王　轩	王玉洁	赵梓琳	叶芊芊	廖桂英	张紫璐	薛珂桢
林　韵	莫国廷	林沐青					

一等奖学金（68人）							
李奕锦	张锦林	田睿蕴	杨秋娴	张佳珑	秦凯欣	刘昱彤	刘栩妍
林煜丹	张芊玥	郑晓燕	余艳梅	郭嘉颖	沙　敏	叶冠宏	叶定远
郑佳敏	陈燕美	钟国秀	郑深月	黄林婷	陈　婧	田美琪	黄婷婷
谢嘉欣	余诗漫	卢妙雅	许小榕	卢慧敏	张晓琳	何晓宇	尹杰怡
邱晓静	邹嘉湄	劳雨琪	钟　敏	王兆慧	陈泽君	许小燕	温莹禧
郭温廉	李雨薇	苏　晴	麦　彤	杨雯婷	杨子倩	廖晓桦	黄智敏
骆颖彤	黄翠仪	谭　妍	吴　越	蒙晓泳	黎懿庄	陈丽霖	王玉洁
曾梦秋	麦悦瑶	徐世浩	张洵颖	俞荟冬	李凯莉	黎晓茗	林诗艺

学年礼

杨溢	李怡琳	林沐青	努尔凯麦尔·安外尔		

二等奖学金（111 人）

陈婉媚	李赞滔	马燕	刘骁莹	邓桂萍	廖尹淳	陈可茹	罗千虹
黄捷	冯子怡	江韫源	卢杰	钟淑惠	梁燕青	曾宏晟	沈楠
廖愿茹	曾丽芬	周珏晶	涂雅婧	邓丽红	魏贤君	吴静	符芷盈
谢洁晴	黄静	吴宜	林芷欣	黄燕汾	张煦	吴雨轩	李颖
胡益慧	邓秋芳	陈沛瑶	贺淼	曹珏宇	谢佳雨	钟宇贞	林喜媚
何国鸿	叶诺琦	黄洁琪	黄佳婷	何丽红	吴文婷	林婧雯	梁曦予
林裕心	赵曼晴	林颖诗	成小燕	许诺	郑家怡	李沛璇	刘洁
黄滢	何梦丽	翁佳彤	李柔	胡璟熙	林悦芬	曾恬	颜凯诗
张睿	邱文豪	刘旭欣	石桂枝	古凌雁	乐洋洋	李立	钟林秀
廖佳慧	危芷谊	刘振阳	黄昭岚	陈晓环	范佳慧	江丽慧	苏蕊
陈芮	姚海珍	郭婉容	张博瑞	王雨	庄婉宜	林若桐	张慧卿
梁洁楠	王钧	覃秋丽	卜晓晴	刘欣妮	赵梓琳	陈洋	叶芊芊
蓝亦晴	李辰淼	王晓惠	刘依婷	赵淑祺	黄宁宁	吴远航	叶天朗
薛珂桢	吴庭沐	陈浩	林炜坤	义贤瑛	杨铭杰	阿丽耶·伊斯马伊力	

三等奖学金（166 人）

廖小丽	杨旭凯	陈敏莉	王炜瑜	欧阳玮	彭思航	刘柳静	吴健仪
刘合	陈宝怡	詹晓云	陈宣妍	李沂蓁	李欣洁	胡明欣	何钰鸿
李文华	肖博瀚	何心悦	陈雪	黄钰淳	张颖洵	钟慧芊	梁晓婕
陈沛妍	曾晓曈	谌雨	林亦爱	胡家梁	江晓玲	冯桉颐	邝穗甄
唐洁漫	麦子晴	何玲珑	江钦鸿	叶倩玮	陈丽红	黄明霞	柯雨晴
肖颖	黄子芳	梁燕秋	黄文英	张丽君	张芙蓉	沈洁琪	黄欣

（续上表）

李炯晓	郭楚怡	陈奕州	李　悦	钟洁莹	郭嘉仪	魏睿楠	陈静如
朱雅屏	吴雅婷	李　珺	赵文婷	朱锦媛	吴子萍	吴泳沁	何子健
余　琳	陈颖欣	严晓雯	陈诗怡	李晓琳	曾钰裔	钟梦姣	凌雅诗
陈彦晓	麦佩妍	林雅文	陈晓敏	邓娓娓	曹小雨	唐泳昕	朱美晨
林卓辉	肖培瑜	沈文菲	赖湘蕴	黄楚莹	陈华淋	邹凌燕	吕昕茹
麦静彤	陈雨婷	王玥璇	龙晓宇	马韶敏	邱婉槟	谢颖珊	张景淳
梁诗柠	吴苑瑛	黄小惠	姚锦平	蔡晓云	黄　隽	魏怡敏	李汶畅
陈映妙	黄玉羽	詹小璇	吴嘉祺	杨晓晴	李思苇	黄楚蓝	何妍洁
夏智瑜	梁　琪	彭垲茵	吴美萱	黄启月	廖杏玲	严文慧	凌玮雯
黄玉婷	黄静雨	赵小燕	马丹琳	郑佳慧	王雅茨	朱舒婷	林彩琪
黄子扬	陈澄霖	张　穗	林雅清	丘　芊	林心怡	王　轩	陈　璐
陈伊玲	牛文迪	丘玮莹	洪大宋	朱铭婷	温　馨	梁　睿	王亚方
曾雯静	陈卓迪	邓懿彤	杨洁雯	廖桂英	蔡瑶莹	伍诗婷	张家芷
林　韵	张宝莹	李燕姿	莫国廷	林　熙	林嘉琪	颜紫瑜	陈文慧
孟楚莹	杨丽平	敖亦欣	夏日扎提·尼牙孜		努尔比耶·艾散		
卡迪尔亚·阿布都沙拉木							

外国语学院

优秀学生（48人）							
王律涵	黄贻徽	谢语轩	郑利豪	潘盈盈	罗可晶	郭诗音	许靖珩
林思桐	黎健聪	吴烨祺	莫晓晴	杨宝莹	李永强	梁晓琳	吴佳仪
陈利霞	黄莉珊	杨识意	李建龙	蔡丹霞	李拓东	叶泽林	曾观桃
詹晓莉	李嘉怡	吴欣桐	李婉婷	谢晓晴	邓倩婷	黄浩佳	谢苑诗

学年礼

（续上表）

龙文迪	陈美瑜	庞启慧	黄思隆	肖尧珈	麦雅蕙	张冉冉	张国萍
黄芷君	杨绮翠	陈希乐	容佳仪	林海伦	张祎	林梓豪	黄炜霞
优秀学生干部（40人）							
吴嘉琪	梁泳怡	杨可盈	肖霖	陈家喜	黄秀秀	植秋滢	林茵
杨德成	李怡炀	谢洁珊	蔡惜芬	辜燕敏	戚梅琳	李菲静	李洁雯
陈彩怡	张敏	张梓琳	张颖姿	吴雨晴	苏秋怡	梁可儿	何胡杰
吴妙琼	廖洋艺	黄旭炜	许丹阳	马佳娜	黄丽嫦	钟凯	陈舒婷
徐晓怡	杨嘉欣	黄伊桐	曾子昕	刘佩云	王亦韦	杨灵曦	刘颖茵
一等奖学金（49人）							
梁晓琳	李永强	吴佳仪	莫晓晴	黄莉珊	吴烨祺	陈利霞	杨识意
黄浩佳	李嘉怡	李婉婷	吴欣桐	邓倩婷	谢苑诗	黄炜霞	谢晓晴
肖尧珈	黄芷君	麦雅蕙	张冉冉	张国萍	李建龙	李拓东	曾观桃
叶泽林	詹晓莉	杨宝莹	蔡丹霞	黄思隆	陈美瑜	龙文迪	黄丽嫦
庞启慧	林海伦	林梓豪	容佳仪	陈希乐	张祎	杨绮翠	罗可晶
郭诗音	许靖珩	林思桐	黎健聪	王律涵	潘盈盈	谢语轩	黄贻徽
郑利豪							
二等奖学金（79人）							
温丽	黄惠容	陈海琦	黄文婷	李菲静	蔡惜芬	蓝琪	刘芳
蔡立	韩乃臣	谢晓莹	张芷君	郭子滇	盛颖思	李观娣	吴雨晴
廖洋艺	陆畅	罗月瑜	陈思杨	姚晓菁	伟梅婷	杨映琳	吴妙琼
张颖姿	李嘉颖	刘雪莹	林才艺	杨嘉欣	史梦萍	张慧娟	刘佩云
陈舒婷	徐晓怡	黄卓婷	黄丽达	张涌浩	黄炜云	黄烨玲	钟颖怡
彭颖茹	徐晓莉	张韵妍	杨婉怡	刘俊洋	何绮萍	张敏	向燕

我们的大学 大学生文化素质发展日志年编（2021）

（续上表）

陈 槿	叶美玲	刘小侨	梁晓清	蔡卓欣	钟铭淇	林丹璇	冯伟琪
陈忆琳	刘成玉	王亦韦	冼恩如	刘颖茵	邓碧漾	钟欣颖	戴慧毅
罗少茵	陈彩娜	李 芊	黄文思	刘 颖	黄丹妍	梁芷欣	颜昊恒
陈 霏	周芷珊	张 衍	杨可盈	何佩莹	郑 霖	秦慧莹	

三等奖学金（119人）							
何胡杰	罗华丽	邹林辉	谢洁珊	林嘉钰	罗逸洋	黄 彤	曾文欣
陈燕虹	颜婉莹	林 茵	辜燕敏	陈洁芳	韩艳容	戚梅琳	林丽玲
利京徽	叶晓敏	朱梦雨	李芷若	罗子懿	冼业欣	谢杰勤	王紫蘅
李雪晴	郑燕华	赵晓津	王恺浚	麦天璞	区嫣婷	苏秋怡	冼可滢
罗 盈	陈美霖	周嘉慧	王盈鋆	林晓滢	梁可儿	陈晓榆	黄梦妮
叶靖扬	崔家瑜	陈俞霖	李慧敏	钟积杭	宾绮静	高晓敏	蔡依彤
周凯茵	蔡燕文	陈秋鸿	陈静眉	曾玉莹	邓思艺	莫旖旎	梁 艳
林依婷	陈秀雅	刘平涛	李怡扬	李佳仪	杨德成	张梓琳	温 馨
李佩珊	肖 莹	黄嘉敏	程可欣	黄惠贤	叶炜莹	何颖彤	朱悦灵
赖鸿丽	邓艳婷	黄洁蕾	苏恺欣	陈昭磊	黄旭炜	林思婷	袁锶淇
许丹阳	黄美玥	张芷瑜	麦秀娟	陈晓纯	李诗琪	陈锐仪	刘紫晴
邓 瑶	黄艺雯	马榄君	徐思琳	陈茜娜	杨姝琦	周已琳	肖 霖
余艳环	邓泽锋	黄秀秀	赖书奇	梁天怡	陈家喜	刘彩群	梁晓佳
杨可欣	卢思琳	罗 瑶	陈家昕	孔芷婷	冯敏怡	张曦月	李奕渊
唐家俊	蔡少容	蔡文华	梁泳怡	郭依诺	邓茜文	梅梓桦	

学年礼

新闻与传播学院

优秀学生（51 人）							
萧子祺	周嘉玲	汤舒宁	邵咏诗	林泽睿	徐苾玥	黎冠强	李浩婷
杨芷康	骆艺馨	王译玄	蔡海晴	杨子怡	陈豪辉	丁融诗	何之瑜
曹雅琴	邵梓秦	阳莹艳	金煜祺	杨亚晨	王鑫铁	杨子曦	汪欣欣
余学欣	蔡伟英	陈玉淳	张诗婷	刘舒蕾	成于凡	陈舒琪	纵升
周炜琪	莫炜	张亚欣	卢雪勤	康婉莹	陈碧莹	王嘉欣	谭楚晴
郑铮敏	何夏怡	方武彪	廖丽怡	王晨瑶	黄春霖	林桐	杨基锴
叶佩颖	李寒星	黄海燕					

优秀学生干部（41 人）							
刘慧琳	刘馥珍	杨清悠	刘国佳	张楚辉	赖欣彤	吴燕军	李科辉
廖美善	何彦霖	曹璇	梁长晨	李子怡	司晨欣	吕金恒	孙琦
王玉洁	马若冰	梁敏怡	陈丽珊	黄碧容	吴晓娜	陆嘉仪	龚一晨
廖勉钰	李想	梁飘红	谢钰莹	郑佳莹	吴铭帆	钟可涵	张晓冬
叶潼	霍家标	莫崇宇	彭雨熙	涂诗睿	郑丽如	谢婉贞	江思霖
黄欣							

一等奖学金（51 人）							
萧子祺	谭宇洋	邵咏诗	汤舒宁	林泽睿	徐苾玥	赖欣彤	李浩婷
杨芷康	骆艺馨	王译玄	梁长晨	杨子怡	陈豪辉	何之瑜	丁融诗
邵梓秦	曹雅琴	金煜祺	阳莹艳	王鑫铁	杨亚晨	杨子曦	汪欣欣
余学欣	蔡伟英	陈玉淳	王映骅	刘舒蕾	成于凡	陈舒琪	纵升
周炜琪	张亚欣	莫炜	康婉莹	卢雪勤	王嘉欣	吴铭帆	谭楚晴
郑铮敏	何夏怡	方武彪	王晨瑶	廖丽怡	涂诗睿	林桐	杨基锴
叶佩颖	李寒星	黄海燕					

我们的大学
大学生文化素质发展日志年编（2021）

（续上表）

二等奖学金（83人）							
肖　欣	刘慧琳	周嘉玲	卢嘉宝	周凯茵	吴心然	郑思奥	周昱含
张楚辉	肖心怡	黎冠强	杜泓进	姜　莉	邱雨馨	李科辉	陈芷茵
廖美善	何彦霖	曹　璇	蔡海晴	钟泽宇	陈　彦	李子怡	张子澜
司晨欣	刘明星	蔡依然	李　晨	孙　琦	姚浚滢	王玉洁	何淑慧
张凯滢	杨施琪	马若冰	叶晓天	林舒仪	欧阳阳	晏紫凌	高　洁
黄碧容	陈丽珊	陈　泽	张诗婷	刘泳琳	陆嘉仪	林　芬	廖勉钰
梁晓宇	何舜朗	廖淑慧	叶婉娴	余轩君	廖泳梅	陈虹宇	侯少杰
罗婧文	郑佳莹	孙嘉蔚	黎锦燕	张佳欣	陈碧莹	冯舒婷	李苑姗
陈奕霓	张颖芯	李嘉慧	赖小婷	徐芷晴	杨燕霞	陈卓炫	员六一
贺　晶	王靖怡	黄春霖	杜仪梦	钟　宁	冯梓韵	许詠淇	方文杏
黄　欣	陈晓凤	江思霖					

三等奖学金（122人）							
梅馨元	周嘉兴	谢　婷	刘馥珍	李莹莹	黄泽深	杨清悠	刘紫琳
黄昊竣	李　慧	揭慧怡	刘国佳	刘怡煊	向昱华	项兰鸥	夏景俊
伍一杰	谢俊贤	祝小丫	曾思琪	单子丹	杨景行	朱锦江	罗天宏
潘力滔	岑凯霖	颜　璐	严怀婷	许　悦	卢百麒	胡可蓝	陈可欣
廖去非	陈晓琳	王深慧	刘佳讯	唐　棣	陈以润	王佳敬	吕金恒
夏睿欣	吴珍瑜	汪正伟	罗　颖	胡心怡	刘　艺	林嘉雯	黄家龙
潘　琦	杨丽容	郭倩颖	庄维萱	丘　悦	黄诗韵	潘婉怡	杨玲敏
梁敏怡	江铭欣	方书欣	汤　琪	孙　晨	吴晓娜	黄丹婷	曾纷卉
何铭鑫	龚一晨	叶颖瑶	李昕友	许俊慧	李　想	杨永杰	吕媛媛
潘文义	郑伊敏	林可欣	李思拓	曾兰斐	蒋邱恒	梁飘红	林育淋

学年礼

299

肖莞尔	赵钰燕	梁馨婕	陈佩琳	王紫月	容晓琪	陈禧儿	谢秋瑕
李秋华	林佳婷	钟晓洁	周 舒	谢豪莹	邹振东	朱珮豔	廖立楷
陈 苗	梁慧静	霍家标	徐嘉玥	韦希禧	郑少邦	陈诗晴	莫格格
莫崇宇	郑钇熹	彭雨熙	黄雨菲	许嘉妮	曾 馨	何欣雨	张素丹
张 怡	谢婉贞	宋思琪	黎婉珊	植洋洋	江春标	蔺安哲	颜祉诺
慕容玉宜	黎姝苗苗						

管理学院（旅游学院/中法旅游学院）

优秀学生（139 人）							
田诺金	罗瑞玉	朱诗诗	陆思敏	冯考静	陈梦晴	牛佳宇	王玥玲
林诗淇	陈佳怡	徐 琳	黄钰玲	李芷蕙	罗明珠	田萍毓	马欣铃
林秋洁	肖安若	黄泳偲	谭 进	张媛媛	肖嘉嘉	冯乐榕	林小婷
曹雨欣	李梓欣	张 琴	巢宝月	黄睿睿	张慈慈	李嘉如	游紫欣
董雨琪	陈华倩	庄伊格	陈海璇	黄曼婷	陈燕敏	姚晴儿	林铎顿
吴柳萱	王艺静	吴佩欣	黄珍茗	陈雪莹	林应雪	钟乐琴	言 敏
张颐然	李 颖	陈晓婷	罗一凡	连晓彤	许金晟	张 翔	潘楚文
严翊挺	徐梓聪	王 馨	李佳鑫	刘 爽	谭晓敏	戴嘉卓	钟敏燕
黄露影	郑妙翠	郑嘉希	岳泽玉	刘启杰	梁智达	马泽瀚	林钰铃
黄毅龙	黄淑怡	马锦浩	陈嘉琳	许可怡	刘宪威	杨家怡	刘玉芬
张小君	林晓榕	胡抒文	罗秀琼	黄思镁	叶思雅	谢雨婷	雷滢笑
郑晓凤	胡韫韬	熊 然	赖晓玲	方智东	张瑞恩	严佳璇	朱辉玲
陈俊雄	陈思妍	郭倩桦	黄卓敏	李雅淋	陈婉容	李峙霖	孔燕萍
曾 慧	练龙丹	凌兰苑	魏晨意	肖晴瑶	施 然	林文彬	罗登星

（续上表）

谢惠洁	孙小思	谢洁敏	杨梓桦	巫思琪	吴优钿	张煜文	冼小桦
张　洋	陈家伟	李笛宁	杨孟邱	陈梓聪	徐　煜	张丹颖	郑梓煊
陈　石	周　麒	庄舒婷	李依婷	严晓君	卢海莹	黄靖茵	谭旺卓
吴苏里江	朴丽颖	蔡倩菁					

优秀学生干部（110人）

余静茵	叶　欣	梁志远	李诗炜	张美婷	陈天晴	李少筠	黄志琪
黄芷茵	杨紫欣	利雨桦	刘锐锋	孔泓懿	蔡晓楠	周钰盈	詹金梅
刘雪莹	朱　洁	陈　珊	陈永亮	张润玲	庞奕韬	邓紫嫣	陈　熹
莫辛迪	邱智慧	魏　冰	劳巧恩	谢　楠	曾坤宏	庄伊格	曾敏娴
庄智鸿	郑宇鸿	陈思棋	陈绮媚	陈梓杰	黄海冰	陈怡桦	周惠林
刘洺君	毛彩茵	梁芷希	游　璇	叶靖儿	黎杰炜	谭浩进	张琼芝
李明泽	王潮汕	王凡鑫	周昕怡	王　艺	郑依曼	黎楚琪	李佳源
李婷婷	郑颖槟	陈崇娟	陈婷婷	崔誉宛越	何建华	陈楚珠	钟小雅
李银波	黄丽婷	江银英	张雪莹	梅高源	黄梓欣	古菲怡	黄紫珊
黄灵蕾	方奕森	陈咏彤	陈绮娴	姜紫柔	李梓源	黄　佳	李梓欣
吴奕桐	郑思燕	许雨晴	刘琳琳	蓝志烽	郑伟婷	邹嘉妍	姜檬檬
李洁莹	陈钰妍	杨　洋	周贤能	关颖茵	邱妮钰	林政威	陈怿帆
李雅妍	杨泽韩	詹子悠	林　燕	黄茜敏	李　盈	王逸美	纪楚璇
张娇娇	唐馨茹	张宇新	周格妃	梁誉腾	彭杨金煊		

一等奖学金（138人）

田诺金	罗瑞玉	朱诗诗	陆思敏	冯考静	陈梦晴	谭旺卓	王玥玲
林诗淇	陈佳怡	徐　琳	黄钰玲	李芷蕙	罗明珠	田萍毓	马欣铃
林秋洁	肖安若	黄泳偲	谭　进	黄靖茵	肖嘉嘉	冯乐榕	林小婷

曹雨欣	李梓欣	张　琴	巢宝月	黄睿睿	张慈慈	李嘉如	游紫欣
董雨琪	陈华倩	庄伊格	陈海璇	黄曼婷	陈燕敏	姚晴儿	林铎顿
吴柳萱	王艺静	吴佩欣	黄珍茗	陈雪莹	林应雪	钟乐琴	言　敏
张颐然	李　颖	石海纯	罗一凡	连晓彤	许金晟	张　翔	潘楚文
严翊挺	徐梓聪	王　馨	李佳鑫	刘　爽	谭晓敏	戴嘉卓	钟敏燕
黄露影	郑妙翠	郑嘉希	岳泽玉	刘启杰	梁智达	马泽瀚	林钰铃
黄毅龙	黄淑怡	马锦浩	陈嘉琳	许可怡	刘宪威	杨家怡	刘玉芬
张小君	林晓榕	胡抒文	罗秀琼	黄思镁	叶思雅	谢雨婷	雷滢笑
郑晓凤	胡韫韬	熊　然	赖晓玲	方智东	蔡淑盈	张瑞恩	严佳璇
朱辉玲	陈俊雄	陈思妍	郭倩桦	黄卓敏	李雅淋	陈婉容	李峙霖
孔燕萍	练龙丹	凌兰苑	魏晨意	肖晴瑶	施　然	林文彬	罗登星
谢惠洁	孙小思	谢洁敏	杨梓桦	巫思琪	吴优钿	张煜文	冼小桦
张　洋	陈家伟	李笛宁	杨孟邱	陈梓聪	徐　煜	张丹颖	郑梓煊
陈　石	周　麒	庄舒婷	李依婷	严晓君	卢海莹	吴苏里江	朴丽颖
张媛媛	蔡倩菁						
二等奖学金（222人）							
许观妹	易春苹	吴晴晴	陈曼琳	赵星琰	高月香	蔡晓霞	李　婷
陈靖欣	叶宇宏	冯嘉丽	张美婷	陈天晴	舒　雅	黄芷茵	吴子柔
李桂珊	余丽娜	许顺彩	严婉玲	黄琪棋	龙少珍	陈弘琍	冯健健
利雨桦	吴依琪	黄晨曦	刘锐锋	刘星宇	石铱敏	孔泓懿	詹金梅
朱　洁	朱炜灵	金佳佳	丁培韵	尹晓婷	叶紫灵	容曼琳	吴雪玲
陈晓莹	卢玉翠	谢绍祖	陈诗静	李东梅	陈韵瑶	皮宇卉	陈　熹
林少珠	刘如意	邱紫君	朱洁瀚	张天泉	谢　楠	蔡定格	黄少妮

（续上表）

袁奕雯	陈玉儀	黄舒嘉	许 欣	庄智鸿	詹博慧	黄铭恩	罗诗宇
温小琳	杨嘉辉	张艺萱	刘丽卿	周宝玲	陈梓杰	胡嘉莉	魏 娟
刘明江	陈思盈	纪晓兰	蔡颖怡	蓝 丹	韦思羽	蓝 洁	曹荔颖
刘洺君	毛彩茵	周嘉慧	黄诗敏	张东羽	游 璇	林淑娟	翁植坤
彭伟恭	郑泽华	连伟城	谭海锋	张源江	何家华	吴乐春	梁德锟
袁依薇	文 杨	徐 笛	周昕怡	张晓明	王 艺	何贵浩	陈蔚珊
许俊丽	高铭璇	谢晓钰	洪月兰	杜林泽	曹莹莹	梁健濠	陈曼曼
苏 妍	蔡钰莹	林小燕	杨艺莹	林美怡	陈晓丹	黄瑛楠	胡嘉纯
刘曦琳	李 怡	黄嘉曦	李银波	黎展鹏	陈佳晴	邓紫雯	胡颖荷
方志宇	刘慧妍	吴子泳	罗诗砚	汤 凯	余庭威	黄紫珊	饶雅灵
朱巧怡	潘碧云	赖诗漫	陈咏彤	谢 艺	苏佩婷	蒋晓欣	叶晓华
肖 瑶	刘雪纯	许 怡	关颖茵	沈琳璇	杨松炜	朱梅妃	姜 萍
李燚楠	李梓欣	黄 颖	谢雨霖	黄政施	夏智扬	黄颖欣	罗妙兰
陈月翔	刘琳琳	苏 月	黄榕霖	江 媚	刘菲菲	郑伟婷	杨 蒲
袁雪晨	汤欣欣	林艳梅	张 婷	张馨月	黄安琦	钟璐瑶	尹玉婷
郑妙霞	郑可恩	杨 洋	陈桂纯	陈晓怡	林锦珊	陈嘉婧	曾嘉瑶
王 琳	王 婷	田露露	黄晓婷	吴月华	郭婉星	李雅妍	谭雨柔
彭莉娜	庄春婷	林 燕	周 春	王泽嘉	李 辉	黄茜敏	伍绮琳
吴美华	陈彩怡	莫晓彤	汤翠仪	余金霞	李冰冰	唐馨茹	何慧娴
陈梓欣	张宇新	郭晓婷	周格妃	曾繁楠	陈琪玲	柯国栋	黄小玲
袁梦轩	刘肖凯缘	崔誉宛越	王冯龙颖	李诗炜	黄钰雯		
三等奖学金（332 人）							
张嘉欣	余静茵	藏晓敏	陈智勇	邱 茜	叶 欣	凌秀敏	秦甜甜

（续上表）

卢颖婷	黄驿淇	陈婉琳	卢颖婷	曾洁琴	田昊颖	吴晓虹	陈丹丹
刘 卷	李少筠	谢智萍	郭晓雯	李 茜	林心语	何敏晴	梁 欣
黄志琪	罗清清	杜佩琳	张丹玉	谢秀冰	王晓园	李 莹	冯嘉欣
余珍妮	刘 睿	蓝荧荧	张 琦	杨紫欣	雷斯琪	侯文诗	王 钰
张淑敏	梁静蕾	林凯莎	李鹏晴	余麟柠	陈奕薇	张安琪	刘 薇
蔡晓楠	周钰盈	邹 艳	吴小漫	陈景梅	陈蓉蓉	王梓毅	方嘉滢
黎梓晖	刘 瑜	肖康定	黄萍萍	吴彦仪	吕碧琳	郑舒欣	邓泽龙
李浩白	李怡莹	郭晓欣	赵 薇	杨慧华	李秋丽	欧明珍	温美丹
林金媚	曾湘妍	邓紫嫣	陈 茵	郭可仪	莫辛迪	邱智慧	祝心悦
黄思昕	袁毅亮	曾坤宏	徐 典	张佳佳	郑依琳	林 梅	洪妙婷
屈楸明	徐 洋	郑丽萍	郑宇鸿	陈晓慧	文诗琴	林梅霞	廖燕玲
许李荣	岑江枫	严覃瑶	李 健	陈晓珊	林西曼	陈思棋	李彤彤
吕景梅	曾 郅	陈秀云	陈 曦	刘筱旭	黎诗萍	许卉妍	罗 雪
朱晗溦	郑丹桐	黄海冰	罗秋怡	周惠林	周文茵	莫钰婷	赵婼萱
黄焯威	刘肖睿	黄顺东	赵倩莹	陈晓彤	梁芷希	何明慧	黄嘉敏
林思慧	范棋银	吕银婷	苏晓圻	李 鑫	谭浩进	李翔晖	何 麒
陈浩斌	张琼芝	程雨龙	陈卓成	冯炳锋	钟雯钰	庄琪琦	霍凯晴
陈小玲	苏 锐	马嘉镁	叶卓杰	张文茜	王凡鑫	徐怡菲	刘 昊
万子任	章骏杰	郑依曼	黄芷涵	郑楚莉	陈怡菁	涂慧婷	李照阳
曹程程	曾子航	吴钰欣	翟羽佳	陈珊珊	张文琦	王梓欣	李佳源
黄曼琦	龙惠珍	李婷婷	郑佩君	敖咏怡	巫碧雯	韦陶缘	黄 露
郑颖槟	梁逸浩	钟美芬	陈崇娟	张建松	陈婷婷	叶晓仪	何建华
王晓丹	陈楚珠	刘嘉慧	张泳仪	石尧凤	胡海彤	钟小清	张晓琳

（续上表）

吴泳怡	梁洁华	卢　敏	詹任贻	罗海欣	陈佳蔓	樊添言	黄丽婷
张雪莹	叶佳丽	刘梦蝶	李月霞	陆佩钧	黄梓欣	古菲怡	陈敏仪
陈玉怡	谭泳欣	黄嘉怡	黄灵蕾	姚雪儿	方奕森	周　婧	董烨欣
何思琪	陈绮娴	林海珠	乔丹莉	姜紫柔	吴烨桦	李华烨	肖沐沂
周晓蝶	石欣欣	李倩铭	朱思颖	郑小云	詹媛慧	张卓珊	黄浩冰
王可盈	黄泽曼	许锦玲	余佳琦	冯美乐	叶紫玥	严雅婷	李　凌
陈泳竹	段　婕	林　熙	黄　佳	蔡婉琦	朱烽财	柯文婉	郑思燕
彭　榆	陈颖南	罗诗晴	颜小梦	许雨晴	阮婉琴	谢佳慧	黄　英
孔秋懿	蓝志烽	张诗晴	朱俏丽	庄泽廷	邹嘉妍	钟妍妍	陆绮琳
唐韵瑶	姜檬檬	李　滔	陈美燕	李洁莹	马琼霞	傅欣婷	陈钰妍
罗　倩	陈白云	欧绮静	周贤能	关颖茵	邱妮钰	林政威	陈怿帆
黄楚俊	黄子莹	苏恩彤	黄钰媛	敖耀匀	盘海媚	杨泽韩	汤楚瑶
黄铭嘉	张　莹	李咏诗	詹子悠	谢伊美	王品欢	黄政兴	汤佳仪
吴勇庆	潘浦怡	黄晓婷	黄雪琪	陈锦鸿	陈嘉莹	李　盈	张若璇
马思莹	朱宗钦	邝淑敏	莫绮澄	张娇娇	吴煜颖	方　琳	陈宗瑜
黄雨晴	李　杭	陈伟娜	汤颖欣	王佳琪	董泽宇	石璐琦	楚一冰
王少燕	周琳芳	朱晓欣	游立楚	郑宇泽	周丽萍	赵翠虹	李文宇
韩妙娜	彭杨金煊	谢桂芳	江敏帆				

公共管理学院

优秀学生（34 人）							
梁嘉俊	张艳红	李　禧	卢礼宏	李英祥	唐朝阳	严晓璇	张淑欣
丘海霞	陈伟彬	梁上燕	谢紫茵	罗小然	田丽娟	杨景昊	聂子萱

学年礼

朱 烨	林文迪	李敏瑜	赖展桦	许文睿	李垠垠	刘曜菲	邓焯琳
钟禧儿	赖禧瑶	任婉婷	张昊翔	陆泽凯	张慧雅	钟 俏	刘小妹
邝钰坤	张柏珊						

优秀学生干部（27 人）							
谢政杰	刘晓彤	梁巽熙	郭瑾婷	刘淑欣	林佳惠	余惠霞	李淑婷
孙瑶瑶	徐雯雯	吴淑芬	林嘉豪	吕凌炜	黄姝娴	朱孝天	黄俊菲
卓峤阳	梁淑君	孔令轩	朱翠玉	蓝小婷	彭 镕	方 静	刘恒昱
卢丹霞	陈梁恩	胡慧怡					

一等奖学金（34 人）							
梁嘉俊	张艳红	李 禧	卢礼宏	李英祥	唐朝阳	严晓璇	张淑欣
丘海霞	陈伟彬	梁上燕	谢紫茵	罗小然	田丽娟	杨景昊	聂子萱
朱 烨	林文迪	李敏瑜	赖展桦	许文睿	李垠垠	刘曜菲	邓焯琳
钟禧儿	赖禧瑶	任婉婷	张昊翔	陆泽凯	张慧雅	刘小妹	邝钰坤
张柏珊	钟 俏						

二等奖学金（55 人）							
梁健晖	谢政杰	刘晓彤	梁婉灏	杨语晴	梁巽熙	郭瑾婷	刘淑欣
高 晨	李文静	莫金沙	余惠霞	伍泳昕	许 缘	张志颖	李淑婷
危安平	王雅瑜	孙瑶瑶	廖盈盈	徐雯雯	吴淑芬	陈明慧	林嘉豪
吕凌炜	黄姝娴	朱孝天	林 芳	黄何恩	梁允漾	梁淑君	黄嘉俊
孔令轩	蓝小婷	何雯洁	朱依琪	黄 玮	潘浩钊	黄珏洪	彭 镕
唐晓敏	吴 迪	刘洁兰	张 萍	朱哲桐	许芷婷	谭锦涛	杨悦悦
刘恒昱	陈美琪	倪 云	陈雪兰	卢丹霞	陈梁恩	胡慧怡	

（续上表）

<table>
<tr><th colspan="8">三等奖学金（86人）</th></tr>
<tr><td>梁梅平</td><td>谢嫣嫣</td><td>梁舒敏</td><td>余诗琦</td><td>冯荣迅</td><td>李瑶瑶</td><td>陈晓琳</td><td>范 悦</td></tr>
<tr><td>王 植</td><td>王焱娇</td><td>秦洁茵</td><td>李心如</td><td>梁珺濡</td><td>梁欣怡</td><td>廖金旻</td><td>古镇添</td></tr>
<tr><td>陈嘉雯</td><td>徐瑞峥</td><td>陈姿怡</td><td>徐利芳</td><td>高楷淳</td><td>陈怡婷</td><td>李 桦</td><td>吴吉敏</td></tr>
<tr><td>梁敏均</td><td>颜芷莹</td><td>林雨茵</td><td>王星悦</td><td>肖子汝</td><td>曾思颖</td><td>陈俊仪</td><td>池宇铮</td></tr>
<tr><td>王菁菁</td><td>苏楚滢</td><td>刘倩琳</td><td>王清蔓</td><td>佘佳琳</td><td>谭海澜</td><td>朱峻坤</td><td>黄宝怡</td></tr>
<tr><td>刘彩鸣</td><td>杨 妹</td><td>黄俊菲</td><td>张艳媚</td><td>杨荔婷</td><td>何宗霖</td><td>卓峤阳</td><td>吴思淇</td></tr>
<tr><td>曾溢珊</td><td>邓周萍</td><td>詹嘉敏</td><td>严晓玉</td><td>朱翠玉</td><td>宋开翊</td><td>郭懿轩</td><td>郭 娟</td></tr>
<tr><td>唐一凡</td><td>邓雅匀</td><td>黄丽芳</td><td>朱凤玲</td><td>李龙贞</td><td>赵盈盈</td><td>陈秋娟</td><td>陈冰莹</td></tr>
<tr><td>霍美好</td><td>曾玉琛</td><td>何宝珠</td><td>罗佳怡</td><td>莫仪玲</td><td>黄 昊</td><td>崔梓怡</td><td>程 鸣</td></tr>
<tr><td>李敏杰</td><td>李若珊</td><td>何见盈</td><td>江 焱</td><td>王 楠</td><td>莫 琳</td><td>李清仪</td><td>陈 锐</td></tr>
<tr><td>李雨彤</td><td>徐 颖</td><td>张洛宏</td><td>易文静</td><td>彭佳琪</td><td>陈彤欣</td><td></td><td></td></tr>
</table>

音乐舞蹈学院

<table>
<tr><th colspan="8">优秀学生（31人）</th></tr>
<tr><td>徐信佳</td><td>文巨沁</td><td>郭紫柔</td><td>李 沁</td><td>黄 昊</td><td>王晨希</td><td>廖恩惠</td><td>梁雅作</td></tr>
<tr><td>李博贤</td><td>谢桂瑶</td><td>许颖琪</td><td>游方舟</td><td>林旭斌</td><td>邓可程</td><td>黄彦君</td><td>邹 娟</td></tr>
<tr><td>王 萱</td><td>罗颖淇</td><td>杨佳烨</td><td>唐诗容</td><td>黄燕旋</td><td>谭智善</td><td>谢君玥</td><td>陈云飞</td></tr>
<tr><td>彭佳怡</td><td>马神冠</td><td>高 雅</td><td>韩怡恒</td><td>李缇骏</td><td>江心语</td><td>康鑫鑫</td><td></td></tr>
<tr><th colspan="8">优秀学生干部（24人）</th></tr>
<tr><td>姚伊澜</td><td>夏彩茹</td><td>许 榕</td><td>王天然</td><td>廖 柔</td><td>杨子琳</td><td>陈颖敏</td><td>左亦婷</td></tr>
<tr><td>范垲欣</td><td>黄清楠</td><td>张梓敏</td><td>周婷婷</td><td>罗诗琦</td><td>罗尹苡</td><td>伍筱敏</td><td>张诺斯</td></tr>
<tr><td>刘玉婷</td><td>唐令欣</td><td>冯力芝</td><td>闫 敏</td><td>聂嘉千</td><td>溪浩冰</td><td>张紫彤</td><td>田佳鑫</td></tr>
</table>

一等奖学金（31 人）							
徐信佳	文巨沁	郭紫柔	李 沁	黄 昊	王晨希	廖恩惠	梁雅作
陈颖敏	李博贤	谢桂瑶	许颖琪	范垲欣	游方舟	林旭斌	黄彦君
邹 娟	王 萱	梁文琪	杨佳烨	唐诗容	黄燕旋	谢君玥	陈云飞
彭佳怡	马神冠	高 雅	韩怡恒	李缇骏	江心语	康鑫鑫	

二等奖学金（49 人）							
刘 洁	刘悦彤	姚伊澜	吴琛雨	陈乐泓	夏彩茹	古乐颐	岳倩欣
许 榕	廖 柔	叶玉萍	杨子琳	何泳婉	徐丽雯	黄倩瑶	陈晓莹
左亦婷	王斯恒	徐源慧	杨晓洁	黄清楠	张梓敏	周婷婷	罗诗琦
罗尹苡	邓可程	伍筱敏	罗颖淇	陈 灵	罗洁琳	冯安祺	林丹群
刘玉婷	唐令欣	孙婉真	邱沛莹	唐蕊妮	冯力芝	朱越恺	王雨柠
杜安婷	田 静	聂嘉千	田佳鑫	何 洁	溪浩冰	李英民	张逸羚
张紫彤							

三等奖学金（73 人）							
郑 桔	宋欣珂	卢晓雅	林芷姗	洪梦凡	陆子慧	朱银炜	黄晶晶
苏焯彦	宋 婧	彭欣彤	游铃旎	熊利君	李赟笑	王天然	陈可儿
李 琳	陆蔚怡	吴佳璇	姚沂彤	张 莱	唐逸凡	何丞颉	张紫荧
潘炜琳	房伟英	陈贝淇	孙利雪	周积舜	钟 祺	黄雪华	古志鑫
向九运	钱文竹	刘卓婷	姚锦秀	陈采敏	梁伟期	张诺斯	邓 仪
唐楚晖	陈思琪	刘人玮	吴嘉敏	张 吉	欧珂菁	阮伟琳	林诗嫒
孟笑妍	凌方圆	曾嘉琪	阮家丽	廖雨婷	何巧儿	喻子炤	吴琳君
钟紫芸	杨兴耀	叶嘉欣	吴采烨	韦嘉琳	闫 敏	宋明雨	刘嘉玲
曾刘璇	刘 森	黄绮淇	汤惠媛	蔡美淋	黄荟霖	王思涵	梁琪娸
徐宁璐							

美术与设计学院

优秀学生（34 人）							
李茵洁	黄晓敏	江美艺	谢慧仪	麦笠军	梁倩彤	李琪	梁永杰
陈钰妍	卢敏	区慕容	黎嘉宜	何丽萍	张翔淞	龙泳海	苏倩平
冯俊媚	刘楠楠	郭莹若	江姝婷	赵明明	张小蔚	王彦婷	李卓琳
陈灵钰	许丽够	李芷榆	唐菁鞠	李坤洋	孙政	蒋雅斯	成燕芳
林婧	叶雅璇						

优秀学生干部（34 人）							
黄佳妮	魏巍	陈华庚	梁倩彤	安龙龙	何洁仪	诸玮聪	韩沐
丁尉桢	何丽萍	黄文沂	陈钰滢	陈玉莹	郑嘉铭	吕烨娟	李嘉安
梁敬韬	陈景幸	廖梁薇	戴轩柔	刘雪艺	黄桂深	张祎宁	彭子越
朱思琪	郑润嘉	徐渝淇	叶俊杰	刘洪云	黄菲	周佳慧	翟羽佳
林晶莹	夏铭泽						

一等奖学金（41 人）							
高韵茏	李茵洁	黄晓敏	江美艺	谢慧仪	陈泺安	麦笠军	梁倩彤
李琪	梁永杰	陈钰妍	卢敏	区慕容	黎嘉宜	陈弘菀	黄乙珊
何丽萍	张翔淞	龙泳海	苏倩平	冯俊媚	刘楠楠	郭莹若	江姝婷
赵明明	张小蔚	王彦婷	李卓琳	陈灵钰	李可欣	许丽够	刘雪艺
李芷榆	唐菁鞠	李坤洋	顾君语	孙政	蒋雅斯	成燕芳	林婧
叶雅璇							

二等奖学金（68 人）							
王鑫	甘远贤	陆建桦	邓旭儿	俄嘉昕	何其裕	梁铭珊	陈华庚
彭璟	黄麦伦	安龙龙	陈凯诗	何洁仪	林汶镕	张宇	阮焕燊
余嘉雯	王谦	陈芷彤	佘甜好	韩沐	李燕雯	吴永珊	刘丹凤

（续上表）

董丽娟	丁尉桢	邓颖欣	梁　婧	黄文沂	陈钰滢	梁玉冰	陈宝仪
陈玉莹	郑嘉铭	罗　滢	吕烨娟	黄日欢	余炜鑫	李嘉安	梁敬韬
陈景幸	廖梁薇	戴轩柔	杨海祺	司徒小娴	陈翠荣	邓子琳	黄　瑶
陈思雨	张祎宁	黎斯维	彭子越	钟苑盈	张楚曼	朱思琪	陈　曦
郑润嘉	徐渝淇	黄舒婷	叶俊杰	钟一琪	王美凤	刘洪云	梁苑钧
周佳慧	夏铭泽	翟羽佳	潘丽婷				

三等奖学金（101人）

刘　贝	龚锟辉	黄佳妮	吴晓祯	郑嘉鑫	魏　巍	潘洁芮	曾清艺
邓淇芬	杜霖琳	卢燕清	梁凯琳	钱依婷	曹煜淇	徐璐瑶	张　映
符博霖	邓佩佩	胡　威	伍盈澜	陈晓敏	吴焕雄	潘玉芝	龙成桂
冯志恒	黎兴伟	汪紫霞	吴依晓	薛泽沅	钟利桢	吴年希	钟意画
陈展杰	江跃瑜	刘依琦	余千宸	胡颖薇	罗杜丹	凌嘉谦	单莞菲
彭玲芝	郭瑞茵	黄月季	李滔滔	黄珊珊	吴小娜	黄嘉仪	何　玥
邱颖瑜	谢晶晶	陈江柳	何永杰	林文媛	陈心妍	陈思琼	黄译漪
朱修贤	刘雅琳	邓秋怡	黄海榕	涂思思	卢毅涵	李淇苗	伍可盈
张贤丞	黄桂深	江钰婷	何婉君	黄雅沅	钟　淳	余丽秋	梁燕婷
陈桐悦	杨　悦	彭佳静	梁陆琳	成志斌	袁旖轩	梁文静	吴京蓓
杨琪琳	刘含璐	黄梦华	张贵豪	石一凡	吴月萍	黄　菲	黄诗盈
李方扬	唐琪森	刘庆演	何妙蓉	林裕颖	伍君林	陶乐怡	何　楚
易芷含	黄子源	陈　煌	林晶莹	诸玮聪			

数学与信息科学学院

优秀学生（56人）							
林炜娴	肖嘉艳	温丽洁	黄嘉颖	曾健欣	胡贤燊	马思婕	兰雨桥
陈依妮	蔡兆航	王泉焱	黄　莹	李中杰	李春雨	林泓斌	李艳萍
陈薇彤	朱文雅	邓乐怡	卢　军	谢泽婷	梁成烽	曾楚仪	林浩贤
叶　卉	涂宏楷	黄月婷	黄雅婷	姚安怡	萧泳悦	李嘉琪	李佳莹
冯韵程	苏健苗	戴林茵	杜乐茵	王露苗	马秋同	林嘉敏	裴鑫振
黄珈铭	宋佳丽	张洁婷	陈　实	陈靖瑶	陈梓博	周晓霖	曲芷萱
柴亚平	符　蓉	张骢润	张维泽	黄泽丰	郭易之	林　毅	区志斌

优秀学生干部（45人）							
黄嘉颖	莫晓娴	陈钦祥	徐　昕	许书瀚	龚小丽	张　黎	陈思巧
罗　炜	王泉焱	黄　莹	李中杰	梁懿麒	邓乐怡	郭　莹	吴绮雯
李　京	梁成烽	林浩贤	涂宏楷	江海榕	黄　龙	姚安怡	李佳莹
温子杭	李　妍	冯韵程	卢铭熙	何　婧	丁圣琪	张振宇	马秋同
高思婕	林嘉敏	何　峒	陈　实	李永涛	陈梓博	曲芷萱	李雪晴
符　蓉	黄泽丰	郭易之	林　毅	区志斌			

一等奖学金（56人）							
林炜娴	肖嘉艳	温丽洁	黄嘉颖	曾健欣	胡贤燊	马思婕	兰雨桥
陈依妮	蔡兆航	王泉焱	黄　莹	李中杰	李春雨	林泓斌	李艳萍
陈薇彤	朱文雅	邓乐怡	卢　军	谢泽婷	梁成烽	曾楚仪	林浩贤
叶　卉	涂宏楷	黄月婷	黄雅婷	姚安怡	萧泳悦	李嘉琪	李佳莹
冯韵程	苏健苗	戴林茵	杜乐茵	王露苗	马秋同	林嘉敏	裴鑫振
黄珈铭	宋佳丽	张洁婷	陈　实	陈靖瑶	陈梓博	周晓霖	曲芷萱
柴亚平	符　蓉	张骢润	张维泽	黄泽丰	郭易之	林　毅	区志斌

学年礼

二等奖学金（89人）							
毛金萍	谭思颖	肖忆冰	赖龙丹	陈育翔	许书瀚	罗倩潼	徐燕珊
龚小丽	陈柏萦	秦康翔	温 宇	汪丽琳	张 黎	陈思巧	李 祝
苏 婷	罗 炜	陈晓敏	车志茵	钟启鹏	李佳莲	苏锡龙	吴旭龙
舒 欣	方 捷	陈健豪	苏 乾	谢俊竹	谢 颖	柳 婷	邓诗敏
李 京	嵇正中	徐志铮	吴华艳	梁宝娣	郑素红	孙 华	郭志芳
欧晓珊	李哲琪	罗诗妮	郑晓惠	黄 龙	叶 楠	张嘉仪	吴雅静
邹文祝	郑莉虹	陈 楠	侯淑燕	李 妍	黄震远	杨莉雯	凌如敏
侯铸恩	何 婧	伍 洋	林焕杰	谢 仪	陈廷涛	黄欣欣	杨敏铝
莫秀英	冯嘉俊	吴怡君	邓 天	黄飘雨	项浙宏	张琼丰	何 垌
吴妙君	李永涛	易芳婷	陈桌湧	曲业勤	周得明	李雪晴	唐鸿威
运洋凡	石家豪	梁文欣	胡 淼	杨文锋	陈锦培	李 璇	朱艺锋
罗 晖							

三等奖学金（135人）							
陈廷迪	张佳丽	吴 燕	黎峙汕	张文静	朱锶棋	莫晓娴	吴京龙
李银芳	廖鹏飞	陈钦祥	劳 淇	徐 昕	陆羽宁	刘昊麟	姚 瑞
李沂峰	邓新宇	罗振鹏	陈俊谊	王家慧	刘泓达	张德霖	毛 洋
张相龙	周子涵	贺文翔	杨泽俊	方 瑜	薛容美	邓 谊	成婉仪
洪 佳	梁宇轩	马俊衡	刘来福	李 茂	李金华	刘 鹏	卢俊杓
香倚淇	林雅婷	朱 镗	梁懿麒	郭 莹	吴丹硕	吴绮雯	李 琪
蔡静思	黄爱新	许 诚	万瑞兴	郭倩蓉	冯烨琪	黄业雯	李嘉欣
许茵悦	黄艳琳	詹燕洁	钟燕婷	陈 瑶	黄舒婷	柯宇静	江海榕
吴泳祺	魏彦纯	曾心怡	林 莉	李倩君	姚榕敏	卢泳安	罗静如

（续上表）

吴嘉怡	肖颖豪	吴金婷	练　瑜	梁颖仪	卢宇锐	钟　雪	纪梦珣
岑文杰	郑锦楠	郑加乐	李卓琳	徐晓瑜	王湘楠	李柳君	温昆达
罗思源	习宇鹏	丁圣琪	沈圣尚	邓小英	黄海城	罗丹妮	蔡梓媛
张振宇	夏志星	潘美君	高思婕	凌江宁	刘茵茵	梁　爽	周贝临
陈柔晴	张晶晶	梁伟燕	李春晓	林家伟	邓可嘉	王维圣	田欣雨
袁天豪	房嘉儿	兰金钟	陈建星	袁　葳	曹交鹏	吴朝基	符颢议
梁浩贤	陈建兴	姚家乐	吴梓翀	林伟健	黎如怡	李相龙	王梦颖
陈禹诺	刘纪源	周　梦	张　译	彭文微	李文杰	陈奕琪	

物理与材料科学学院

优秀学生（27 人）							
黄晓婷	黄昌侨	叶炜勇	赵宣博	王子煌	蔡崇轩	杨家豪	陈楷燊
陈蔚潇	王雨阳	陈茂亮	黎昊健	邱琪涵	黄彩虹	屈虚怀	祝梓博
黎智轩	黄楚仪	何晓玲	李卓霖	张国琴	林佳仪	林新叶	郑晓丹
陈艺星	高英鹏	邓家裕					
优秀学生干部（23 人）							
庄海婷	叶炜勇	闻　霄	谷国邦	蔡崇轩	陈楷燊	何国龙	吴小睿
陈茂亮	方美慧	杨志远	张慧怡	祝梓博	黄楚仪	李卓霖	蔡佳均
林雨欣	张宝莹	林佳仪	郑晓丹	王祖怡	邓家裕	凌艺纭	
一等奖学金（27 人）							
黄晓婷	黄昌侨	叶炜勇	赵宣博	邹　娱	王子煌	蔡崇轩	陈楷燊
杨家豪	陈蔚潇	邹世杰	陈茂亮	黎昊健	黄彩虹	屈虚怀	祝梓博
黎智轩	黄楚仪	李卓霖	郑思妍	张国琴	禤云辉	林新叶	郑晓丹

学年礼

（续上表）

陈艺星	高英鹏	邓家裕					

二等奖学金（44人）

邓松洁	庄海婷	赖剑锋	蔡元海	张　润	叶雯英	闻　霄	谷国邦
曾晓彤	邹　政	冯显艺	林　俊	叶志彬	李林怡	陈为骞	何国龙
何星杰	王雨阳	黄志敏	吴小睿	张剑航	方美慧	黄楚炯	杨志远
韩智炜	巫海洋	吴梓禾	郑紫萍	刘晓缘	钟珊瑜	莫燕斯	江瑶琳
陈晓彤	林晓茵	黄丹怡	杨　晨	林雨欣	方　烨	王祖怡	陈嘉敏
程文俊	陈洁冰	李约瑟	苏智泓				

三等奖学金（63人）

何海盛	庄雅雯	彭思怡	梁栩文	赵嘉辉	丁诗磊	王　辉	柯昊坤
周倩汶	曹品郐	黄桢淇	朱镇星	胡裕鸿	李文成	李杰帆	郑淑卿
庄耀斌	黄殿恒	黄杰华	丘霆燊	杨多多	张梓欣	宋建颖	陈　莹
郭艺璇	张辉标	杜　平	蔡明扬	谢琬晴	林铭杰	肖泽熙	苏杰浩
王贵权	吴啟明	张慧怡	许晓霞	叶志鸿	招舒荣	黄竞征	陈开帅
徐佩珊	吴雨虹	饶嘉炜	陈浩斌	刘静雯	梁诺瑶	龚宇彬	黄颖欣
蔡佳均	何安桐	颜晓明	林梓敏	李泓一	胡丽文	谭雪欣	马　俊
林稀哲	陈薇枫	容雨晴	何森裕	凌艺纭	吴文基	袁　淇	

化学化工学院

优秀学生（37人）

曹许优	李紫恒	段梦蝶	李书华	梁　颖	朱祥连	刘思欣	骆怡琳
杨靖斐	吴培源	肖智慧	彭梅珊	杨境璇	陈颖琪	严铟蕾	刘伟杰
许智蕴	林润潼	苏　彤	陈靖荣	梁湘瑶	郑丹苗	王海枫	叶锦昊

（续上表）

| 柏仕林 | 彭子林 | 李相海 | 黄佳胜 | 辛　婷 | 李惠琳 | 钟如秋 | 师文君 |
| 陆　雨 | 周伟杰 | 李　登 | 张　悦 | 区绮琪 | | | |

<table>
<tr><td colspan="8" align="center">优秀学生干部（29人）</td></tr>
<tr><td>王晓金</td><td>李诗琪</td><td>冯梦婷</td><td>钟桂香</td><td>曾梓棋</td><td>黄佳瑜</td><td>郑杰莹</td><td>庄惠芬</td></tr>
<tr><td>陈　瑶</td><td>杨榕宜</td><td>黄　靖</td><td>陈罗衣</td><td>严栩慧</td><td>朱伟欣</td><td>郑丹丹</td><td>冯劲聪</td></tr>
<tr><td>陈思羽</td><td>吴岸泽</td><td>潘　蕾</td><td>侯嘉凝</td><td>叶婉仪</td><td>陈远媚</td><td>熊文彩</td><td>黄佩怡</td></tr>
<tr><td>陈　静</td><td>黄佩佩</td><td>张知科</td><td>陈思缇</td><td>陈浩杰</td><td></td><td></td><td></td></tr>
</table>

<table>
<tr><td colspan="8" align="center">一等奖学金（37人）</td></tr>
<tr><td>曹许优</td><td>李紫恒</td><td>段梦蝶</td><td>李书华</td><td>肖智慧</td><td>彭梅珊</td><td>杨境璇</td><td>陈颖琪</td></tr>
<tr><td>许智蕴</td><td>陈靖荣</td><td>彭子林</td><td>师文君</td><td>李　登</td><td>梁　颖</td><td>朱祥连</td><td>骆怡琳</td></tr>
<tr><td>严铟蕾</td><td>王海枫</td><td>辛　婷</td><td>区绮琪</td><td>刘思欣</td><td>吴培源</td><td>杨靖斐</td><td>刘伟杰</td></tr>
<tr><td>苏　彤</td><td>林润潼</td><td>叶锦昊</td><td>梁湘瑶</td><td>柏仕林</td><td>李相海</td><td>郑丹苗</td><td>陆　雨</td></tr>
<tr><td>黄佳胜</td><td>钟如秋</td><td>李惠琳</td><td>张　悦</td><td>周伟杰</td><td></td><td></td><td></td></tr>
</table>

<table>
<tr><td colspan="8" align="center">二等奖学金（58人）</td></tr>
<tr><td>黄佳瑜</td><td>黄　靖</td><td>罗锦棠</td><td>李佩怡</td><td>梁嘉淇</td><td>叶妙怡</td><td>梁月燕</td><td>郑丹丹</td></tr>
<tr><td>左卫朋</td><td>韦林洁</td><td>涂杨杨</td><td>陈楚婷</td><td>王泽熙</td><td>吴浩凡</td><td>关雅芳</td><td>邹明瀛</td></tr>
<tr><td>黄宝莹</td><td>王晓金</td><td>陈美云</td><td>郑嘉敏</td><td>郑杰莹</td><td>钟嘉欢</td><td>庄惠芬</td><td>王　玲</td></tr>
<tr><td>马慧珍</td><td>倪奕玲</td><td>何宜晓</td><td>骆俊强</td><td>黄佩怡</td><td>钟桂香</td><td>刘　峥</td><td>崔琪琪</td></tr>
<tr><td>李春琳</td><td>朱采虹</td><td>易明燕</td><td>罗　荟</td><td>林晓敏</td><td>吴冯秀</td><td>孙榕蔚</td><td>张　细</td></tr>
<tr><td>梁蔚淇</td><td>邓　涛</td><td>杨榕宜</td><td>冯　锋</td><td>叶婷娟</td><td>罗梦思</td><td>邝晓曼</td><td>陈罗衣</td></tr>
<tr><td>侯嘉凝</td><td>张宇媚</td><td>王翠渺</td><td>李欣原</td><td>李美仙</td><td>彭泽林</td><td>陈思缇</td><td>王龙祥</td></tr>
<tr><td>苏伟航</td><td>陈照铭</td><td></td><td></td><td></td><td></td><td></td><td></td></tr>
</table>

学年礼

三等奖学金（88 人）							
陈晓霞	温 馨	郭文馨	李凯鑫	梁柳洁	李嘉仪	谢旭婷	余净娴
白木林	欧东妮	冯梦婷	吴燕妮	李拉弟	陈嘉莹	肖 韧	罗潼钰
林文艳	殷 娜	曾家豪	侯俊威	何 政	严栩慧	庄茵茵	许晓枫
朱伟欣	郑淇桐	邹栩冰	林柳君	谢 杰	丁 冰	冯劲聪	张 姗
董超凡	潘 蕾	熊文彩	熊美婷	易 媛	陈月柳	叶婉仪	刘汶霖
黎泳彤	黄佩佩	刘 欣	谢 冰	王新雄	陈浩杰	刘丽姗	曾桥海
吴咏欣	陈凯莹	刘媛瑾	钟依灵	丘 锐	汤 婕	庞 诗	黄冰云
黄妍瑜	林丽珊	梁瑛敏	黎心瑜	张巧宜	何梓倩	韩芷韵	刘韵华
周敬勋	刘思施	唐健博	李惠敏	余 晨	谢沛炜	郑旭芸	陈杨柳
郑嘉明	江文锋	孙婉怡	叶 慧	崇庆典	翁惠琼	陈 静	李 旻
王思桃	邓晨曦	钟珮玮	郭柏霖	张奔腾	杨志威	文 睿	李晋升

地理科学与遥感学院

优秀学生（24 人）							
廖珊慧	陈家豪	刘 迅	王晨禾	乔文清	林华威	张驰方	庄思冰
程子浩	朱玲珑	许晴宜	王晓冰	方雪如	张亚琛	吴雅琪	李映慧
沈梓滢	林妙君	梁诗琪	刘玉婷	曹 玮	李晓诗	钟佳敏	徐心怡

优秀学生干部（40 人）							
张意岑	刘先锋	唐 偲	林涌权	朱家辉	左 藤	陈建升	周若蕾
邵紫曦	陈柳谕	李增光	周颖禧	招杰慧	徐秋萍	陈浩然	刘静宜
杨 嘉	刘俊杰	卢思言	杨 柳	彭 林	王民炜	陈奕林	周智杰
张馨予	刘德美	叶小如	陈锦极	徐圆莉	林 易	杨 倩	黄素英

（续上表）

| 黄丹虹 | 甘梓莹 | 陈倚晴 | 陈嘉怡 | 陈舒婕 | 萧嘉慧 | 董子宁 | 陈聪颖 |

一等奖学金（49人）

廖珊慧	陈家豪	刘迅	王晨禾	乔文清	杨倩	林华威	庄思冰
吴静欣	李少丽	骆海燕	许榆琳	李桦	何得晖	廖荣蓉	麦鑫泽
程子浩	朱玲珑	邵紫曦	许晴宜	王晓冰	肖海韵	吴智健	方雪如
张亚琛	吴雅琪	冯婷诗	李映慧	沈梓滢	黄桂汾	林妙君	林卓沄
黄杰珊	梁诗琪	吴东梵	黄国耀	刘玉婷	招杰慧	卢怡桦	曹玮
李晓诗	杨柳	陈川	卢思言	董延宗	洪天来	徐心怡	梁诗
王洋洋							

二等奖学金（79人）

林易	植云帆	吴倩娆	刘德美	徐圆莉	叶睿凡	郑英俊	刘丽雅
张驰方	甘梓莹	刘丹媛	梁颖然	何珮婷	熊畅	黄丹虹	何晓莉
李永萍	李泳芯	周佳艺	高雅	周茵	王海峰	李淑琴	张意岑
梅欢	周晓莹	黄方圆	李腾生	陈翠雯	邓碧松	郑秋玲	周健好
陈俊汝	曾庆宝	陈柳谕	潘沛琪	吴楚冰	朱家辉	刘家华	梁晓敏
陶佳芝	陈佳银	李敏祯	王彩婷	颜可佳	李楚琪	钟思敏	邓惠珍
冯考颖	左藤	梁铭禧	薛鹏	李雨珂	张诗语	梁佩仪	吴成鹏
李宇蝶	庄雅烨	郑碧雲	邱美月	陈浩然	陈华燕	刘俊杰	钟佳敏
邹靖男	谭秀娟	廖柳燕	李晓航	彭林	李丽青	李雨石	严少锋
戴钊龙	肖钺	简佩莎	黎思敏	李敏莹	廖春华	曾怡娟	

三等奖学金（119人）

李梓澳	郭梓淳	林雨泉	朱敏珍	钟志凯	龚永宁	王振宇	叶小如
刘锦熙	高志洪	陈锦极	胡娟	林添华	林歆雨	李淑君	龙芍男

学年礼

杨 敏	李智恒	陈嘉怡	陈嘉豪	何梓欣	谢鸿岚	萧嘉慧	潘英良
曾虹萍	郑妍辰	陈乐琴	陈舒婕	刘乾进	朱思雨	吴安琦	龚镇炜
何振浩	吕玉珊	许建龙	林港特	何俊安	陈建升	许 亮	黄章丽
黄亦锶	王嘉雯	邓乔力	邢锦淮	郭雪娟	李彦淳	张泳珊	吴水燕
张 茜	陈佳纯	魏莉琦	吴佩琪	刘 畅	赖晓群	简一平	陈冰滢
袁海威	王采鑫	叶文清	何小钰	林 琳	陆依熳	陈家宜	贺海怡
李增光	方乐慧	罗碧瑜	刘璇燕	刘文静	吴丹云	罗若琪	徐秋萍
陈 懿	刘 莹	龚蓓蓓	蒋李萍	曾心贤	陆灵儿	彭伶茵	吴 津
刘怡静	张秋林	周泽楠	唐粤琦	廖婉莹	黄晓忻	杨森婷	陈炜婷
杨 娜	叶泳彤	邬淇羽	杨 嘉	焦镇志	邝俊毓	兰美萱	张 娜
刘景豪	李丹妮	李倚澄	何彬宝	梁贺明	唐晨丽	刘绮然	黄佩玲
廖晓琪	何延琳	连绪杰	张馨予	覃静茵	黄健津	邱学如	信 畅
许倩妮	郭恩彤	周智杰	郑俊杰	孜拉力·亚力		古丽排日·柯尤木	
卡德热亚·阿不都热依木							

生命科学学院

优秀学生（28人）							
郑淳坚	黄倩妍	张欣彤	范力海	张 欣	李 雯	黄心怡	黄沂枫
曾泽玲	陈培贤	林锐淇	陈 容	陈依灵	梁雅婷	吴锐萍	黄韵颐
陈 炜	韩 梅	叶志权	梁小柔	刘雨晴	郑虹君	黄嘉慧	林晓敏
高奕娴	刘璎莹	麦倩雯	王殊懿				
优秀学生干部（22人）							
蔡健鑫	钟学运	李佳琪	赵凤玲	林君怡	苏浩晖	彭夏怡	廖淑玲

（续上表）

戴梦琳	刘思婷	陆淼婷	黄云开	李妍妍	杜倩平	黄安琪	陈佳丽
余鸿君	林晴莎	周志乾	郑锦婷	程炽欣	黄俊辉		

一等奖学金（28人）							
郑淳坚	黄倩妍	张欣彤	范力海	张 欣	李 雯	黄心怡	黄沂枫
曾泽玲	陈培贤	林锐淇	陈 容	陈依灵	梁雅婷	李妍妍	黄韵颐
黄安琪	陈 炜	叶志权	叶敏俐	刘雨晴	郑虹君	黄嘉慧	林晓敏
高奕娴	刘璎莹	麦倩雯	王殊懿				

二等奖学金（45人）							
李浩铃	蔡健鑫	龚泽平	梁雪妍	王彦晗	李金玲	钟韦凌	赵凤玲
林泳仪	王泷囡	王 宁	杨颖琳	李伟萍	吕银花	罗娉婷	谢睿智
朱雅婷	张瑞敏	梁楚妍	陆淼婷	黄婷婷	梁秋雨	吴锐萍	刘春秀
观秀倩	廖开静	谭世雄	韩 梅	范馨丹	陈佳丽	王颖琳	梁小柔
卢子欣	刘婉玲	陈海婷	林浩澎	龙雅倩	郑锦婷	林洁霓	刘郅贤
郑鹏辉	程炽欣	洪雨薇	周嘉仪	王伟杰			

三等奖学金（67人）							
颜佳苗	袁嘉志	刘文敏	林蔓菁	钟学运	方思思	许高铭	江晓童
李佳琪	丘远涛	陈梓轩	李佳怡	庄 奕	李佳璇	刘 璐	林君怡
石慧颖	苏浩晖	赖佳茵	巫素萍	刘淑玲	李林峰	谢 拂	廖淑玲
邵慧婷	戴梦琳	刘春花	蔡英英	李嘉欣	罗咏蕾	冯林杏	麦晓婷
张曼婷	黄云开	黄雨妍	叶煌杰	卢伽俊	李贝依	秦 冰	林卡雯
杜倩平	李 晴	林诗婷	罗 琪	李嘉美	黎晓倩	苏星尹	陈子慧
余鸿君	郭欣莹	林晴莎	周志乾	陈敏怡	詹夏沁	温敏婷	陈 诺
陈晓梅	黄兆安	冼文旺	薛 蓉	叶钰辛	周雪莹	李毓欣	傅立妮

学年礼

（续上表）

蒋心怡	杨　可	韩晓姗					

机械与电气工程学院

优秀学生（62 人）							
杜宏鸿	叶坤裕	李少洋	梁伟健	吴家淳	何泳隆	郭超文	黄源昌
杨国坤	洪泽宁	胡　献	黎　凯	谭家宏	杨创盛	卢柱石	江沐鸿
林婷婷	李　煌	陈方蕊	陈思霖	张淦基	梁家乔	麦　钦	李晓琳
钟景昌	黄　振	张瑞鹏	谢泽文	罗浩加	沈伟浩	罗朝龙	龙新谋
邓国阳	张泽天	黄郁婷	严彦成	乔雯璟	钟嘉威	梁　淘	梁东昊
苏盈盈	陈泽森	陈祖栋	林剑波	余玉佳	宋芷水	杨耀权	邓庄铭
马坚林	尹国统	林韦任	萧楚言	范勇佳	王靖林	唐伟力	陈树康
卫雯奇	杨　洋	陈庆润	傅龙彬	蔡　睿	张苑晴		

优秀学生干部（56 人）							
陈炫志	李嘉晴	李晓琳	刘梓腾	方坤城	吴金颖	刘千禧	揭锦业
陈康寅	华广明	张诗雨	韩　奇	吕展贤	黄志林	梁家乔	袁思藁
何振霆	黄永宜	梁淑婷	丘鸿杰	林俊禄	杜国达	刘镜豪	赵超奇
孟繁星	吴浇昌	冯凯力	翁诗妍	邓宇涛	黄明龙	刘中正	张　烨
林日锋	刘泽佳	张子烽	洪俊旺	阮　轩	苏国顺	马坚林	薛一帆
林韦任	林旭昱	林悦欣	杨晓芬	杨　林	温嘉福	黄金海	徐柔柔
张　涛	孙淑颖	夏嘉豪	王泽韩	洪燕婷	陈新嘉	王俊懿	张智扬

一等奖学金（70 人）							
杜宏鸿	叶坤裕	李少洋	梁伟健	吴家淳	何泳隆	郭超文	朱晓健
黄源昌	洪泽宁	胡　献	黎　凯	谭家宏	杨创盛	卢柱石	陈明俊

大学生文化素质发展日志年编（2021）

（续上表）

林婷婷	李 煌	陈方蕊	陈思霖	张淦基	梁家乔	陈 昆	李晓琳
黄 振	黄永宜	谢泽文	张苑晴	沈伟浩	丘鸿杰	罗朝龙	龙新谋
邓国阳	张泽天	黄郁婷	严彦成	张铭焰	乔雯璟	梁 淘	梁东昊
苏盈盈	陈泽森	陈祖栋	林剑波	蔡 睿	宋芷水	杨耀权	邓庄铭
马坚林	林韦任	萧楚言	范勇佳	曾飞龙	施凯悦	陈树康	卫雯奇
杨允津	陈庆润	傅龙彬	杨 洋	王靖林	尹国统	余玉佳	钟嘉威
麦 钦	罗浩加	张瑞鹏	林金腾	杨国坤	林家豪		

二等奖学金（113人）

林家满	罗婉儿	孙金城	郝天基	曾庆彪	黄文俊	邓少政	李晓琳
杨 冲	陈泽标	刘晨曦	林城全	简昌煌	周奕桦	江志超	王达任
陈希来	范雨辰	陈富泽	饶建豪	胡 磊	梁 易	江沐鸿	陈康寅
林松光	王 祺	蔡展衡	张诗雨	陈紫铃	吕展贤	罗清龙	伍雄谦
夏立嵘	邬海彬	王先杰	黄胜龙	刘天乘	王博学	苏胡杨	陈舒桐
钟景昌	陈 奕	崔 恒	刘慈航	林永贤	周晓阳	何振霆	林浩权
黎毅成	官 霖	杨婉婷	陈柏瀚	刘镜豪	李耀东	赵超奇	黄锦伶
孟繁星	邓远可	冯凯力	翁诗妍	马灿洪	李俊良	徐家文	黄明龙
黄塈锋	张 烨	饶子锐	廖世旺	林德裕	余君皓	萧柔燕	刘泽佳
黄梓毅	黄道宙	丁明佳	江佩茵	郭子龙	杨嘉焕	洪枫获	刘俊鹏
黄子卓	陈 超	苏国顺	李思道	徐嘉言	陈欣豪	雷梓欣	欧文韬
杨筑成	孙 颖	黄泽贤	李龙森	唐伟力	黄润楠	杨晓芬	丁梓炜
潘英雄	伍昊天	温嘉福	肖泽斌	范明炜	卢尧龙	廖健林	孙淑颖
黄沛昇	植泓文	曾智帆	陈建宏	郑骐寅	吴鸿坤	陈新嘉	刘灏林
张智扬							

三等奖学金（169人）							
陈柳东	余铭锋	李浩鹏	陈炫志	林孝光	林俊杰	张成海	李嘉晴
莫炯豪	孙悦俊	李观杰	陈明立	顾显鹏	王 煜	方坤城	梁倍精
陈泽宇	谢智铭	郭健烽	陈伟红	叶冠伟	蓝智绅	张文辉	吴金颖
范 益	李阳明	封雨文	魏华彬	刘千禧	张 博	侯韦有	毕亚瞳
刘军发	陈金湖	揭锦业	杨晓锋	黄杰龙	李瀚锋	张奕琪	方树涛
谢卓志	卢少梅	张泽华	华广明	谭国俊	陈梓浩	韩 奇	罗湛腾
李远冲	吴汉毅	刘华聪	苏焕荣	郭士煌	黄志林	甘群榜	刘仁龙
徐 熠	张健平	姚权鸿	张培杰	程家乐	万久渝	方 维	徐玲芝
祝晓亭	卢俊江	刘泽安	何 旋	魏 亨	周云忠	袁思藁	吴博敏
冼嘉辉	陈文毅	余飞洋	梁淑婷	赖嘉成	林俊禄	辜志勇	杨海琳
杜国达	陈卓鑫	张皓杰	陈新宇	钟振业	彭子彦	翁文杰	陈健玮
吴浇昌	欧嘉鸣	黄俊滨	谭旭良	林祖恩	王晓婷	邓宇涛	杨旻昊
胡晓桐	符展鹏	冯章涛	梁振洪	张沅秘	巩琪娟	蔡伟聪	李栓玮
邹泰森	陈永沛	曹毅锋	袁文杰	林日锋	胡梓凯	武夕涞	吴奕涛
梁家伟	林培翔	张远辉	梁磊华	廖昱坤	朱圣源	张朝峻	陈俊伟
李霖熙	洪俊旺	王成祥	何智城	陈 东	刘逸彬	张书林	邓文迪
薛一帆	林嘉杰	张家乐	詹建旭	凌龙俊	黄晓昌	陆彰乾	林 浩
许佳奇	庞煜嵘	何友明	李锐涛	严家沛	林旭昱	林悦欣	王伊杰
林泉余	李晓辉	杨 林	李豪卓	孙 轩	夏宇昕	黄金海	杜双龙
叶灏东	叶明辉	苏昭栋	陈俊达	朱锐然	徐曼玲	吴直霖	林立凯
蔡培周	王泽韩	杨华东	王 威	丁家烨	王俊懿	曾炜杰	杨博卿
叶坚铭							

电子与通信工程学院

优秀学生（46人）							
胡琳淳	李明晓	林思如	林炳均	董彦	陆庚有	张泽敏	黄杰铭
李泽轩	许丽纯	林静旖	杨栢佐	孙启超	余俊佩	胡晓玲	张竞文
韩骏宇	李帆	王嘉轩	李成霖	周易	李汉燃	王锦帆	张好婷
林丽	于成熙	陈江涛	明家辉	钟键	麦伟健	郭子芊	吴添贤
郑佳妮	李盈盈	廖玟皓	陈垚竹	梁显武	林培东	陈建华	林志伟
王坤辉	王清远	程杰	岳马飞扬	庄晓萱	林钦霆		

优秀学生干部（30人）							
江卓飞	张芸洁	陈颖宇	曾烨锡	黄荣锦	杜晓楠	蔡乾	胡晓玲
麦明耀	吴希	陈诗敏	张好婷	冯誉锴	吴丹曼	张锦程	刘伟谱
郭子芊	何锡南	秦博文	王明阳	张冠桦	沈哲林	毛琳	周航
闻嘉伟	王家创	黄雅楠	王碧勤	刘佳俊	潘梓沛		

一等奖学金（46人）							
胡琳淳	李明晓	林思如	林炳均	董彦	陆庚有	张泽敏	黄杰铭
李泽轩	张钰佳	林静旖	杨栢佐	孙启超	余俊佩	胡晓玲	张竞文
韩骏宇	李帆	王嘉轩	李成霖	周易	李汉燃	王锦帆	张好婷
冯誉锴	林丽	陈江涛	明家辉	钟键	麦伟健	郭子芊	吴添贤
郑佳妮	李盈盈	李楚宪	廖玟皓	陈垚竹	方靖涛	林培东	王坤辉
吴钦	王清远	程杰	庄晓萱	林钦霆	陈建华		

二等奖学金（73人）							
梁智杰	梁浩宇	郑震霆	张芸洁	林江江	翁璇华	陈颖宇	曾宪国
卓志斌	陈祥再	曾烨锡	郭振正	肖发聪	黄双儿	许丽纯	杜晓楠
凌兴涛	郭纯真	梁芸嫣	钟颖	廖艺	颜泽建	温伟明	黄锦煌

余博文	彭 均	陈泳森	李啟津	陈诗敏	区嘉俊	张绮芬	苏杰鑫
李建锹	林东亮	李升晖	陈奕彬	连梓鸿	于成熙	冯世悦	岑卓艳
吕 沥	刘伟谱	林青霞	陈厚积	许思源	伍炫嘉	杨金洲	叶汶汶
秦博文	钟绮岚	刘美瑜	杨 敏	梁友槟	何伟聪	廖梓鹏	张冠桦
胡伟俊	陈俊全	梁显武	毛 琳	林汶贤	潘梓沛	林志伟	岳马飞扬
王家创	黄雅楠	梁婉桃	潘文极	王碧勤	杨宗宾	陈伟麟	李胜权
黄星泰							

三等奖学金（110 人）

彭湘阳	江卓飞	姚惠晶	沈佩煌	邱楚芬	罗奕凯	郭 晖	郭喜清
翁志杰	熊小龙	林景来	罗 敏	王 凯	刘耿焕	戚诗仪	李华超
林嘉鸿	刘泽南	余集涛	黄荣锦	蔡健然	陈志高	李伟唐	李苗君
高煜楷	张晓君	吕滨雄	殷圣锋	苏构利	邹达华	陈伟浩	黄云轩
黄灿群	陈 瑜	陈鹏旭	尹硕文	黎灿豪	麦明耀	许伟聪	刘建华
柯伟辉	冯荣森	李胜蓳	吴 希	郑 锐	邝芷欣	陈卫深	钟咏蓓
孙宝玉	喻 琦	吴丹曼	张锦程	李亦聪	刘郭聪	戴雨潇	黄文怡
陈奕源	涂晓未	殷可晴	莫灵芝	花少娜	蒋 森	苏 立	王培浩
郑永林	易锡兴	张春媚	洪梓涛	陈锐淇	李章艺	邓光林	江杰龙
陈韵婷	李成杰	蔡沪行	温晓凤	田汉彬	林志鸿	李 惠	李烨恒
沈哲林	梁智鹏	孔佳仪	黄 冠	谢明正	陈文旭	曾 标	朱欣欣
袁骏炫	施良玉	魏从林	张瑞健	胡瑞峰	闻嘉伟	卢建萍	钟芷瑶
刘 帅	钟日丰	陈文奇	李惠嫦	谭渝建	李广全	张智豪	谭圣珑
郑晓颖	李东云	李浩亮	钟坤霖	胡泽桂	刘佳俊		

大学生文化素质发展日志年编（2021）

计算机科学与网络工程学院

优秀学生（81人）							
杨碧芬	赖　康	李嘉玲	裴文达	朱恩民	卢科达	洪育懋	程日强
许汝超	彭少淇	单雨菲	王育锋	李九辉	李俊豪	张承杰	郑意华
郑梓煜	刘文烽	莫成达	刘铧荣	张怀元	张伟宏	刘玉蓉	黄宝仁
唐振辉	吕亮彬	贾剑超	罗　芳	谢治东	方炯丰	肖小恩	李子轩
陈泽彬	叶嘉丽	林楚东	姚炳健	莫莹盈	郭淑怡	张镇耀	郑泽昆
吴炜彤	唐本钊	张心莹	刘虹丽	郭宛怡	吴朝亮	乔慧阳	陈榆通
林志伟	张洲瑞	张浩楠	连雨昕	许镌圭	尹　创	池泽宇	林远新
李炫莹	刘春龙	曾芙曼	柯锶奇	江晓云	张嘉仪	黄有亮	林国旺
胡冬妮	陈丹慧	赖杰伟	麦俊杰	叶林浩	朱俊涛	黄颖瑜	李志鹏
詹舒桐	冯希彤	林碧香	雷　昊	丁千惠	刘霁莹	张俊辉	梁志炜
林　靖							

优秀学生干部（65人）							
杨碧芬	赖　康	李嘉玲	林淑欣	卢科达	洪育懋	程日强	许汝超
彭少淇	杨桂德	蔡炬康	李俊豪	张承杰	杨泽栋	林嘉华	刘铧荣
张伟宏	黄宝仁	唐振辉	姜靖宇	邱富城	朱浩良	张宝宸	杨　鑫
肖小恩	李志鹏	陈泽彬	陈卓荣	林楚东	姚炳健	莫莹盈	郭淑怡
邓晓君	谭　健	霍艳童	胡进锋	陈攀丹	张心莹	骆仕煜	陈文瀚
郑泽宇	张倩瑜	郭培育	郭颖珊	万佳文	刘　欣	林晓宁	周　仪
谢　颖	张嘉仪	钟伟琪	李妙红	陈丹慧	温派维	朱创伟	赖杰伟
麦俊杰	陈义翔	黄仁迪	林晓军	陈佳仪	李佳佳	冯希彤	黄培深
杨汉伟							

左侧竖排：我们的大学 · 大学生文化素质发展日志年编（2021）

一等奖学金（81人）							
杨碧芬	梁志炜	李嘉玲	陈 煜	朱恩民	陈湧锋	卢科达	陈虹桥
程日强	许汝超	彭少淇	单雨菲	王育锋	林 靖	张俊辉	李九辉
李俊豪	张承杰	郑意华	郑梓煜	郑天祥	莫成达	李颖欣	张怀元
张伟宏	刘玉蓉	黄宝仁	唐振辉	吕亮彬	邱富城	罗 芳	谢治东
方炯丰	肖小恩	李子轩	陈泽彬	叶嘉丽	姚炳健	陈栋杰	郭淑怡
邓晓君	张镇耀	郑泽昆	甘洪雨	吴炜彤	刘虹丽	余富佳	骆什煜
郭宛怡	乔慧阳	陈榆通	林志伟	赵彭羿	张洲瑞	张浩楠	连雨昕
许镱圭	池泽宇	林远新	李炫莹	刘春龙	曾芙曼	柯锶奇	江晓云
张嘉仪	黄有亮	林国旺	胡冬妮	陈丹慧	赖杰伟	麦俊杰	叶林浩
朱俊涛	黄颖瑜	李志鹏	詹舒桐	甘艺燕	冯希彤	林希栋	雷 昊
丁千惠							
二等奖学金（130人）							
黄颂升	王 琪	朱艾清	朱焯贤	吴晓婷	陈泽敏	陈敏琪	范琦东
杨煜琦	邝诗曼	邓茹婷	黄 灏	陈晶晶	罗佳彬	林嘉丽	詹义森
张 东	李妙旋	刘舜花	谢敏儿	冯舶洋	宋 杰	黄康伟	蔡炬康
陈婵婷	李沛蔚	张晓雪	钱 滔	林炳荣	吴宇杰	吴妍婷	李红婷
刘文烽	杨泽栋	宋运红	刘铧荣	陈俊文	韩飞洋	陈卫佳	奉翔宇
张晓婷	戴景昊	丘靖宇	庄泽槟	邓幸维	姜靖宇	黄晓杰	陈旭东
杨栋材	杨晓玉	黄晓波	王振鸣	严基杰	张宝宸	陈港泉	林锦天
李志鹏	罗乾杰	陈卓荣	黄成伟	施文龙	黄朗星	陆俊江	林曼珍
陈鹏羽	谭 健	高伟佳	霍艳童	蔡培麟	郑育熙	唐本钊	陈攀丹
陈宏儒	张心莹	刘燕轩	陈日玲	夏 如	吴朝亮	冯建华	卢嘉浩

（续上表）

陈梓铎	张耀天	洪超越	郭培育	郭颖珊	萧志鹏	尹旭哲	梁 程
梁敏贤	尹 创	万佳文	刘 欣	陈灵茜	施雅韵	陆伟豪	黎钎桦
董 鑫	林晓宁	陈国乔	谢 颖	陈宗晖	钟 仪	钟宴宏	梁恒畅
曾志照	林俊庆	王秋迪	刘子辉	方秋曼	颜玉华	温派维	陈义翔
罗怡翔	钟圣鸿	黄仁迪	李广辉	林晓军	谢瑞鸿	吕泓浩	陈佳仪
黄 毅	黄正豪	余晓敏	林碧香	林伟照	黄培深	江泽彬	刘霁莹
徐瑞禧	杨汉伟						

三等奖学金（195人）

刘雨馨	梁德心	张祖龙	王业鸿	林晓丹	张志豪	冯镓棚	李卓怡
方增煌	麦子聪	廖宇昊	徐菲菲	王智玮	陈宏臻	林淑欣	刘 洋
梁汉杰	叶文迪	吴彬东	朱颖锋	邓丽姗	黄禧龙	陈金铅	李松涛
钟权威	彭胡杨	周继华	朱华昌	高智健	丘玉强	梁文坤	郑浩然
吴焯森	张耿财	李佰涛	林心仪	黄佩佩	古会杰	廖锦滔	吴恺彬
林小惠	彭康超	程炜城	王 斯	蔡丽凤	傅嘉润	邓尚杰	吴相龙
何金鸿	赵焕鹏	苏坚荣	苏丽盈	段小荣	蔡鸿建	梁鸿帅	肖诗敏
赖泉凤	汪绣婷	杨 燚	张嘉玲	赖炯煜	罗培鑫	杨洁浩	洪泓锴
陈佳锋	孔令骞	吴梓灏	李龙辉	余雀堂	朱浩良	赵端浩	戴子淇
彭梓豪	吴富乐	马伟智	杨 鑫	李华辉	许文皓	陶 希	张炜斌
陈培佳	童邦凡	陈天诚	黄颖贤	陈泽华	林金雄	许梓培	徐兆伦
冼申宪	张高铭	冯有恒	李润文	李承辉	陈嘉豪	曾煜棋	吕凯锐
詹佳怡	黄婉婷	胡进锋	陈春鸿	伍旭民	老兆闯	林荣堃	曾祥浩
莫小知	何家豪	叶怡鹏	姚海彬	郑汝远	陈智颖	叶沃维	李浩源
黄素君	庄智杰	陈泳彬	林 斌	郑诗敏	林志东	侯嘉滢	黄 圳

张倩瑜	马汉松	杨康森	陈雪琪	李元粤	何静静	邹世杰	张晓燕
段玮	洪榕涛	谌瑞平	李强	李垚含	李嘉怡	冯浩桓	康信智
林弋刚	孙丹妮	李品钦	蒋启潜	吴泽杰	陈乐昕	林俊烈	侯若兰
陈悦琦	周仪	黄惠英	陈小丽	刘振海	朱榕基	吴伊淮	黎滔
陈宏伟	郑嘉炜	蒋耀聪	梁新兵	欧桶生	钟伟琪	李妙红	林昕
骆泽任	朱创伟	黄凯颖	方禄洁	朱伟聪	刘敏婷	严宇业	洪泽彬
陈琳珊	黄佳佳	欧锦权	余文臻	李志强	候美婷	黄爱雯	黄梓鑫
冯标明	郭明鑫	李晓娜	程源泉	岑来铭	司徒永聪	吴泽涛	李佳佳
杨嘉豪	韦国强	钟博文	林彦如	黄阳春	邓文轩	甘指晴	申选贤
吴昊原	冯杰晖	方紫婵					

建筑与城市规划学院

优秀学生（33 人）							
夏韵鎏	孙裕	刘书岑	刘睿	林绮琪	蔡晓莹	邓毓雯	付运琪
罗雨晴	李昕	利紫晴	陈怡凤	陈卓禧	陈东濠	陈宗含	吴玫萱
涂林英	刘炳荣	周文婷	郑颖亮	陈沼宇	王奕萱	张许宁	林芳
王嘉琪	陈梓聪	钟炜婷	黄筠玲	潘润锟	陈潼	邓鑫坤	许嘉毅
欧阳宇文							

优秀学生干部（25 人）							
罗启颖	张嘉洋	章浩楠	孙裕	邓著立	潘烨成	蔡晓莹	邓毓雯
李昕	利紫晴	苏财文	陈梓淳	蔡婉洵	何煜	陈嘉鑫	杨泽銮
陆鹏杰	李灵奕	陈熙颖	陈莹	刘琪	陈诗丽	冯子桐	吴桐
欧阳宇文							

（续上表）

一等奖学金（33人）							
涂林英	刘炳荣	周文婷	王奕萱	杨泽銮	张许宁	林　芳	刘书岑
孙　裕	刘　睿	张嘉洋	夏韵銮	殷　俊	罗雨晴	蔡晓莹	付运琪
邓毓雯	陈思彤	林绮琪	李　昕	利紫晴	陈怡凤	陈东濠	陈卓禧
陈宗含	陈梓淳	王嘉琪	陈梓聪	钟炜婷	黄筠玲	潘润锟	邓鑫坤
欧阳宇文							

二等奖学金（53人）							
蔡婉洵	冯婉仪	吴玟萱	杨灿林	郑颖亮	莫晓媚	何玉春	杨璐瑶
李宇晖	黄银妹	陈沼宇	夏嘉月	叶　亮	吴家慧	陈熙颖	陈壁龙
曾广怡	陈颖欣	谢婧怡	吴木通	章浩楠	钟思怡	曹粤宁	李金涛
马昊泓	吴达逊	卢柳君	谭徽璎	宋　颖	梁洁慧	谢汶燊	潘珏宜
彭　曼	郑宇豪	刘凌云	吕姚霏	王子颖	陈　阳	刘梓怡	吴子欣
陈玉妍	马心怡	龙思彤	江泽铖	周颖兰	廖书琪	陈琼容	郑佳诚
周湘仪	陈　潼	黄晓露	许嘉毅	吴　桐			

三等奖学金（79人）							
古伟睿	邝漪棋	徐海琪	肖　曼	陈　斌	潘启烨	张亿峰	林国泉
潘筱川	巫玉婷	何映仪	陈　妍	陈嘉鑫	黄晓静	林洁婷	赵嘉纯
李灵奕	吴苑琳	甄泳怡	胡译允	陆鹏杰	魏楚如	陈　莹	陈　洁
祝燕冰	陈颖智	陈语和	黄燕芬	何思桦	何欣霖	肖　岑	李艺丰
唐穗希	杨颢宇	罗启颖	黄　蕾	钟杞铷	朱奕宏	刘和靖	陈玟廷
潘嘉欣	郑　涵	冯文泳	潘烨成	李华钊	邓著立	黄若绮	黄韵仪
曾杨昊	张明斌	李咏真	郑新杰	林奕鑫	庞金萍	苏财文	徐宇凡
龚诗晴	周小琴	何文穗	王芊瑶	赖科凤	胡雯昕	刘　琪	罗子涵

学年礼

（续上表）

庄涛涛	黄冬怡	陈钰莹	郭晓僡	陈诗丽	李依澄	梁翠婷	余咏欣
许艺嘉	黄 凯	陈柳彬	卢晓格	谢颖红	严雪文	常晓婉	

土木工程学院

优秀学生（75 人）							
张育晴	吕沁雅	耿雨馨	陈怡婷	翟心瑜	许雅晴	陈致心	陈佳佳
陈伊琳	张嘉倩	文佳钰	梁晓玲	唐川宇	聂志琪	吴家帆	程茂林
卢俊豪	鲁锰业	谭晓珍	庄紫绚	陈雨露	罗容玮	梁佳颖	叶婷婷
余婉琪	余穗茵	唐健乐	洪伟彬	陈靖昊	杨恒乐	赵玥欣	伍宏科
肖 杰	罗乐莹	何海丽	左 恩	黄元宏	孙竹好	徐勋文	廖棋炜
颜嘉昕	陈 熙	陈誉豪	刘家明	黄昌霖	黄小婷	范晓锋	张 斌
方创国	邓弘毅	李洪辉	郭浩哲	欧正锋	吴婉滢	王潇晨	陈展堂
张 瑞	曾 润	曾华涛	蔡彬彬	林冠锋	庄森雅	王家豪	梁嵘铿
陈耀学	蔡壁荣	陈泓丞	彭康迪	陈 伟	钟金宏	张锦峰	陈月月
袁淦浇	顾钊文	唐伯俊					
优秀学生干部（62 人）							
曾嘉怡	张国睿	黎伟怡	郑秀贤	李 灏	余安镇	钟子琦	林 琪
马铭涛	张得泉	戴 越	陈世煜	伍永轩	叶卫华	蔡盛名	周 璐
李钰莹	李梓填	吴煜煜	唐楷骏	魏立华	刘博元	陈东卫	罗锐彤
郑景昀	郑波涛	曾浩明	胡泽楷	陈汉奇	李官桑	林炳生	黄捷锐
陈骏绅	朱顺航	黄悦辉	黄子宣	刘 坚	赖思聪	陈 涛	张 昱
陈峻浩	黄诗远	郑坤涛	杨 震	黎炫阳	罗显智	甘其斌	苏嘉琪
李 信	罗宇泰	张峰华	刘 轩	林惠忠	赵乘龙	李尚谕	胡济明

（续上表）

吴家庞	赵俊权	黎致迅	陈炜琳	詹晓婷	欧阳颖欣		

一等奖学金（77人）

吕沁雅	翟心瑜	耿雨馨	陈怡婷	许雅晴	陈佳佳	陈致心	陈伊琳
卢俊豪	鲁锰业	余穗茵	叶婷婷	余婉琪	梁佳颖	文佳钰	唐川宇
梁晓玲	聂志琪	林福贵	谭晓珍	吴家帆	顾钊文	陈靖昊	杨恒乐
郑景昀	庄紫绚	陈雨露	罗容玮	伍宏科	赵玥欣	肖 杰	林朝昕
何海丽	罗乐莹	李官燊	陈 熙	陈飞阳	范晓锋	张 斌	冯冠贤
方创国	李洪辉	邓弘毅	吴婉滢	王潇晨	陈展堂	郭浩哲	张 瑞
曾 润	蔡壁荣	陈泓丞	彭康迪	陈 伟	钟金宏	陈月月	郑庆鹏
袁淦浇	程茂林	洪伟彬	李法龙	陈耀学	孙竹妤	黄 宇	陈誉豪
刘家明	黄昌霖	黄小婷	蔡彬彬	庄森雅	左 恩	廖棋炜	陈峻浩
林冠锋	王家豪	郑坤涛	罗显智	赵乘龙			

二等奖学金（123人）

张育晴	陈鑫钊	梁诗琪	严淑纯	张国睿	梁桂容	郑秀贤	李 灏
钟子琦	杨 振	余安镇	肖宗杰	黄桂静	许振海	郭晓芸	陈世煜
梁鸿基	汤健强	张雅熙	周欣晓	郭德琳	李钰莹	郑泽鑫	吴钰城
毛泽鸿	陈晓珊	张嘉倩	陈桢宇	林 琪	韦 葭	丘心仪	马泽鑫
伍永轩	李淑仪	杨昊龙	叶书颖	黄胜安	柯泽曦	庄泽林	庄乐锐
陈学涛	魏立华	蔡盛名	赵烽尧	吴晓珍	陈东卫	吴睿康	郑志国
余小凤	曾泽渊	林 奕	郑波涛	杨丽华	胡泽楷	吴荣波	朱 诗
吕培炜	黄捷锐	林才德	邹瀚洋	汤浩男	陈颖康	谢世龙	朱顺航
黄悦辉	谢煜明	欧正锋	黄子宣	庄榕婷	林坤贤	赖思聪	苏昱融
曾华涛	张 昱	詹晓婷	林志豪	苏嘉琪	万予哲	吴勇儒	张世熙

刘 轩	张峰华	张锦峰	胡宇平	卢翊钧	冯国鸿	吴家庞	黄勤胜
李佩珊	梅振通	冼永砚	赵俊权	庞林超	叶国诚	李永康	黄元宏
徐勋文	颜嘉昕	王鑫洋	罗祖杰	罗旭熙	李 熙	黄诗远	王欣新
叶颖卓	唐伯俊	冯梓裕	郑泽槟	杨 震	梁业弘	彭彦凯	刘 淇
李 信	郑骏铧	彭伟均	罗宇泰	梁嵘铿	胡济明	曾琪容	迟鑫善
陈振庭	唐健乐	欧阳颖欣					

三等奖学金（185 人）

彭祖怡	黄乙丹	李诗茵	刘 欢	黎伟怡	郭晓敏	曾嘉怡	蓝嘉良
邱嘉强	林煜涛	丁梦瑶	谭国鹏	丘新洪	王 越	蔡真银	陈来莉
蔡镇鸿	徐慧玲	谭期诚	王建龙	何小媚	唐坤明	周 璐	张 培
黄庆乐	刘艺佳	吴煜煜	罗奕楷	李梓填	谢小屏	徐瑜宁	郭传真
郭泓楷	陈康良	钟译苇	骆一鸣	杨慧珠	张伟岳	张得泉	马铭涛
石 唯	冯 超	梁高源	黄文健	李 云	肖 妍	吴毅斌	罗帝潜
黎家明	何均康	林浩楠	彭正杰	黄圳铎	唐楷骏	曹凯宇	伍文敏
何健峰	吴宇浩	练冬誉	赵文波	吴思诗	邱博烨	陈梓俊	肖梓恒
叶卫华	谢 聪	谢梓聪	刘基雄	刘子洋	陈淇铭	吕凯捷	古妙霞
张浩鸿	吴尉源	邓鉴通	潘深徽	韩文豪	邵 泉	李佳薇	林灿伟
林梓康	曾浩明	施泽华	陈汉奇	李奕莎	邓知恒	吴基坚	孔慧杰
郭碧宜	沈柏舟	林炳生	沈均杰	袁美嫦	蔡智杰	苏家宜	区进超
朱宇航	黄韶川	侯海松	陈利尊	曾华杰	陈建州	莫家俊	郭世驹
王佳锐	刘 坚	林煜森	刘桂帆	莫李文	黄城荣	杨涵博	杨仁锦
卢 汉	林基旭	陈 涛	黄义正	廖家淇	甘其斌	梁志豪	黄家员
陈佳霖	李勇波	黄 聪	叶柏峰	马凯捷	阳 丹	刘一鸿	吴承璋

我们的大学
大学生文化素质发展日志年编（2021）

（续上表）

梅景全	林德海	钟　杰	郑昊霖	黄铠潼	刘绍鎏	何　檩	杨建威
黎厚谷	王海冰	林晨涛	陈培森	李天贤	向宗立	谭湛良	王泽涛
劳常康	方治坤	林家杰	黎致迅	乐海涛	温浩君	于浩然	黄小获
金玉龙	陈秋生	王贤恩	徐　驰	冯志波	芦品毅	肖曼茜	杜任驰
蔡佳韩	陈铸杭	黎荣坤	梁瑞贤	胡梓滢	黎炫阳	张均懿	吴卓寒
黄文怡	刘权锦	朱淑薇	刘国蔚	钟幸峰	张子远	林　继	陈　飚
李尚谕	黄麟辉	陈炜琳	邵家杰	卓致衡	谢杏芳	王　睿	黄泳桐
胡文涛							

环境科学与工程学院

优秀学生（23 人）							
李晨薇	李佳骏	刘艳仪	林文俐	洪煜彬	王语湘	张　露	余剑新
吴语桦	王雅萱	王梓熙	张　尤	陈子蓉	曹杰龙	王煜煊	蔡璇英
张　雪	赵旌源	崔雨欣	黎秀萍	孙羽佳	罗诗棋	李秋雪	

优秀学生干部（18 人）							
袁艳慧	陈美丹	林冬娇	利俊潞	方　谦	吴若宁	周　颖	曾苑琳
曹泽荣	姚一凡	谢春燕	陈友怡	黄祯鸿	黄楚婕	张柳清	曾中华
吴明捷	胡芷维						

一等奖学金（19 人）							
李晨薇	李佳骏	刘艳仪	林文俐	吴雪燕	王语湘	张　露	吴语桦
王雅萱	张　尤	陈子蓉	曹杰龙	蔡璇英	赵旌源	崔雨欣	黎秀萍
孙羽佳	罗诗棋	李秋雪					

二等奖学金（32人）							
刘　云	吴飞云	陈泽鑫	钱腊莹	方金龙	贺惠贤	洪煜彬	刘凯源
黄炫杰	陈乐瑶	余剑新	周　颖	梁莹莹	丘　婷	王艾琳	温惠琪
王梓熙	江　佳	郭颖彦	陈友怡	叶　典	黄祯鸿	王煜煊	谢　宁
梁　喆	张　雪	张柳清	陈家洪	黄嘉仪	肖梦婷	陈志清	倪敏娜
三等奖学金（55人）							
尚　毅	张思凡	袁艳慧	陈美丹	林冬娇	周奥平	茅立燊	林旭鑫
利俊澔	廖郑燕	龙　冲	方　谦	罗植炫	吴若宁	朱金瑶	曾苑琳
周思玉	李小娣	谢飞翔	陈蓉垲	黄梓宁	陈翠莹	陈思浩	罗子晴
尤　圻	姚一凡	刘蜻蜓	陈子惠	吴凤皇	周惠珊	雷惠芳	谢春燕
陆　华	林　洦	黄楚婕	胡凯美	候叶扬	曾中华	王锐熙	黄泽慧
苏许悦	吴明捷	胡芷维	苏珺棱	张湘婷	赖佳红	马丹仪	黄佳莉
陈美秀	王梓宇	赵佳茵	林锐杰	陈　彪	吴柏宇	曹泽荣	

广州大学 2020—2021 学年考研奖励名单

经济与统计学院

一等奖学金（10人）							
麦嘉懿	饶梦荣	周泽航	卢杰裕	范晓菲	陈　琰	谭新宇	王君琳
江凯鸿	李乙侠						
二等奖学金（13人）							
郭泰延	胡雯镟	高蒸燊	吴秋鑫	李俊锋	冯梓轩	廖玉琼	何思华
周腾峰	黄泽泓	高劲昌	黄佳裕	彭云辉			

（续上表）

三等奖学金（19人）							
黎晓琳	温凯彤	杨睿婷	卢梓愉	许丽淋	黎昊昕	薛健辉	陈青云
涂 芳	焦 迪	程颖琳	黎颖彬	江梦婷	陈锦泰	周润深	叶 阳
黄子聪	刘 琦	刘宇晨					

法学院（律师学院）

一等奖学金（11人）							
蔡焕隆	曾桐源	吴雁桦	林立挺	杜晓琪	姚岳烽	沈 聪	叶舒婷
陈 晨	潘柳昕	朱晓颖					
二等奖学金（3人）							
钟观晓			余卓彦			李琳纯	
三等奖学金（8人）							
伍雪畅	张 漫	黄文钰	吴伟娜	王熙谋	黄德姬	李畅畅	杨 健

马克思主义学院

一等奖学金（1人）			
陈静雯			
二等奖学金（4人）			
冯滑鑫	袁文清	詹佳晨	李雨铮
三等奖学金（1人）			
冯楚贤			

学年礼

教育学院（师范学院）

一等奖学金（5人）				
黎炜豪	萧嘉怡	苏婉婷	陈怡伶	林诗颖
二等奖学金（5人）				
刘映珊	刘乐晴	石晖倩	秦 寒	何靖宜
三等奖学金（8人）				
王佳琦	钟佳敏	杨东梅	肖芬妮	罗欣欣	周雨航	陈艺丹	罗庆铉

体育学院

一等奖学金（2人）	
陈燕梅	江金花
二等奖学金（4人）	
石伟豪	赖伟鹏	邓 祺	李庆添

人文学院

一等奖学金（28人）							
邓慧淳	揭 晨	古格妃	钟历莹	余 浪	张镇鸿	黄 悦	李颖祺
麦钲妍	林倩娜	覃颖珊	郭亦璇	吴抒涵	李梓欣	何欣桐	刘宇欢
胡嘉仪	罗 悦	陈沼汝	郭晓婷	储 元	梁宇轩	林舒琪	何妙纯
吴君鸣	林瑞铭	刘源琦	巫志杰				
二等奖学金（10人）							
欧芷茵	罗颖彤	江静仪	张东玉	温 馨	李绮彤	茹广平	廖丽诗
吴上清	钟逸洋						

336

（续上表）

三等奖学金（12 人）							
莫海珊	黄佳懿	林思敏	蔡嘉洋	陈易民	郭晞蓝	马铭荣	谢伟婷
刘 忻	李今晴	宁星雨	李梦坤				

外国语学院

一等奖学金（7 人）							
朱若芊	吴碧雯	杨爱江	曾秀茹	樊 娜	张旖潋	吴宛蓉	
二等奖学金（1 人）							
郑静霞							
三等奖学金（12 人）							
郑铃铃	林佳怡	罗小慧	曾 衍	王秀芬	蒋贝怡	李琳婷	黄泳琪
胡洁裕	梁华婷	王欣仪	钟检妹				

新闻与传播学院

一等奖学金（5 人）							
林茵欣		吴玲霞		陈嘉敏		陈岳琪	成思睿
二等奖学金（4 人）							
龚瑶		李佩玉		李逸欣		黄宇虹	
三等奖学金（15 人）							
谢沁颐	何书凝	林 芝	杜知微	赵宇轩	杨海飞	黄 芳	李园园
周玉也	苏 楠	萧荣璇	羊开元	邹菲琼	段家乐	曾思繁	

学年礼

大学生文化素质发展日志年编（2021）

管理学院（旅游学院/中法旅游学院）

一等奖学金（10 人）							
徐龙珺	邓 可	鲜一多	蔡逸滔	刘彤彤	伍思颖	郭晗静	王智祺
张漫娜	袁昊锋						

二等奖学金（8 人）							
周凯航	朱苑仪	吴兆聪	刘利珠	林泽辉	郑瑞敏	迟 甄	刘雨昕

三等奖学金（17 人）							
吴思仪	李宇婷	陈家仪	洪润乔	杨晓莹	文定格	许君雯	苏晓琛
郭永超	饶欢欢	钟梓柔	康文添	苏紫欣	潘紫焕	梁静妍	黄心圆
黄佳逸							

公共管理学院

一等奖学金（14 人）							
罗浩奇	林嘉敏	谢晋熙	胡羽欣	徐 琳	古瑞鑫	林慧娟	李莹莹
赵 楠	兰凌云	袁淑芬	于嘉怡	蒋何昕	叶美意		

二等奖学金（3 人）		
马翔程	黎明霖	麦迪娜

三等奖学金（6 人）					
黄梓锋	余泩彤	陈妍洁	梁茵岚	卢诗滢	谭锐姿

音乐舞蹈学院

一等奖学金（1 人）
吴茜雨

（续上表）

二等奖学金（4人）			
官苑怡	罗滔	李诗韵	朱琳媛
三等奖学金（2人）			
林汇聪		程俊涵	

美术与设计学院

一等奖学金（2人）						
郭蓉			刘海依			
二等奖学金（9人）						
徐依然	罗淑玲	许宏姝	彭思密	卢冰虹	张诗瑜	苏铭欣	刘俊杰
黄斯榆							
三等奖学金（1人）						
赵宇斐							

数学与信息科学学院

一等奖学金（6人）					
许莉芬	钟枚伶	肖宇	洪吉璇	叶晓茵	王玥
二等奖学金（9人）					
吴晓静	杨漫玲	李镇山	丁一帆	杨婵	佘佳平	吴秋菊	李逸芳
李键鸿							
三等奖学金（2人）					
李盈茵			李嘉鑫		

学年礼

物理与材料科学学院

一等奖学金（4人）			
招梓文	符方恒	梁 轩	杨绍源

二等奖学金（6人）					
曹栩诚	邹益鹏	吴润民	吴少锋	谢兆彤	丘佳鹭

三等奖学金（3人）		
洪志豪	骆国权	刘剑涛

化学化工学院

一等奖学金（21人）							
洪晓旋	邓益家	曾土城	张 亮	伍采妍	黎意敏	黄志宏	彭丽娟
翟召芬	梁锦辉	吴宝琪	石珂伦	王达茹	汤紫媛	彭恺琳	周杰锋
周子桢	陈健肯	杨宝臻	巢海劲	胡小凤			

二等奖学金（25人）							
柯绮婷	廖鹏飞	谢楚淇	林海婷	赖秋琳	梁敏娴	麦雨柔	洪仰珊
钟云静	杨 欣	王瑶芝	潘卉楠	黄 翊	张伟军	刘派勇	陈 芸
黄渭彬	陈燕婷	罗志佳	谭进潮	蔡铖智	余灿文	王孟琪	吴泽南
李晓茵							

三等奖学金（12人）							
王建午	黄 淼	陈晓婷	莫颂民	罗美莹	温苑君	陈家乐	刘健鹏
陈少婷	林泽凯	李相睿	林日衍				

地理科学与遥感学院

一等奖学金（5人）				
周东权	吴绮琦	方少杭	梁德乐	罗欣然

二等奖学金（9人）							
庄财钢	彭建滔	周泳诗	欧诗婷	蔡世荣	张秋萌	黎家琪	陈桦桦
王泽韵							

三等奖学金（2人）	
郭　炜	王旻之

生命科学学院

一等奖学金（9人）							
耿德志	谢雨馨	吴　思	邓欣如	何雨桐	蔡银怡	陈俊强	侯颖诗
司徒金容							

二等奖学金（5人）				
冯湘池	黄泽荣	何艳影	陈炼恒	杨金霖

三等奖学金（2人）	
黎　晓	罗绍鸿

机械与电气工程学院

一等奖学金（3人）		
张培达	董吉峰	朱夏萍

二等奖学金（10人）							
张玉婷	谭　天	龚伟东	郑舒潮	翁伟杰	林华建	江远怀	谢　堂
苏允聪	谭智锋						

学年礼

三等奖学金（20人）							
李奕甸	刘锦旺	邱　楠	廖礼炉	谭昊晴	廖永健	肖锦伦	范绍锐
卢　狄	林峻宁	黄嘉铖	钟剑鸣	宁土瑞	黄浩军	吴昆崇	曾　江
何健雄	黎　达	钟一鸣	黄杨程				

电子与通信工程学院

一等奖学金（2人）	
王茹皓	庞欣源

二等奖学金（4人）			
郑超轩	叶嘉俊	吴楚婷	尹舒琪

三等奖学金（6人）					
梁　敏	丘　先	黄显亮	蔡文珠	周飞响	潘土强

计算机科学与网络工程学院

一等奖学金（8人）							
范宇豪	李　林	黄文庆	朱嘉维	谭永全	林书杰	卢家乐	李润川

二等奖学金（10人）							
陈沛锹	邓　婧	郑泽鹏	张海洋	蔡国灿	李镇豪	郑树凯	尹俊杰
陈浩弘	陈弘毅						

三等奖学金（8人）							
黄晓威	肖淦耀	赵文炫	王思涵	邓柏林	吴涵晗	周浩彬	何嘉成

我们的大学子　大学生文化素质发展日志年编（2021）

建筑与城市规划学院

一等奖学金（1人）						
余钰滢						
三等奖学金（7人）						
陈岩君	李泳漾	刘钰彤	黄泽嵘	唐璐	湛凯超	李楚瑜

土木工程学院

一等奖学金（7人）							
武业忱	陈锦邦	陈琳梅	徐达	曾佳林	郑威乐	李明	
二等奖学金（22人）							
郭嘉洋	何金峰	林忠愿	黄欢	曾敏华	姜梦豪	温润球	张伯熙
曾镇明	黄文杰	许邓华	陈剑盛	陈蔡民	郑钰祺	曾勇	沈若余
程梅莹	蔡海振	何慧怡	黄城	黄沾胡	袁显财		

环境科学与工程学院

一等奖学金（1人）
梁峻榕
二等奖学金（1人）
杨锦彬

国际教育学院（卫斯理安学院）

三等奖学金（3人）		
陈碧璇	魏微	张柳琪

学年礼

广州大学 2020—2021 学年学业进步奖名单

经济与统计学院（17 人）

简子钊	何雨君	邱彩霞	陈炜坚	李楚垚	邱晓敏	刘银带	王文亮
冯 植	汤思宇	吴鸿澜	彭晓峰	刘雅丽	潘 倩	梁晓培	林东杰
胡晨雨							

法学院（律师学院）（9 人）

王文瑶	冼冬妍	陈少蓉	许嘉蕊	严子惠	黄华胜	刘安妍	郑旭洋
卢嘉正							

马克思主义学院（2 人）

刘星雨	韦彩鸿

教育学院（师范学院）（12 人）

张丽珊	何 艺	陈铱潼	江 愉	罗予潇	林嘉敏	吴佳玲	朱明俏
石嘉璇	张 琳	杜虹睿	黄 静				

体育学院（4 人）

陈澍丞	柯宇平	刘泽康	劳水燕

人文学院（17 人）

罗千虹	黎月华	曾宏晟	谢洁晴	尤嘉洛	谢小敏	黄海婵	杨泷颖
唐泳昕	林梓婷	陈颖怡	李思燕	郑梓萍	李 柔	钟丽君	林悦芬
张家芷							

外国语学院（12人）

麦露雪	黄咏珊	叶晓敏	唐海仪	彭颖茹	蔡丹霞	曾志灵	潘晓倩
梁炬晖	黄泳心	陈晓欣	吴瑞锐				

新闻与传播学院（15人）

朱炜纯	王璇	陈佩琳	李雅洁	张秀	谢佩君	陈翠芬	黄雨欣
刘雨欣	姚嘉欣	叶颖瑶	陆嘉仪	杜泓进	龚一晨	叶潼	

管理学院（旅游学院/中法旅游学院）（37人）

吴禧淳	何鸿林	冯考静	刘智龙	占淑慧	潘碧云	江银英	卢玉翠
王双龙	李鹏晴	陈茵	黄灵蕾	黄绎茹	汤翠仪	叶晓仪	叶佳丽
黄诗敏	关雅之	张建松	余佳琦	黄颖欣	杨静怡	曾诗琦	陈琳
廖莹	程雨龙	钟心柔	李翔晖	赵佳琦	吴小漫	詹莹莹	王佳琪
罗诗晴	罗清清	裴皓华	严覃瑶	李卓华			

公共管理学院（8人）

梁欣怡	李心如	曾玉琛	封晓霞	徐利芳	骆俞珊	卢思泳	李冬

音乐舞蹈学院（7人）

房伟英	陈云飞	韦嘉琳	王敏清	唐诗容	吴采烨	黄晶晶

美术与设计学院（9人）

张映	黄澍	卢毅涵	钟利桢	陈展杰	徐拉梨	杨琪琳	陈宝仪
陈淑仪							

学年礼

我们的大学

大学生文化素质发展日志年编（2021）

数学与信息科学学院（16人）

习宇鹏	江海榕	赖龙丹	张文静	曾心怡	曾慧月	吴泳祺	肖嘉艳
邓 谊	刘来福	吴金婷	李伊雪	张晶晶	李金华	成婉仪	史瑜璧

物理与材料科学学院（3人）

蒋俊祺	罗琳涛	刘静雯

化学化工学院（9人）

梁颖诗	陈素琪	冯梦婷	孙榕蔚	赵泽楷	熊文彩	唐健博	李茂婵
陈清怡							

地理科学与遥感学院（11人）

莫家瑜	许建龙	刘杰威	李佳琪	翁晴	陈浩然	陈怡怀	张娜
林雨泉	郭雪娟	叶尔盼江·卡得尔江					

生命科学学院（6人）

张烨华	莫振鹏	冯绮婷	袁丽媚	肖 鸿	林蔓菁		

机械与电气工程学院（15人）

张统艺	张 烨	郑书远	周炳良	张沅秘	蔡伟聪	谢俊宁	吴 惟
张泽天	贺润民	林培翔	邱子境	吴奕涛	陈立隆	黄俊滨	

电子与通信工程学院（12人）

曾宪国	罗奕凯	陈垚竹	陈文旭	张泽敏	卢彬杰	张冠桦	邱锦豪
张正	郑永鸿	伍衍恩	史俊宇				

计算机科学与网络工程学院（22人）

吴铭杰	黄昊晟	李松涛	陈 琦	张健鸿	钟昊柱	廖志文	黄志成
陆俊江	林远新	李嘉浩	吴伊淮	郑炜豪	冯舶洋	张耿财	陈佳文
邓皓鸿	陈鹏羽	肖容滨	李嘉烨	梁新兵	何敬文		

建筑与城市规划学院（7人）

许艺嘉	李中涵	李楚莹	林国泉	宋 颖	林良杰	刘和靖	

土木工程学院（19人）

石 唯	李 天	潘深徽	黄悦辉	朱 诗	肖梓恒	施泽华	王佳锐
刘博元	刘佩佩	肖宗杰	何 檩	林晨涛	林耀浩	黄勤胜	钟金宏
谭湛良	张 昱	陈展堂					

环境科学与工程学院（5人）

陈子蓉	涂智鹏	陆 华	林嘉敏	洪煜彬			

广州大学2020—2021学年论文发表奖名单

核心期刊（22人）

罗浩诚	梁珺濡	陆泽凯	王 玲	曾庆宝	刘 迅	邵紫曦	张红梅
吴诗伊	黄泽锋	钟韦凌	张 欣	张 雪	洪伟彬	张 尤	谢 宁
曹杰龙	王煜煊	钟嘉慧	欧阳志昊	黄心怡（2篇）		郑淳坚（2篇）	

省级及以上期刊（51人）

徐国龙	王誉潼	卢若婷	尹若晗	赖紫琼	谢子宇	林 宇	巫岳峰
林煜丹	李奕锦	陈沛妍	沙 敏	田睿蕴	叶舒怡	黄文英	黄燕汾

钟安妮	陈春羽	钟国秀	彭斯琳	林芷欣	张 敏	朱诗楹	陈 熹
李梓欣	夏智扬	李嘉如	容曼琳	刘雨园	刘悦彤	孟笑妍	王斯恒
张贤丞	林 远	朱玲珑	范力海	黄心怡	严彦成	马灿洪	巩琪娟
麦伟健	苏 立	陈梓聪	刘书岑	胡凯美			
林楚瑶（3篇）		朱建铭（2篇）		靳婷婷（2篇）		蔡海晴（2篇）	
李 阅（2篇）		郭子芊（2篇）					
其他期刊（1人）							
梁 睿							

广州大学2020—2021学年发明专利奖名单

外观设计（1人）	
陈梓聪	
实用新型（1人）	
曾庆宝	
发明设计（2人）	
李泽轩	史湘衣

广州大学2020—2021学年单项奖励名单

思想品德奖

郑楚群等5人	何丽红等5人	许小榕等7人	刘宇航等11人
许小榕等3人	龚 旺等3人	陈世铭	张亿峰
谭楚晴			

我们的大学

大学生文化素质发展日志年编（2021）

文体优秀奖

邓昊琳等4人	韩铖琳等12人	梁钧健等20人	练依浩等14人
纪文聪等31人	陈子豪等11人	丘翠凤等4人	李明龙等11人
钟强龙等5人	朱颖琦等11人	李金水等12人	劳雨琪等6人
黄梓渝等23人	麦子晴等4人	邱心炫等4人	何铭鑫等3人
涂诗睿等3人	杨子曦等2人	冯烨彤等4人	陈禧儿等5人
周嘉兴等3人	傅小莹等5人	邹振东等2人	罗婧文等7人
朱依琪等12人	樊诗韵等53人	陈宝青等3人	梁嘉淇等4人
吴颖莹等18人	黄安琪等4人	何嬟琦等4人	冯婉仪等8人
黄金生等12人	黄泳豪等4人		

吴楚丹等20人（2项）	林　涛等8人（2项）
吕　帆等20人（2项）	陈琪冰等22人（2项）
彭珊珊等7人（2项）	杨基锴等6人（2项）
岑凯霖等8人（2项）	黄　悦等80人（2项）
马神冠等38人（2项）	郑梓煜等21人（2项）
欧阳颖欣等29人（2项）	

邓昊琳	黄芷彤	丘翠凤	钟强龙	叶杨杨	朱颖琦	刘家诚	叶定远
麦子晴	何国鸿	何子健	陈　苗	廖勉钰	涂诗睿	杨子曦	吴宇涛
晏紫凌	何丽萍	梁嘉淇	黄安琪	何嬟琦	陈　妍	陈嘉鑫	何玉春
黎彩兰	葛汪林	曹珏宇	郑晓燕	陈燕美			

梁玮淇（2项）	林建文（2项）	张维维（2项）	张　鹏（2项）
马晓华（2项）	陈东晴（2项）	李彤欣（2项）	吴钰欣（2项）
郑颖槟（2项）	邝钰坤（2项）	吴永珊（2项）	陈素琪（2项）
伍宏科（2项）			

附录：2021 年日志（未收录部分）

1 月

1 月 7 日　马克思主义学院团委学生会召开 2020—2021 学年第三次全体大会暨学期总结大会

1 月 8 日　化学化工学院 2020 级新生军训动员大会顺利举行

1 月 8 日　地理科学与遥感学院召开 2020 级新生军训动员大会

1 月 9 日　冬日骄阳军训之旅

1 月 14 日　教育学院 2021 年军训文艺汇演

1 月 15 日　公共管理学院领导老师走访慰问军训教官及 2020 级新生

1 月 17 日　生命科学学院 2021 年新生军训晚会

1 月 22 日　公共管理学院 2020 级新生军训总结表彰大会举行

1 月 22 日　建筑与城市规划学院获得广州大学军训先进学院称号

2 月

2 月 13 日　寻青之路

2 月 13 日　我们的大学

3 月

3 月 16 日　公共管理学院第 17 届"挑战杯"参赛作品预答辩举行

3 月 18 日　电子与通信工程学院学生第二党支部进行"知行读书会"之党员读经典专题活动

3 月 23 日　法学院学生温颖参加挑战杯学术科技大赛活动获奖

3 月 23 日　圆梦大挑，无悔青春

3 月 23 日　环境科学与工程学院师生参加"环境节"开幕式暨"环境人讲坛"

3 月 23 日　教育学院女生节摆摊活动

3 月 23 日　土木、环境、外语三院联合举办"党员发展对象"培训班

3月23日　新闻与传播学院党委书记、院长为学生讲授思政第一课

3月23日　物理与材料科学学院五项作品晋级第十七届"挑战杯"校赛终审决赛

3月23日　"学史力行，做时代新人"全体学生干部座谈会

3月23日　计算机科学与网络工程学院学生连雨昕参加大学生生涯规划活动获奖

3月24日　电子与通信工程学院院长思政第一课：学百年党史，做世纪新人

3月24日　环境科学与工程学院环工201班级同学参加院长思政课课程

3月25日　走进乡村实践，助力脱贫攻坚

3月25日　兰苑3栋五室一站开展"学习强国微课堂"系列活动

3月25日　走进乡村实践，助力脱贫攻坚——广州大学新闻与传播学院连续三年开展"新闻扶贫"主题社会实践活动

3月26日　教育学院马凤岐院长主讲"党史学习教育第一课"

3月27日　体育学院开展"喜迎建党100周年，贡献体院力量"活动

3月28日　教育学院分党校第十六期入党积极分子培训班开班仪式顺利举行

3月28日　经济与统计学院2019级组织"青年大学习，青春心向党"活动

3月29日　《学百年党史，育世纪新人》思政第一课

3月30日　广州大学人文学院团委、学生会暨公共管理学院团委、学生会、新媒体中心经验交流会顺利召开

3月16日—4月14日　土木工程学院经典诵读小程序打卡活动

3月至5月　土木工程学院校园打卡活动

3月至6月　文体系列活动

3月　不负韶华，青春有为

4月

4月1日　电子与通信工程学院在挑战杯校赛中取得佳绩

4月2日　汕头大学包能胜教授来机械与电气工程学院讲学交流

4月5日　"聚焦脱贫光影，筑梦时代前行"摄影比赛评选结果公示

4月6日　电子与通信工程学院第一期入党积极分子培训班专题讲座三——中国共产党为什么能

4月6日　"青年学生讲师团"复赛暨素质拓展活动

4月6日　公共管理学院、教育学院、物理与材料科学学院党员发展对象培训

班成功举办

4 与 6 日　青年马克思主义者培养工程学堂第 3 讲举行

4 月 6 日　环境科学与工程学院举行 2017 级年级大会暨就业动员会

4 月 6 日　建筑与城市规划学院举办 2021 届土建、环境类毕业生专场招聘会

4 月 6 日　三院联合培训班　把牢党员发展关 ——教育学院、物理学院、公管学院分党校党员发展对象培训班正式开班

4 月 6 日　体育学院开展参观红色教育基地主题党日活动

4 月 6 日　土木工程学院春季招聘会

4 月 6 日—5 月 9 日　旧书交换月公益活动

4 月 7 日　2021 届毕业生生化专场招聘会顺利举办

4 月 7 日　争做先进勤勉励，坚定信仰逐梦人 ——生命科学学院老党员吴毅老师专访

4 月 9 日　建筑与城市规划学院兰苑 3 栋五室一站开展朋辈交流分享会

4 月 10 日　建筑与城市规划学院开展 "学史明理、学史增信、学史崇德" 党史知识竞赛

4 月 11 日　电子与通信工程学院入党积极分子培训专题二——观看红色电影

4 月 11 日　马克思主义学院举办 "爱上思政课" 讲座

4 月 11 日　计算机科学与网络工程学院学生林志伟参加计院心理推文大赛活动获奖

4 月 11 日　竹苑 5 栋五室一站顺利举办第一届象棋大赛

4 月 13 日　电子与通信工程学院在外实习学生党员与非公企业党员共同开展党史学习教育

4 月 13 日　体育学院举办 2021 届毕业生求职技能培训暨校友企业招聘会

4 月 13 日　体育学院举行 "夏日竹菊，温暖相'寓'" 为主题的雅室设计大赛

4 月 13 日　计算机科学与网络工程学院学生党员开展参观活动

4 月 16 日　高端学术论坛：多倍体野生稻快速从头驯化

4 月 16 日　地理科学与遥感学院开展《研途逐梦——我的执着与追求》地理文化沙龙活动

4 月 16 日　机电青年，魂动青春

4 月 17 日　缅怀英烈，浩气长存：电子与通信工程学院入党积极分子培训专题三——参观红色教育基地

4 月 18 日　生命科学学院举办团学干部培训大会

4月20日　董亚民律师做"法律·职业·人生"主题分享

4月22日　2021届"机电、计算机、电信、物理"联合春季专场招聘会成功举办

4月24日　"筑梦之地，与你共享"三院联合成果展

4月25日　人文学院召开2020级汉语言文学专业方向宣讲会

4月26日　人文学院举行升旗仪式加强爱国主义教育

4月27日　生命科学学院举办生物科学考研就业经验分享交流会暨生物技术校企协同育人实验班动员会

4月27日　公共管理学院获学生党史知识竞赛复赛并列第二名

4月27日　美术与设计学院青马班学员参加美设理论学习活动

4月27日　数学与信息科学学院学生张理钦参加全国大学生数学竞赛活动获奖

4月29日　公共管理学院各团支部开展红色专项团日活动

4月至7月　管院小蓝人的风采

5月

5月4日　百年迎新貌，笔墨开新景

5月9日　土木工程学院举办党史知识竞赛

5月9日　计算机科学与网络工程学院开展资助总结大会

5月11日　四院联合青马工程中期交流会活动顺利开展

5月14日　建筑与城市规划学院开展团支书培训大会

5月15日　环境科学与工程学院"助学社"学生参加户外资助育人活动

5月18日　法学院本科生在校党史知识竞赛中取得佳绩

5月18日　三院联合专场招聘会顺利举办

5月18日　教育学院开展"读原著、学经典、作表率"系列读书活动

5月22日　电子与通信工程学院学生会在2020—2021学年度红旗学生会评选中荣获"红旗学生会"称号

5月22日　四院联合师范技能大赛决赛

5月22日　数学与信息科学学院罗沐玲分享参加广州大学第十三届暑期兼职招聘会的感想

5月23日　土木工程学院第二次干部培训

5月23日　如何成为优秀学生干部

附录

5月25日　广州大学人文学院讲解队讲解大赛初赛顺利举行

5月25日　排舞比赛：音乐舞蹈学院取得第一名的佳绩

5月26日　体育学院2021届本科毕业生征兵动员会

5月26日　广州大学音乐舞蹈学院第三届原创舞蹈大赛总决赛成功举办

5月28日　化学化工学院开展2021届毕业生党员教育大会

5月29日　华南农业大学时政案例分析交流赛

5月30日　经济与统计学院面向家庭经济困难学生举办诚信主题线上讲座

5月30日　传承中国共产党人的"精神谱系"，从胜利走向更大胜利——"百名书记讲党史"第二讲

5月　　征兵主题班会：青春只有一次，参军荣耀一生

6月

6月1日　考研动员暨经验分享会

6月1日　青马学堂第4讲暨红色经典作品朗诵比赛举行

6月3日　公共管理学院学生参加本科生党建办举办的建党100周年主题海报设计大赛获奖

6月3日　建筑与城市规划学院举行2021届贷款毕业生诚信教育暨毕业确认会

6月3日　土木工程学院党百征文总结

6月5日　美术与设计学院承办的"我们的大学"摄影比赛正式启动

6月6日　马克思主义学院举行学生党史说课大赛

6月7日　环境科学与工程学院"学党史、颂党恩，坚定信念跟党走"征文比赛颁奖活动

6月8日　新蓝图，新征程！化学化工学院第八次团员、学生代表大会顺利召开

6月8日　公共管理学院2021级导生培训会召开

6月8日　计算机科学与网络工程学院开展诚信教育活动

6月13日　经济与统计学院团委和学生会举办2021届毕业生线上欢送会

6月13日　数学与信息科学学院团委学生会双代会参会感想

6月16日　电子与通信工程学院3名本科生获本科毕业论文（设计）创新奖

6月16—17日　法学院2021届助学贷款毕业生参加诚信教育主题会议

6月18日　美术与设计学院资助中心举办2020—2021年度总结暨换届大会

6月18日　计算机科学与网络工程学院开展"感党恩、守初心、担使命"2021届毕业生党员教育

6月20日　公共管理学院"乘风破浪"五四表彰大会举行

6月20日　公共管理学院第九次团员暨第十次学生代表大会圆满完成

6月21日　广州大学马克思主义学院第四次团员、学生代表大会顺利召开

6月23日　外国语学院毕业生党员参加党员教育活动

6月24日　体育学院举行"研途有你，砥砺前行"考研分享会

6月24日　2021届毕业生党员党史学习教育座谈会

6月25日　土木工程学院换届大会

6月25日　物理与材料科学学院举行2021届毕业典礼暨2021年学位授予仪式

6月26日　美术与设计学院举办2021届毕业典礼暨2021年学位授予仪式

6月26日　电子与通信工程学院举行2021届毕业典礼暨2021年学位授予仪式

6月26日　凤凰花开，又是一年毕业季

6月26日　广州大学2021届毕业典礼教育学院分会场顺利举行

6月26日　毕业典礼：愿你以舞绘梦，不负韶华

6月27日　经济与统计学院2018级举行公务员考试分享会

6月27日　赓续红色基因，永远跟党走——生命科学学院开展"庆祝中国共产党成立100周年"主题党日活动

6月29日　化学化工学院本科生党支部"永远跟党走"主题党日活动

6月29日　外国语学院本科生党员参加"同心向党、礼赞百年"座谈会

6月29日　计算机科学与网络工程学院学生党员参加"科创百年"主题党日活动暨预备党员宣誓仪式

6月30日　建筑与城市规划学院兰苑3栋五室一站开展"百年辉煌·百人画展"活动

6月30日　经济与统计学院组织开展"建党100周年"系列活动

7月

7月1日　电子与通信工程学院师生共同观看中国共产党成立100周年庆祝大会盛况

7月1日　地理科学与遥感学院学生党支部开展中国共产党成立一百周年庆典活动

7月1日　经济与统计学院学生党员观看党中央庆祝中国共产党成立100周年

大会现场直播

7月1日　公共管理学院师生积极观看收听中国共产党成立100周年庆祝大会

7月1日　体育学院开展"永远跟党走"主题党日活动

7月13日　地理科学与遥感学院开展暑期水环境管理专业技能培训课程

7月16日　新闻与传播学院举行暑期社会实践启动仪式

7月16日　化学化工学院叶思宇院士开设网络公开课与师生一同探索氢能的秘密

7月17日　新闻与传播学院"挑战杯"项目斩获省赛特等奖，作品发表在《网络舆情》内参刊物

7月20日　管理学院团队作品获大挑省赛一等奖并成功冲入国赛

7月31日　地理科学与遥感学院4支暑期实践团队入选2021年"推普助力乡村振兴"全国大学生暑期社会实践志愿服务活动广东省级团队

7月　　建筑与城市规划学院举办第一届师生羽毛球赛

7月　　建筑与城市规划学院开展"画说党史，言表党心"主题教育实践活动

7月　　建筑与城市规划学院组织暑期"云支教"活动

7月　　生命科学学院各团支部举办第十六期"经典百书"阅读活动

7—8月　教育学院暑假社会实践队集锦

8月

8月1日　安全"不放假"：珍爱生命，防止溺水

8月4日　马克思主义学院举办寻访校友暑期实践活动

8月11日　地理科学与遥感学院学生在2021年度全国研学旅行课程设计大赛中获得佳绩

8月11日　摘金夺银！管理学院勇创佳绩

8月13日　"学党史、美育行"美术与设计学院师生赴梅州开展寻根华南美育历史调研活动

8月17日　"学党史、美育行"美术与设计学院学生与古民居里的红色故事——记中国南方版画之乡兴宁

8月19日　李英祥团队分享第十六届"挑战杯"广东省赛心得

8月28日　电子与通信工程学院学生在第五届全国大学生集成电路创新创业大赛再获佳绩

8月31日　对大学的期待

8 月 31 日　外国语学院举行"云筑梦"暑期线上义教活动

8 月 31 日　公共管理学院部分学生参加秋季新兵入伍欢送会

8 月　"文化振兴，情系广福"——广州大学优雅前行志愿服务队乡村艺术调研活动顺利开展

8 月　生命科学学院开展"展示科技魅力，助力青春支农"科技支农暑期社会实践活动

8 月　建筑与城市规划学院举行暑假党员采访社会实践活动

8 月　建筑与城市规划学院开展"建筑学教育 30 年校友寻访"活动

9 月

9 月 1 日　新闻与传播学院暑期社会实践毕节队党建活动报道小组获得表扬

9 月 7 日　电子与通信工程学院开展学习贯彻习近平总书记"七一"重要讲话精神讲党史专题党课

9 月 13 日　体育学院 2021 级新生开展入学教育

9 月 14 日　管理学院举办"名师第一课"讲座

9 月 17 日　土木工程学院辩论队获广州大学校园辩论赛"四连冠"

9 月 18 日　美术与设计学院学生军训特辑：10 公里徒步行军拉练

9 月 21—24 日　师生举办中秋联欢晚会共庆中秋佳节

9 月 24 日　外国语学院本科生党支部学习贯彻"七一"重要讲话精神

9 月 25 日　地理科学与遥感学院学生在广东省师范技能大赛中获佳绩

9 月 26 日　计算机科学与网络工程学院举办新生拔河比赛

9 月 26 日　经济与统计学院党委书记讲授"思政第一课"

9 月 27 日　建筑与城市规划学院兰苑 3 栋五室一站开展党史知识竞赛

9 月 28 日　物理与材料科学学院开展 2021 级新生"思政第一课"

9 月 28 日　人文学院召开班长、团支书例会

9 月 28 日　军训汇报表演

9 月 28 日　体育学院党委书记开讲秋季学期第一堂思政课

9 月　建筑与城市规划学院举办"手绘党史，足丈故乡"主题作品展

10 月

10 月 1 日　建筑与城市规划学院举办国庆青年演讲比赛

10 月 9 日　马克思主义学院师生收看纪念辛亥革命 110 周年大会直播

附
录

10月12日	经济与统计学院五室一站举办垃圾分类宣传及实践活动
10月12日	外国语学院党组织发展对象重温红色经典《红星照耀中国》
10月12日	土木工程学院学生在第七届中国国际"互联网+"全国总决赛中斩获1金2银
10月12日	新闻与传播学院学生团队在第七届中国国际"互联网+"大学生创新创业大赛广东省分赛中斩获金奖
10月12日	管理学院举行青马工程结业大会
10月12日	体育学院团委学生会培训工作顺利开展
10月12日	化学化工学院开展实验室安全知识竞赛
10月13日	地理科学与遥感学院与广州市第九十八中学共同举办"2021年天文望远镜操作竞赛"活动
10月14日	环境科学与工程学院研究生第一党支部举办主题观影活动
10月15日	电子与通信工程学院本科生团队在"互联网+"国赛高教主赛道喜获金奖
10月15日	美术与设计学院学生在第七届中国国际"互联网+"大学生创新创业大赛获得银奖
10月16日	建筑与城市规划学院举办新旧生交流会
10月16日	为爱同行，增进友谊——竹苑5栋五室一站港澳生交流活动
10月17日	马克思主义学院举办师生篮球赛
10月18日	计算机科学与网络工程学院团委学生会见面大会
10月20日	公共管理学院本科生党支部举办南国读书会
10月21日	地理科学与遥感学院开展广州科普一日游活动
10月22日	生命科学学院举办2021年新旧生交流会
10月23日	人文学院团委、学生会第一次全体见面大会顺利开展
10月23日	数学与信息科学学院"携手交流，共筑梦想"新老生交流会
10月26日	计算机科学与网络工程学院举办"研途有你"讲坛
10月26日	教育学院、化学化工学院、环境科学与工程学院、机械与电气工程学院四院联合"青马工程"培训班开班仪式
10月26日	广州大学人文学院各班级纪念辛亥革命政治学习暨防诈骗安全教育班会活动顺利举行
10月26日	生命科学学院举办第四期"责任倾注教育，奉献追逐梦想"学术沙龙

10 月 26 日	马克思主义学院举办 2019、2020 级本科生分类培养启动会
10 月 27 日	物理与材料科学学院分党校 2021 年第 2 期党员发展对象培训班顺利开班
10 月 28 日	计算机科学与网络工程学院赴湛江生源基地开展招生回访工作
10 月 30 日	法学院、电子与通信工程学院、人文学院、公共管理学院四院联合青马工程开班仪式
10 月 30 日	数学与信息科学学院举办"重温红色经典，传承时代精神"主题观影活动
10 月 31 日	物理与材料科学学院开展"领才计划"
10 月 31 日	机械与电气工程学院联合化学与化工学院开展新生辩论赛
10 月 31 日	朝乾夕惕，室雅兰香

11 月

11 月 1 日	建筑与城市规划学院举办党史教育主题党课
11 月 2 日	教育学院开展第六届主题团日竞赛活动
11 月 2 日	经济与统计学院本科生第二党支部和金融系教工党支部参观岭南金融博物馆
11 月 2 日	外国语学院本科生党支部赴辛亥革命纪念馆开展主题党日活动
11 月 4 日	计算机科学与网络工程学院本科学生党支部发展对象红色筑梦之旅项目答辩
11 月 5 日	计算机科学与网络工程学院组织新生晚自习
11 月 5 日	计算机科学与网络工程学院首届十佳学生评选大会顺利举行
11 月 5 日	马克思主义学院召开 2021—2022 学年团委学生会第一次全体大会
11 月 6 日	环境科学与工程学院举行庆祝建党一百周年系列活动之红色观影
11 月 7 日	土木工程学院院运会
11 月 8 日	物理与材料科学学院开展" 看电影，学党史"系列活动
11 月 9 日	"品经典影片，润人生底色"——环境学院五室一站观影活动
11 月 10 日	生命科学学院红十字会开展"响应劳动教育，维护环境卫生"义务劳动
11 月 13 日	建筑与城市规划学院举办学院团代会暨团干培训会
11 月 14 日	机械与电气工程学院团委举办考研交流会
11 月 15 日	当主持人的一天

附录

11 月 16 日　物理与材料科学学院举办"群英聚一室，三棋展才略"比赛

11 月 16 日　地理科学与遥感学院荣获广州大学"颂百年华章，传红色基因"师生合唱大赛一等奖

11 月 16 日　教育学院"颂百年华章，传红色基因"师生合唱大赛木铎合唱传红韵

11 月 16 日　公共管理学院学生合唱团参加学校师生合唱大赛获二等奖

11 月 16 日　美术与设计学院学生荣获广州大学"颂百年华章，传红色基因"师生合唱大赛三等奖

11 月 16 日　合唱团活动志愿纪实

11 月 16 日　管理学院荣获师生合唱大赛三等奖

11 月 16 日　化学化工学院合唱团荣获合唱比赛二等奖

11 月 16 日　马克思主义学院举办"研途有你"考研分享会

11 月 17 日　"品读经典，品读大学，梅苑 7 栋邀你一起"——环境学院五室一站阅读分享会

11 月 19 日　辩字双辛，勿负热爱

11 月 19 日　生命科学学院学子在第五届全国大学生生命科学竞赛全国决赛中获得佳绩

11 月 20 日　走进经典 感悟人生——竹苑 5 栋五室一站经典电影观看活动

11 月 20 日—12 月 24 日　广州大学教育学院"书香涵泳，润泽心灵"经典百书读书节活动

11 月 20 日　参观辛亥革命纪念馆

11 月 22 日　环境科学与工程学院本科生党支部举行保密宣传观展活动

11 月 23 日　"畅想艺术魅力，挥洒青春风采"——环境学院五室一站绘画活动

11 月 23 日　建筑与城市规划学院举办山水画境·筑纸大赛

11 月 23 日　新闻与传播学院学生热议十九届六中全会精神

11 月 23—26 日　人文学院"阳光运动"新生跳绳比赛顺利举行

11 月 24 日　环境科学与工程学院举办研究生插花活动

11 月 24 日　建筑与城市规划学院五室一站与环境学院五室一站联合举办"不忘党恩，以花献礼"插花活动

11 月 25 日　建筑与城市规划学院、数学与信息科学学院、外国语学院、新闻与传播学院四院联合"青马工程"培训班开营仪式圆满完成

11 月 26 日　人文学院第十四届"十佳学生"评选大赛顺利举行

11 月 28 日　"快乐校园,活力无限"——环境学院五室一站趣味运动会

11 月 28 日　数学与信息科学学院顺利举办 PS 小课堂活动

11 月 28 日　管理学院举行新生迎新晚会

11 月 29 日　外国语学院开展"展开讲讲"系列活动

11 月 30 日　建筑与城市规划学院思政教育（含课程思政建设）研究室、劳动
　　　　　　教育实践与创新工作室揭牌仪式顺利举行

11 月 30 日　物理与材料科学学院学生党支部举行党史学习教育主题党日活动

11 月 30 日　电子与通信工程学院学生第一支部为学生党员过"政治生日"

11 月 30 日　法学院学生丁维佳参与刑侦大赛活动

11 月 30 日　梅苑 10 栋"五室一站"举行第 15 期"辅导员有约"活动

11 月　　致我们的十一月

12 月

12 月 1 日　《民法典》宣传活动

12 月 1 日　计算机科学与网络工程学院举行 2022 届毕业生大会

12 月 1 日　青马工程：筑梦青马，砥砺奋进

12 月 2 日　禁毒宣传进校园——记法学 206 班团日活动

12 月 4 日　汗水中闪耀的青春

12 月 4 日　新闻与传播学院学子诗意粤韵诵《岭南》

12 月 4 日　管理学院团委组织部举办党团知识竞赛决赛

12 月 5 日　建筑与城市规划学院学生参加三院联合急救技能大赛

12 月 5 日　经济与统计学院青年志愿者协会开展志愿文化节活动

12 月 6 日　迎新晚会有感

12 月 6—8 日　音乐舞蹈学院师生在"情系羊城·放歌岭南"第四届青年歌手
　　　　　　　声乐大赛中斩获佳绩

12 月 7 日　环境科学与工程学院研究生"优秀党员分享"活动圆满结束

12 月 7 日　生命科学学院举行中学生物教具设计大赛

12 月 7 日　学习百年党史，重温红色记忆——体育学院组织师生党员参观
　　　　　　"党建红色文化长廊"

12 月 10 日　环境科学与工程学院举行学生党建创新项目启动仪式

12 月 10 日　化学化工学院师生打卡"红色文化长廊"，开展"穿越百年峥嵘，
　　　　　　　追忆红色印记"主题党日活动

附
录

12 月 12 日　地理科学与遥感学院学生荣获第三届全国大学生自然资源科技作品大赛一等奖

12 月 12 日　广州大学人文学院第十一届党团知识竞赛顺利举行

12 月 13 日　环境科学与工程学院研究生"经典诵读"系列活动圆满结束

12 月 13 日　广州大学第十三届"挑战杯"大学生创业计划竞赛结题以及终审决赛预告发布

12 月 14 日　建筑与城市规划学院举办首届心灵驿站设计大赛

12 月 14 日　物理与材料科学学院学生参与"未来科学家"系列沙龙活动

12 月 14 日　机械与电气工程学院青年讲坛第四期开班讲座

12 月 15 日　机械与电气工程学院学生参加小工程训练比赛

12 月 15 日　化学化工学院与广州金至检测技术有限公司签订实践基地合作协议

12 月 18 日　环境科学与工程学院本科生党支部开展庆祝建党百年系列之"微党课"活动

12 月 18—20 日　物理与材料科学学院研究生党员打卡广州大学千米"党建红色文化长廊"主题活动

12 月 18 日　公共管理学院"12·9 国际反腐败日"廉洁教育专题活动举行

12 月 20 日　广州大学人文学院汉语 215 班"凛冬至，度芳华"活动顺利举行

12 月 21 日　电子与通信工程学院物联 213 班举办主题班会

12 月 21 日　广州大学人文学院、法学院、电子与通信工程学院、公共管理学院四院联合"青马工程"暨"红色经典读书分享会"活动顺利开展

12 月 23 日　马克思主义学院举办大学生职业生涯规划大赛

12 月 26 日　环境科学与工程学院"党员环保先锋队"净滩活动顺利进行

12 月 28 日　计算机科学与网络工程学院学生党支部党员大会暨入党宣誓仪式

12 月 28 日　庆祝建党 100 周年"红色百年"暨"民族团结一家亲　同心共筑中国梦"文艺晚会

12 月 31 日　广州大学教育学院、化学化工学院、新闻与传播学院和计算机科学与网络工程学院四院联合迎新晚会

12 月 31 日　朋辈引领，灯塔护航——外国语学院开展研本交流会

12 月 31 日　管理学院"活力团支部"活动评选结果出炉

12 月　化学化工学院获体育活动总积分一等奖

12 月　土木工程学院摄影大赛